全国教育科学"十一五"规划教育部重点课题(DHA100248)
"开放式小学语文教学研究"核心成果

开放式小学语文教学丛书

开放式活动课程（第二版）

开放式作文教学（第二版）

开放式阅读教学（第二版）

开放式活动课程
（第二版）

张云鹰 著

教育科学出版社
·北京·

序　一

活动课程开放语文视野

　　语文是一门综合性、实践性很强的课程，本就有着取之不尽、用之不竭的学习资源，学生本应在这种贴近生活的丰富多彩的教学实践中学语文、学做人。但是，以往的语文教学，习惯把师生禁锢在小小的教室里，"两耳不闻窗外事，一心只读教科书"；习惯把师生抛进单调、重复的练习题海中，追逐着分数——这个教师和学生的"命根"。教师殚精竭虑，学生苦不堪言，而语文教学费时多、收效少的状况，却一直没有得到根本的改变。

　　当前正在全国展开的基础教育课程改革，直指语文教学凝固、封闭、僵化、低效的弊端，催生着开放的、富有活力的语文课程！

　　作为本书作者，特级教师张云鹰深知语文课程应当是开放的——从课程理念、课程内容到课程实施都应当是开放的。她自觉地担起建设新课程的责任，从语文活动课这片未开垦的处女地入手，开始了开放式语文课程、教材、教法改革的执着追求和不懈探索。张云鹰老师认为，活动课程是语文课程的一个重要组成部分，她坚持在实践中努力体现语文活动课程的自主性、体验性、趣味性，逐步构建了活动课程的理论框架、教学内容和操作体系。

　　《开放式活动课程》的出版，是张云鹰老师对语文开放式活动课程研究所作的生动总结，是语文活动课程研究的一个里程碑。该书从理论层面阐述了语文活动课程的基本特征、基本类型、基本模式和评价标准；从实践层面，该书又按小学一至六年级的顺序，精心设计了丰富多彩的语文实践活动。这些活动设计，符合小学生的年龄特征，体现了语文学科的特点，贴近了学生的思想与生活，从内容到实施，具有很强的开放性和可操作性，给在建设地方课程中苦苦求索的广大教师开阔了思路，为他们提供了丰富的、有启发性和创新性的课程资源。依凭这些设计开展活动，必将能帮助广大教师落实听说读写的教学目标，同时使学生在切身的体验中，提高语文综合运用的能力。

　　张云鹰老师在课程改革中表现出的高度责任感和创新精神，本人深表钦佩。我衷心希望广大教师不断增强课程创新意识，加强教研与科研，人人都能自觉地做语文课程的建设者。衷心祝愿张云鹰老师在课程改革的路上走得更远，为我国小学语文教学改革做出更大的贡献！

崔峦

（崔峦，著名小学语文教学专家，原中国教育学会小学语文教学专业委员会理事长）

序 二

活动： 让语文教学走向开放

活动，人类最古老的学习方式。

考古学家发现在最早、最原始的文化中就已经存在玩具的制造了。在世界各地各个历史时期都有各种形式的玩具被发现。玩具，使"玩中学"更为有趣、有用。玩具作为活动的手段、途径或工具，使活动展开变得更加有效。玩具的发现，使人们意识到活动的意义和趣味。

德可乐利"隐修学校"便是以活动为主，将"讲课"与"参观"作为补充。学校全部工作均以观察为基础，继之联想，最后表达，其中，表达最为重要。学生通过制作、图画、剪纸、读书、谈话、写字、拼音、作文来表达观念。若以"果子"单元教学为例，要先观察果子的种类、数目、形状、颜色、大小、轻重、味道、表皮的粗细，以及果子出售的情况等，再联想果子的来源、运输和储藏等，最后再读果子的名称，进行有关果子的游戏，画果子的形状，做各种果子的模型，编写果子的故事等。"隐修学校"堪称学校教育重视"活动学习"的典范，使"活动学习"有理、有据。

梅里亚姆1904年在密苏里大学的附属小学完全取消传统的学科课程，转而设置了四大类活动：①观察活动。1~2年级主题为植物生活，动物生活，人类、地球和天空观察活动；3~4年级主题为地方工业观察活动；5~6年级主题为国家及世界工业观察活动；7~8年级主题为了解各种职业技能活动。②游戏活动。1~3年级涵盖各种儿童游戏活动；4~5年级以电力、光、水、空气等自然物质操作游戏活动为主；所有年级都有体操、民族舞蹈等活动。③表达活动。包括读书、说话、唱歌表演、绘画、集会等活动。④手工活动。包括用纸张、绳索、布料、木头、金属、茅草制作各种用品、装饰品，等等。梅里亚姆将"活动学习"推向极致，让"活动学习"充满想象和向往。

在中国，"不闻不若闻之，闻之不若见之，见之不若知之，知之不若行之"的道理众所周知。"行"之于学习的价值，已得到普遍认同。"知行合一"一直都是中国古代教学哲学的基本命题。

21世纪初，国家开展新一轮基础教育课程改革。课程改革要求继承与发扬中外优秀教育传统，不仅强调综合实践活动课程，而且还注重综合学习活动在各学科教学中的地位与价值，"活动学习"为此大放异彩。其中，语文学科强调综合学习活动，更是一大亮点。

缺乏活动，学生个性无从解放，想象的翅膀难以展开，自由表达只能是空中楼阁。缺乏活动的语文，终究是纸上谈兵，既没有"语"的体悟，也缺少"文"的素材。"语文"中活动，活动中"语文"，"语文"与"活动"相伴相生。诚如国际课程研究促进协会主席派纳所言，"要获得个体的自由和解放，学校绝对不能局限于系统化的书本知识，而要关注作为个体的活生生的存在的经验"。语文教学，需要透过活动，积累感悟，升华认识。

特级教师张云鹰，钟情于语文活动课程。无论身份如何转换，其立场不变。既亲历教研、示范教学，又做行政推动，倡导并践行着活动中的语文，让语文行走在活动的过程中，让语文课内外大放光彩。经过多年的语文教学体验与研究，张云鹰老师厚积薄发。2009 年出版的《开放式语文活动课程》，就是张老师关于"活动中语文"的证据。该书阐述了语文活动课程的基本特征、类型、模式和评价标准，按学生的低、中、高三个学段设计了丰富多彩的语文实践活动，符合学生的认知发展特征，体现了语文学科特点，具有很强的开放性和可操作性，对语文教学研究与实践富有启发性和创新性。

"课程是一个特别复杂的对话，课程不再是一个产品，而更是一个过程。它已经成为一个动词、一种行动、一种社会实践、一种私有的意义以及一种公众的希望。"（派纳语）课程认识开始从"结果"走向"过程"，从"技术"走向"理解"，学校课程教学探究步入了新的春天，也为活动课程深化发展提供了新的支持。

杜甫诗："好雨知时节，当春乃发生。"如今，国际课程改革注重"核心素养"，强调学校课程领导。我国课程改革也向纵深推进，"基本素养"、"基本能力"成为核心主旨，因此，改革愈加强调"活动学习"，愈加重视"综合素养"、"实践能力"。推行活动课程的又一春天已经来临。经过六年多的进一步实践、反思、研究与积淀，张老师又推出了《开放式语文活动课程（第二版）》，此书宛如知时节的好雨，必将受到当下广大语文教育工作者的欢迎！

是为序。

（李臣之，深圳大学教授，深圳大学师范学院副院长）

第二版修订说明

当下，新一轮课程改革已进入深水区，活动课程作为国家课程校本化实施的一个重要途径、一种课程的表现形式，备受瞩目。它是在教师指导下，以学生活动为中心，学生全员全程参与，并在活动中自主发展的一门课程。活动课程学科化教学，打破了单一的学科教学模式，将"学科"与"活动"有机结合，共同纳入课程体系；"学科"与"活动"相辅相成，"学科"以文化知识的传授与教育为主，"活动"使学生获得直接经验，手脑并用，综合运用所学知识，发挥学生的主观能动性和创造性。

基于学生身心全面发展的需要，笔者首创并自主开发了小学语文活动课程。实践证明，设计和实施小学语文活动课程，对教师培养学生以听说读写能力为核心的语文综合素质颇有裨益。《开放式活动课程》于2009年9月第一次出版发行，至今已重印多次，深受广大师生的喜爱。此次修订再版，顺应了时代的需要。修订、更新之后的活动课程，更加着眼于学生个性的发展，有利于拓展学生的知识、开阔学生的眼界；整体来看，活动设计也更好地处理了学科课堂教学与活动课程的关系。修订后的活动课程之特点，主要表现在以下几个方面：

一是活动课程的目标更具体、更细化，更加强调课程目标的科学性、序列化，教学的指向性更明确，更有利于人格的塑造和完善，增强了德育功能；

二是依据课标教材的不断修订，调整了部分活动教学的内容和学段要求，使活动课教学的延伸更贴近课堂教学的内容体系，增强了互补功能；

三是在保持已有活动课教学模式和方法的基础上，增加渗透了一些新经验、新做法，一些新的教学实录和案例堪称经典，使活动教学的操作性更强，增强了交际功能、创造功能和情趣功能。

在《开放式活动课程（第二版）》即将面世之际，在学校和教师更加注重高质量课程设计与研发的时代背景下，活动课程一定是大势所趋，它一定会产生特殊的育人效果。正如赞可夫所言："给儿童独立活动的机会，是培养意志的必要条件，而意志在人的一生中起着重要的作用。"

当然，活动课程要重在"活"字上做文章。首先是教育思想和教育观念要"变活"，要更新人才培养观念、更新素质观念，更新课程观念；其次是活动课程的内容要"求活"，可根据书中的设计灵活多变，坚持因校制宜、因地制宜、因人制宜的原则，如农村学校往往教学设施与场地有限，更应灵活设置，活动课也一定是天地广阔的；再次是活动课的教学评估要"导活"，在以往的使用过程中，不少教师认为活动课程很好，但囿于不少学校仍受片面追求升学率、苦教苦学的影响，不敢占用教学时间开展活动课，这就要求各级教研部门、各类学校在"变活"观念的前提下，严格活动课程管理，制定切实可行的评估考核标准，比如举办活动课优质赛、学生能力赛等，给师生以动力，以确保活动课程的正常开展。

目 录

三年级

四年级

五年级

六年级

后记

导　言

　　课程是实现教育目标的手段，是全面发展学生身心的重要途径。活动课程是指在学科课程以外，通过有计划、有组织的安排，让学生参加活动、增长感性知识的显性课程。而小学语文活动课则作为语文学科课程的重要补充形式，对实现小学语文教学目标、促进学生整体素质的提高起着举足轻重的作用。它的整个活动过程都贯穿着发挥学生主体性这一基本思想，其主要目的是在语言实践的活动中，尊重学生兴趣、爱好的需要，增强学生主体意识，发展学生主体能力，塑造学生主体人格。因此，我们在开展开放式语文教育实践的同时，把如何创新语文活动课程，进一步发展学生的创新精神和实践能力作为基础教育课程改革与开放式语文教学实验的又一突破口，并进行了多层次的深入研究和探讨。众所周知，长期以来，我们的语文教改实验轰轰烈烈却收效甚微，个中原因固然很多，但一味执泥于教法改革而很少从课程方面探索，是一个重要原因。因此，语文教学只有从课堂延伸到儿童的生活领域，从单纯的字词句段落篇章的讲读训练拓展为结合情境的综合性学习，也即将语文课程改革与教学改革的内在结合起来，为教师赋权增能，语文课程改革才能卓见成效。从根本上说，我们所急需的并不是修修补补的方法论改造，而是要着眼于对整个语文课程和课堂教学生态的"返璞归真"式的改造。多年来，我立足于语文课教学的研究，服务于语文活动课教学的探索，追求并践行"大语文观"。秉承这一理念，我感到，教师在开展语文活动课教学实践之前，需对以下几个方面的问题有所了解和把握。

一、　语文活动课的基本特征

　　语文活动课的特征是由它的性质和任务决定的，是相对于语文基础课的特征而言的。据此，语文活动课的基本特征主要包括以下几个方面。

1. 自主性

　　自主性是语文活动课最突出的本质特征。语文活动课是根据学生的需要和兴趣开设的。活动过程中，学生自始至终是活动的主体，离开了活动的主体，活动也就不存在了。因此，活动的成效取决于学生个体或群体主动、自觉、积极参与的程度，教师在活动课中只是起指导和引领作用。

2. 实践性

实践性表现为学生在语言实践活动中动脑动手、实践操作、亲身体验，在实际活动中获得知识、技能，提高听说读写的综合能力。具有实践性的活动课重参与、重过程，能沟通学生与社会、与生活、与大自然的联系，能沟通课堂内外、学校内外的联系，能密切同学之间、师生之间的关系，培养学生的实践能力、独立自主能力和创新精神。

3. 趣味性

针对学生身心发展的规律、特点，活动课的设计依据学生的现实需要、兴趣爱好，寓教于乐，力求形象、具体、生动、活泼，富有情感，让学生在应用语言的实践活动中表现自我、显示自我，使学生在活动中学有所乐、学有所得，求知欲望得到不同程度的满足。

4. 创造性

创造性表现为学生在语言实践活动中充分地发挥主观能动性，积极地开动脑筋，进行大胆的创造、想象和求新、创新。具有创造性的活动课鼓励学生标新立异，让学生主动认识一个新事物，获得一项新本领，取得一份新成果。

5. 多样性

语文活动课的内容、组织形式、方法等都是多种多样的，可应因地制宜，因校制宜，因人而异，灵活选择。

二、 语文活动课的基本类型

语文活动课的类型，是根据语文活动课的基本内容，以激发学生学习语文的兴趣，发展学生的语言思维，提高学生对事物的观察力、想象力、注意力、记忆力、语言交际力以及形成良好的学习习惯，促进学生语文品质的发展为准则而划分的。它大致可分为常规性活动、实践性活动、随机性活动和发展性活动等。

1. 常规性语文活动课

常规性活动是指有计划地组织全体学生长期参加的具有一定传统的活动，如课外阅读活动，它是语文活动课的重要组成部分。在当今信息化、全方位开放的社会中，学生获取的知识中有相当一部分来自课外书籍，我们要充分认识课外阅读的重要作用，为学生获取广泛的知识创造良好的条件。书籍的种类有配合教材的课外书、作文选、童话、民间故事、寓言故事、科学丛书、名人故事丛书等。教师也可向学生推荐一些课外读物，并在指导学生怎样读课外书的基础上，指导学生写读书笔记（写读书笔记不做统一要求，语文能力高的可以写读后感，对能力稍低的只要求其写出读物的主要内容及摘录优美语句），教师做粗略批阅，以检查、促进学生阅读，使其持之以恒。

每学期可组织读书汇报会，让学生谈读书的收获、体会，促进学生互相交流、互相启发，从而激发学生阅读的兴趣。根据学校情况，还可以设计"读书伴我成长"、"书香书韵"等阅读计划，打造"阅读工程"。

2. 实践性语文活动课

语文活动课与基础课最根本的区别，在于语文活动课是让学生在实践活动中获得直接经验，从而扩大视野，拓宽知识，训练技能和发展各种能力。这类活动包括参观访问、自办小报、报刊剪贴、摄影说明、野外活动、通讯活动、演示实验、制作教具、观看声像、即兴表演、模拟表演、编写童话、服务社会（写春联、拟通知、写总结、做记录、写便条、代写信），等等，有些活动可在校内开展，有些则可以在校外进行。

实践性语文活动课给语文教学赋予了新的内涵和意义，充分发挥了语言学科在培养学生综合素质方面的作用。

3. 随机性语文活动课

随机性语文活动课是指结合各阶段的比赛活动，结合社会各层次的征文活动，结合重大节日活动而开展的活动课。如围绕"六·一"征文活动，可开展"幸福的童年"的活动课，让学生畅谈自己的童年乐事，谈自己幸福生活的一个侧面。又如借一年一度的环保征文活动的契机开展活动课，课前发动学生收集环保的资料、知识、数据，课上人人说一条自己收集的信息，然后指导学生对这些信息进行筛选，发表个人的评论，提出自己的建议或设想。再如，配合开展"争做现代小主人"活动，可设计"学做小导游"的语文活动课，指导学生根据先前所学的关于介绍优美风景或名胜古迹的课文内容，模仿导游，介绍"西沙群岛"、"桂林山水"、"金华双龙洞"、"长城"、"济南趵突泉"以及"深圳世界之窗"等，引导学生了解我国的名胜古迹，培养学生的表达能力，激发学生热爱祖国、热爱家乡的思想感情。

随机性语文活动课都是抓住有利时机开展的活动，它适应小学生自我表现的心理特点，充分调动了学生的自主性和创造性，有利于培养学生的特长、爱好，有利于提高学生各方面的素质。

4. 发展性语文活动课

发展性语文活动课也可称延伸性语文活动课，它与语文基础课紧密相连，是基础课的补充和发展。如"课本剧表演"活动，这种活动要求学生自由组合，自选富有戏剧性的课文，自编自演，课余排练，在活动课上表演，并评选出优秀演员。演课本剧活动，既加深了学生对课文内容的理解和对作品思想感情的理解，又促进了学生自我表现能力的提高，发展了自我的语言表达能力。又如开展"成语擂台赛"活动，学生运用语文课本掌握的成语词汇和通过阅读课外读物积累的成语知识大显身手。比赛项目可设"成语故事"、"成语方阵"、"成语分类"、"成语填空"、"成语对答"和"成语列车"，以小组为单位，全员参加。这类活动既提高了学生的表达能力，使其能够言简意赅、生动形象地进行表达，又能促使学生主动学好成语、用好成语。再如，开展"善观察·写细节"活动，要求学生复习学过的课文，自选一段细节描写得好的文章，进行品味、欣赏，从中懂得细节是文章中不可缺少的细胞，不可忽视。

发展性语文活动课促使学生通过亲身的实践活动把书本知识转化为活动技能，弥补了单纯基础课教学的不足。

三、 语文活动课的基本模式

我们在实施开放式语文教学实验、开展语文活动课的教学中，大胆探索创新，创造出各种各样体现活动课设置思想、富有活动课特点、教学效果显著的活动课教学方法，这些方法上的创新充分体现了活动课教学模式的多样性。下面，介绍几种基本的语文活动课教学模式。

1. 欣赏—尝试式

这是着眼于学生人格发展的一种模式，常见于文学艺术欣赏活动课。在活动中，教师可选择一些学生感兴趣的佳作或配乐散文、故事，让学生聆听、品味、体会，然后进行尝试、演练和再创作，在此基础上，教师组织学生对其作品开展评比、交流、再欣赏。在这种活动模式中，教师首先引导学生观摩初赏，让学生产生愉悦感，消除紧张情绪，有利于形成兴奋中心，容易引发记忆、联想和创作。其次，可指导学生尝试练习，在顺应了学生喜欢表现自我的心理发展特点的基础上，提高其感知美、鉴赏美和创造美的能力，引导其进行仿造、排演及创作。最后，师生共同评价再赏。通过交流、评比，达到应用与提高，促进学生思想、情感、意志品质的发展。

在欣赏—尝试式活动中，学生是感受者、尝试者，他们在富有文学艺术色彩的情境中，受熏陶、起共鸣，焕发出跃跃欲试的自主意识和创新精神。

2. 交往—合作式

这是一种着眼于个性表现、自主发展的教学模式。这类活动模式主要包括两种，一种是学校内部的常规的语文集体活动，一种是校外的大型的教育活动。学校内部的活动，包括一课一论、信息交流、文学沙龙以及年级开展的"阅读沙龙"、"国学沙龙"等活动。这些活动培养了学生与同伴、与其他班集体交往的能力。学生在交往中求互助、求理解、求沟通、求发现。校外大型活动主要包括学校有计划、有组织、有主题开展的春游、秋游、参观、调查、慰问、游览等，这些活动需要与社会成人、团体组织打交道，在这个过程中，学生的社会交往能力能够得到较好的培养。

在交往—合作式活动课中，既可培养学生个性开朗、热情奔放的品质，又能发展学生交往组织、设计、交际的能力，学生的主体性得到了全面发展。

3. 竞赛—综合式

这是着眼于活动课强调多样性、综合性的一种活动模式。这种活动模式的主题所涉及的语文知识面广而全，它具体包括：比一比（比谁识字多、查字快）、作文赛、故事赛、游戏赛、配音赛、朗读赛、演讲赛、普通话赛、课本剧赛、猜谜语赛、读诗画画赛、词语接龙赛、听音辨人赛、成语接力赛、礼貌用语应用赛，等等。这些内容之间是并列的、独立的，不存在顺序先后和逻辑关系。教师选择的活动内容越丰富，竞赛的形式越多样，越能表现学生的主观能动性。

4. 探索—创新式

这是着眼于探索未知领域的一种活动模式，旨在活动课的实施中发挥学生的创造性，使学生勇于独立思考，培养个性，启发学生的创造意识。我们设计的《展开想象的翅膀》《开心俱乐部》等语文活动课，都是为了激励学生建立勇于接触未知领域、探索未知秘密的信心。

应该指出，教师在语文活动课中实际选择使用或者自行设计教学模式时，还须注意几点：一是少些生搬硬套，多些灵活变通；二是以一种为主，多种结合，既抓主要的模式，突出"主旋律"，又兼收并蓄，吸收其他活动模式的长处，给活动课模式注入新的活动；三是努力创新，形成特色，在语文活动课实践中变化发展，逐步孕育成自己的活动课教学个性，构建出更好的、有特色的活动课教学模式。

此外还有操作式、调查式、阅读式、摘录式、汇报式等活动课模式。我介绍这几种模式的目的，是帮助广大教师根据自身特长、班级学生的特点以及语文课所涉及的内容范围，选择一种合适的模式，或选用一种形式结合多种辅助形式开展综合性的语文活动。

四、 语文活动课的评价标准

语文活动课是一门课程，它必须有一个效果的评价。语文活动课的评价考查应有别于语文基础课，它一般通过主体活动的"量"与"质"两个方面来反映。学生主体活动的"量"，可以用学生是否全员参与，参与活动的时间、态度、情感以及参与活动所涉及知识的多少和技能的综合程度来衡量。主体活动的"质"可以从不同的角度来衡量。一是层次性。体现在学生模仿教师活动—主体自主活动—主体创新活动的过程上，反映活动从低级到高级的不同层次水平。不同年龄、不同层次的学生应当有不同的反映。二是渗透性。主体活动不是简单的外显动作的重复，而是伴随着活跃的思维（内化）；活跃的思维又外显为动作（外化），内外互相渗透的转化，能够有效发展学生的主体能力。三是潜在性。活动的效果不仅指当堂的即时效果，而且要注意潜在效果的衡量。如情意效应（情感与意志）、群体效应（合作与交往）、智能效应（素质与能力）等，都可反映活动课潜在的效果。

综上所述，对小学语文活动课进行评价可以下表做参考。

小学语文活动课评价参考表

学校		班级		授课教师					
课题		类别		活动形式					
评价指标		评价标准		标准达到度				评分	
一级指标(总分计100分)	二级指标			a	b	c	d	得分	小计
活动目标 12分	明确	目标具体，任务清晰		4	3	2	1		
	适当	切合实情，促进主体		4	3	2	1		
	综合	实现开放，体现空间		4	3	2	1		
活动内容 12分	科学	内容正确，符合认知		4	3	2	1		
	灵活	新鲜有趣，形式多样		4	3	2	1		
	发展	结构合理，促进主体		4	3	2	1		
活动过程 40分	自主性	个体主动，面广质高		8	6	4	2		
	实践性	亲身体验，提高能力		8	6	4	2		
	创造性	勤思动脑，大胆创新		8	6	4	2		
	趣味性	显示自我，学有所乐		8	6	4	2		
	多样性	因人而异，形式多样		8	6	4	2		
活动形式 16分	方法	创设交往，情意交融		8	6	4	2		
	手段	直观形象，操作得当		8	6	4	2		
教师素养 10分	知识	视野广阔，科学严谨		5	4	3	2		
	能力	及时反馈，调节应变		5	4	3	2		
活动效果 10分	主体的量	全员参与，成功愉悦		5	4	3	2		
	主体的质	内外转化，整体功效		5	4	3	2		
总体评价（定性指标）									
定量评价总分				评价等第					

通过多年的语文活动课教学实践，凝聚着众多一线教师教学智慧的《开放式活动课程》一书出版了，它将活动课程思想与综合化的活动教学设计紧密结合起来，为语文教学改革与创新走出了崭新之路。一个个贴近儿童生活的主题活动，创设出了多样化的学习情境，不仅整合了儿童语言发展的各个要素，也较完满地体现了新课程所倡导的三维目标（知识与能力、过程与方法、态度情感与价值观等）。这种开放式的语文课程设计，为儿童的社会性交往，为儿童语言能力的发展与其建构性学习创造了条件。这本书可作为语文教学的校本教材，便于教师结合语文教学灵活选用，同时，其中部分主题活动进一步改造后甚至可以作为校本课程实施综合性学习。

第一课
我上学了

【活动目的】

1. 使学生了解校园设施，懂得爱护学校的一草一木。

2. 初步感知小学生活，了解一名小学生在学校的日常学习生活情况，懂得上学的主要任务是学习。

3. 知道在学校里可以学到各种各样的本领，从而激发学生的学习热情，对学习生活充满美好憧憬。

【活动准备】

1. 拍摄视频。

2. 准备小学生在上课、学校开设个性化课程活动的照片，以及课间活动的视频资料。

【活动过程】

一、 创设情境激趣

师：同学们，从现在开始，你们就是一名小学生了，老师和同学们都非常欢迎你们！你们是××小学一年级几班的学生？（学生齐答：我们是××小学一年级 1 班的学生）

二、 了解校园设施

（一）播放视频，引导孩子们参观校园

师：我们的校园可美了，现在老师带你们来参观我们美丽的校园。（播放视频）

1. 参观教学楼（边看边由教师介绍它们的作用）。

教室、教师办公室、科学探究室、阅览室、美术室、舞蹈室、电脑室……

2. 参观活动场所（请学生自己说说它们的作用）。

草坪、篮球场、田径场、游乐场、游泳馆……

（二）谈话

师：有了这么美的校园，我们就能在这里愉快地学习，健康地成长。同学们，这么美的校园是工人叔叔们用辛勤的汗水换来的，我们应该怎样对待这里的一切呢？（教育学生要爱惜学校的一草一木）

三、 了解小学生活

师：我们在学校里，都做些什么事呢？请看视频。

1. 播放小学生上课的视频。

（1）要求学生仔细观察，说说同学们上课的表现、坐姿等。

（2）师：同学们到学校来，主要是学习知识的，在课堂上，老师要传授许多文化知识，那么，上课时我们应该怎样做？

（学生自由发言，最后教师小结）

2. 播放学校开设个性化课程的活动视频。

（每看一段视频就让学生说说可以学到什么本领）

师：学校真好，可以学到这么多本领，同学们想不想学呀？

3. 播放同学们课间活动的视频。

（1）看完后说说课间可以玩哪些有意义的游戏？

（2）课间活动要注意什么？（要遵守游戏规则，注意安全，不玩危险的游戏等）

四、 学习《小学生日常行为规范》

教师领读《小学生日常行为规范》，并向学生说明：只要遵守这些行为规范和准则，每个同学都将成为一名优秀的小学生。

五、 参观校园， 熟悉环境

带领学生实地参观校园，进一步让学生熟悉自己即将生活六年的环境。

第二课
我爱我家

【活动目的】

1. 通过活动，让学生初步了解家的概念。

2. 通过学习，让学生明白家中每个成员该怎样相处。

3. 让学生学会帮助和体贴他人，初步培养自己对家庭的责任感。

【活动准备】

1. 提供故事《谁是我的妈妈》。

2. 准备一面鼓并制作大红花一朵，或是自制简易彩色活动大转盘一个，转盘每一格上填写一位学生的名字。另制作小红花数朵。

【活动过程】

一、 进入活动场地， 宣布活动开始

主持人（由教师担任）：同学们，我们每个人都有一个幸福美满的家庭，今天我们就来说说我们可爱的家。

全班同学围成一个圆圈入座。

二、 提出活动要求

主持人：向大家介绍自己的家时，要充满自豪感，声音要洪亮，吐字要清楚，语言要连贯。

三、 活动过程

1. 推选三位同学上台，一人击鼓（或摇转盘），一人放音乐。

2. 主持人将大红花放在第一个同学手中，"击鼓传花"游戏开始，音乐停时，花在谁手中，谁就上台来介绍自己的家，介绍的内容包括家中每一个成员的身份、年龄、外貌、职业、爱好以及与自己的关系。

3. 说说自己对这个家的感受；说说平时在家中谁最疼你，你又是怎样做的。

4. 讲故事《谁是我的妈妈》，内容如下：

谁是我的妈妈

小杜鹃出世十几天，羽毛就丰满了，看看飞来飞去比自己瘦小很多的妈妈的身影，它决定自己出去找食。它离开了家，飞不多远，就落在地上。忽然听见小山雀的声音："看，那只小杜鹃，是寄养在别人家的孩子。"小杜鹃心想："我妈妈对我那么好，怎么会不是我的亲妈妈？我不信。"它去问喜鹊阿姨，喜鹊阿姨说："是啊，那个瘦小的画眉是你的养母。"小杜鹃怎么也不明白杜鹃妈妈为什么不养它，喜鹊阿姨告诉了它原因。

原来，杜鹃妈妈自己不会做窝，它只有趁画眉不在时，悄悄躲进画眉窝里，将自己的蛋宝宝下在里面，然后飞到不远的地方看着自己的小宝宝慢慢地从蛋壳中孵化出来。画眉妈妈不知道，就把小杜鹃当成自己的孩子养起来。说完，喜鹊阿姨朝松林一指，说："你的杜鹃妈妈就在那边，正等着你去参加消灭松毛虫的战斗呢！"画眉妈妈也听见了它们的谈话，非常高兴，大家便一起向松林飞去。

（1）学生先讲后评。
（2）优胜者奖红花一朵。
5. 游戏："过家家"。
推选爷爷、奶奶、爸爸、妈妈、"我"等人物的扮演者。奖励表演优胜者。
6. 欣赏歌曲《我爱我的家》。

四、 活动总结

师：通过活动，我们了解了什么是家以及家中的每个成员应该怎样相处。我想，在今后的生活当中，同学们一定会热爱自己的家，进一步学会帮助和体贴他人，尽小主人的一份责任。

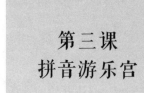

【活动目的】

激发学生学习汉语拼音的兴趣，进一步巩固学生汉语拼音的认读、拼读能力。

【活动准备】

拼音卡片若干张，自制简易图片若干张，森林图一张，"大世界"游览图一张，啄木鸟头饰两个，奖品小红星若干个。

【活动过程】

一、 宣布活动内容和规则

参加活动者凭门票进入游乐点。能读准票面拼音的允许入宫；读不准的则由检票员（语文科代表）帮助读准后方可入宫。（门票：pīn yīn yóu lè gōng）

二、 第一游乐宫： 拔河比赛

1. 教师把拼写易混淆的声母 b、d、p、q，难读准的平翘舌音 z、zh、c、ch、s、sh，难区别的前后鼻音及复韵母 an、en、in、ang、eng、ing、ai、ei、ui、iu 等卡片挂在黑板上。

比赛前，教师出示表示拔河的图片。

拔河图：

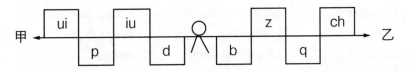

2. 学生分成甲、乙两组，轮流上来取一张卡片，若读正确就贴在拔河绳中属于自己的一方。最后看哪一组读正确的多，多的一方为胜，获小红星。

3. 比赛结束，齐唱儿歌。

（1）p、b 真好玩，圆圈都在右半边，p 在上来 b 在下，露出半个脸。q、d 也好玩，圆圈都在左半边，q 在上来 d 在下，露出半个脸。

（2）z、c、s 和 zh、ch、sh 发音不一样。h、h、h 像把小椅子，看到小椅子，舌头翘起来，没有小椅子，舌头不翘起。

三、 第二游乐宫： 啄木鸟治病

1. 出示森林图。图上贴满 ü 和 j、q、x、y 相拼没有去掉两点的卡片，以及 a、o、e、i、u 在一起标调位置错误的卡片。

2. 学生戴上啄木鸟头饰，以小组为单位抢改图上写错的卡片。把正确的写在准备好的白纸上，然后上前将错的换下。最后统计各组改正卡片的张数和正确率，决出优胜小组。

3. 由优胜小组派代表做小老师，领诵儿歌。

（1）小 ü 小 ü 有礼貌，见到 j、q、x 和 y，脱帽行个礼。

（2）标调别搞错，第一先找ɑ，没ɑ找o、e，ɑ、o、e都不在，就去找i、u；i、u在一起，标调标在后。

四、 第三游乐宫： 找朋友

每位学生手上拿一张字母卡。教师出示图片（太阳、青菜、船、燕子、花儿、毛笔、茶杯、报纸等）后，参加活动者根据图片找朋友组成音节，找到朋友的得小红星。

五、 第四游乐宫： 游览"大世界"

1. 出示"大世界"游览图。教师宣布活动规则：看清指示牌从进口进去开始游览，可以随意去任何一个活动地点，进入后要读出该活动地展示的拼音。例如，去剧场看节目，读出节目单上的节目名称；去超市购物，读出物品的名称；去餐厅用餐，说出菜单上的菜名；去展览馆看展览，说出看到了哪些展品。

jiémùdān	càidān	wù pǐn
①dúchàng	hóngshāo lǐyú	féizàofěn
②wǔdǎo	mógū càixīn	máojīn
③xiàngshēng	suān là tāng	xǐtóugāo
④xiǎopǐn	má là dòufǔ	bǐnggān
⑤hùjù	hóngshāo dà pái	nǎifěn
⑥lǎngsòng	sānxiān shāguōfàn	kuàngquánshuǐ
⑦jīngjù	chǎo jīdīng	tángguǒ
⑧héchàng	qīngzhēng jiǎyú	fànguō
⑨móshù	sānxiān tāng	miànbāo
⑩yuèjù	xiè fěn dàn	xīguāzi

zhǎnpǐn

xīn xíng qìchē   zuì xīn de fēijī

huì jiào de xiǎogǒu   kěài de xiǎocímāo

xīn shì de fúzhuāng   měilì de sīchóu

jīngzhì de huàbào   zuì xīn de túshū

míngrén de mínghuà

2. 游览结束，四人一组互相交流游览情况，各选下面一个句子，作为开头，说一段完整连贯的话。

①jùchǎng de jiémù zhēn hǎo kàn。

②xué hǎo hànyǔ pīnyīn, xué hǎo pǔtōnghuà。

③hànyǔ pīnyīn yòngchù dà, kěyǐ bāngzhù wǒmen shízì, chá zìdiǎn。

④zhǐyǒu yǒnggǎn de háizi, cái néng zhāidào zuì tián de guǒshí。

六、 评价性活动总结

师：今天，我们通过拔河比赛、啄木鸟治病、找朋友、游览"大世界"

等活动，畅游了拼音游乐宫，大家表现非常好。老师希望同学们在平时的学习过程中，多关注汉语拼音，并利用拼音学习普通话，争当学习汉语拼音的小能手。

第四课
比尾巴

【活动目的】

1. 通过活动，使学生了解各种动物尾巴的特征，初步了解几种动物尾巴的作用。

2. 培养学生的观察能力，引导学生有条理地说话。

3. 拓宽学生的知识面。

【活动准备】

1. 课前布置学生去动物园（或通过看电视、上网查资料等方式）观察了解各种动物尾巴的形状。

2. 收集或绘制一些动物的图片并制作成课件。

3. 制作动物和尾巴分开的图片。

4. 做动物头饰。

5. 准备《小壁虎借尾巴》的视频资料。

【活动过程】

一、 谈话激趣

师：今天，森林里可热闹了，这里正在举行盛大的"比尾巴"大会，狮子大王宣布大会开始，凡是有尾巴的动物都可以参加。小朋友，你知道哪些动物有资格参加本次大会吗？

（学生说出一些有尾巴的动物名称，教师相机出示该动物的图片，并让学生观察它们尾巴的形状）

二、 给动物找尾巴

师：老师这儿有一些动物，但它们的尾巴都藏起来了，请你帮它们找回来。

1. 出示没有尾巴的动物图片：

猴子　　松鼠　　燕子　　孔雀　　老虎　　绵羊

2. 学生说出动物名称。

3. 出示尾巴图片。

4. 请学生找出正确的尾巴，给动物们贴上。

三、 了解尾巴作用大

1. 演一演：

请学生戴上头饰分别扮演以上六种动物，指着图片介绍它们尾巴的形状、颜色、作用等。

如"猴子"说：我是猴子，我有一条又细又长的尾巴，它的颜色和我身上的颜色相同；它的作用可大了，我在爬树、摘果子的时候，可以用它来挂在树上，就像荡秋千一样……

（说得不完整，可由其他学生补充）

2. 议一议：

你最喜欢谁的尾巴？为什么？

3. 说一说：

老虎尾巴像钢鞭，猴子尾巴打秋千，

绵羊尾巴大布袋，松鼠尾巴降落伞，

燕子尾巴剪春风，孔雀尾巴百花衫。

四、 介绍特殊的尾巴

1. 师：小朋友，你认识小壁虎吗？（出示小壁虎图片）你知道它在什么时候出来活动吗？它喜欢吃什么？它对我们是有益还是有害？

今天的"比尾巴"大会，小壁虎也赶来了，只听见它用响亮的声音说："我的尾巴最有趣！"小朋友，小壁虎的尾巴为什么有趣呢？请欣赏《小壁虎借尾巴》的故事。（播放视频）

2. 讨论：

（1）小壁虎的尾巴到底有趣在哪儿？

（2）黄牛、鲤鱼、燕子为什么不能把尾巴借给小壁虎？

五、 激励性活动总结

师：盛大的森林"比尾巴"大会真有趣，我们不仅认识了许多尾巴，还给动物们找到了尾巴，了解了尾巴的作用，学到了许许多多关于动物尾巴的知识。整个活动过程中，很多小朋友观察得很仔细，描述得很逼真，真是我们学习的好榜样。动物世界里还有许多动物的尾巴同样非常奇妙，等待我们去发现。

第五课
小朋友来对歌

【活动目的】
1. 使学生在儿歌诵读中积累词汇、句子，并产生学习儿歌的兴趣。
2. 通过朗诵儿歌，使学生初步了解儿歌中涉及的一些生活常识。

【活动准备】
1. 制作电脑课件。
2. 准备谜语字条若干。
3. 准备太阳、地球头饰。

【活动过程】
一、激趣导入
教师朗诵儿歌一首，引导学生想象画面，激发学生对儿歌的兴趣。
二、自由对歌
指定两人站起来对歌，每组派一人，儿歌不能重复，重复者或答不出者算失败。
三、小组对歌
要求：对歌时站起身。
第一组：我们念，你们对，看谁对得对。
　　　　谁的耳朵长，谁的耳朵短，谁的耳朵遮着脸？
第二组：驴的耳朵长，马的耳朵短，象的耳朵遮着脸。
第二组：谁的耳朵尖，谁的耳朵圆，谁的耳朵听得远？
第一组：猫的耳朵尖，猴的耳朵圆，狗的耳朵听得远。
第三组：我们念，你们对，看谁对得对。
　　　　一个大，一个小，一个西瓜一颗枣。
第四组：一边多，一边少，一盒饼干一块糕。
第四组：一个大，一个小，一头肥猪一只猫。
第三组：一边多，一边少，一群蜜蜂一只鸟。

齐：一边唱，一边跳，大小多少记得牢。

四、 游戏对歌

要求：对歌时站起身，答错或答慢者坐下。

一只小鸡两条腿，两只眼睛一张嘴。

两只小鸡四条腿，四只眼睛两张嘴。

（依次相加，直至最后一名学生）

五、 朗诵表演

1. 朗读儿歌《宇宙大飞船》。

船，船，船，宇宙大飞船。

月亮第一站，火星第二站。

小朋友，快上船，飞到天上玩一玩。

2. 角色扮演。

齐：满天星，亮晶晶，对着我们眨眼睛，我们围成一个圈，一人就是一颗星。

（出现戴太阳头饰的学生）

齐问：你是什么星？

太阳：我叫太阳，是恒星。

（出现戴地球头饰的学生）

齐问：你是什么星？

地球：我叫地球，是行星。

（出现戴月球头饰的学生）

齐问：你是什么星？

月球：我叫月球，是卫星。

齐唱：弯弯的月儿，小小的船，我在小小的船里坐，只看见闪闪的星星蓝蓝的天。

齐：我们围成一个圈，一人就是一颗星，猜星星，唱星星，长大上天去旅行。

六、 唱游中国

学生拿出椅子，一个接一个不停地念儿歌，接成后念下半段。

（1）小椅子，四条腿，一把一把接起来，接成一列小火车，火车呜呜向前开。

（2）去北京，往北开；去上海，往东开；去四川，往西开；回广东，往南开，四通八达开得快。小椅子，四条腿，一把一把接起来，接成一列小火车，火车呜呜向前开。

七、 总结活动

师：儿歌读起来朗朗上口，表演起来富有情趣。我们不仅"对"儿歌，还演儿歌、唱儿歌，收获真不少。老师建议同学们在平常的学习生活中多收集一些精美的儿歌，读一读，演一演，积累更多的知识。

第六课
学当小老师

【活动目的】

1. 巩固并初步了解所学汉语拼音和字词中的一些规律。
2. 通过对拼音和字词的音、形、义的辨析、比较，让学生学会思考。
3. 培养学生竞争意识和浓厚的学习兴趣。

【活动准备】

1. 自制五个方形纸盒。
2. 制作卡片，卡片的正面写上字、词或拼音，反面画上有关的图画。
3. 准备故事《粗心大王》的视频。
4. 准备错别字词图片数张。
5. 把全班分为四大组。

【活动过程】

一、 激趣导入

师：同学们，你们喜欢当小老师吗？今天我们每个同学都可以当小老师，但要看看谁的本领大，看谁当小老师当得最棒。

汉语拼音是识字、阅读、学习普通话的有效工具，我们是华夏子孙，一定要学好汉语拼音和汉字。中国的汉字有着悠久的历史，它在汉民族的发展史上有过伟大的功绩，中华民族创造的古代文化大多是用汉字记录并保存下来的，现在，它仍是我国各民族通用的文字。汉字虽然形体复杂，但它是有规律可循的，且结构方式非常有趣。只要我们用心学，就一定能掌握好。

二、 游戏："投篮"

教师出示五个自制的方形纸盒，纸盒外面分别写上"声母、韵母，整体认读音节，三拼音节，两拼音节"等名称。

1. 教师把配有图片的拼音卡片分发到学生手中。
2. 请学生把自己手中的卡片对号入座，投进纸盒里。

3. 教师把纸盒上的字交换一下，再添加一些卡片，反复练习，达到巩固的目的。

4. 评优并进行表扬。

三、 游戏： 添减笔画成字

师：汉字是世界上形体最复杂的文字，往往多一笔或少一笔都会构成另外的字。

根据要求，就下面每组字，看你能写出哪些字，给写得又对、又多、又快者加分（出示小黑板）。如：生、去、二、目、乌，等等。

四、 观看视频：《粗心大王》

1. 播放故事视频。

2. 出示幻灯片：公人（工人）　里们（你们）　座车（坐车）……

3. "粗心大王"为什么会犯这些错误？你能帮助他吗？（先说后写）

五、 评出"十佳小老师"

师：当了一回小老师，玩了两个游戏，观看了一个故事，在对拼音和字词的音、形、义辨析和比较的同时，我们学会了思考，增强了竞争意识，对拼音学习有了更大的兴趣。希望大家今后更加积极思考，主动参与，争当班级、小组的小老师，争做学习的小标兵。

备用材料1： 摘"拼音"果

出示一棵"拼音树"，树上结了许多的"拼音"果子，如果要你把它们摘下来的话，该放在哪一个筐子里（筐外贴有对应文字或图片）？

备用材料2： 数一数， 写一写， 读一读

liù zhī niǎo zài tiān shàng fēi

jiǔ tiáo yú zài shuǐ zhōng yóu

第七课
我们爱吃蔬菜

【活动目的】

1. 引导学生认识各种蔬菜的生长特点和作用，弄清蔬菜可吃的部分。

2. 针对孩子普遍偏食的现象，鼓励学生多吃蔬菜。

3. 培养学生的观察能力和口头表达能力。

【活动准备】

1. 教师准备一些蔬菜，如萝卜、白菜、韭菜、西红柿、凉瓜、黄花菜。
2. 学生准备有关蔬菜的谜语。
3. 学生自制蔬菜头饰。

【活动过程】

一、 我来说

课件或学生表演：

"萝卜、白菜、韭菜、西红柿、凉瓜、黄花菜……"蔬菜仙子随着欢快的音乐声翩翩起舞，并自我介绍蔬菜名称及其好处。

如：小朋友，你好！认识我吗？我是萝卜仙子。萝卜分为两种：一种叫白萝卜，另一种叫红萝卜，也称"胡萝卜"。它营养丰富，吃了它，聪明又可爱。

……

二、 我来猜

让学生了解某些蔬菜的特点及纠正部分学生偏食的现象。

方法：由学生自己出谜语，当同学猜对后，接着向同学说一句带鼓励性的话。

如：

1. 红公鸡，绿尾巴，一头钻在地底下。（红萝卜）
2. 弟兄七八个，围着柱子坐，大家一分手，衣服就扯破。（大蒜）
3. 一个瘦小子，长个尖脑袋，春天钻出来，脱掉层层硬壳子，长成一个高个子。（竹笋）
4. 个子细又长，身穿绿衣裳，长在藤蔓上，挂在棚架下。（丝瓜）
5. 一半在地上，一半在地下，一半青来一半白，一半空来一半实。（葱）

三、 我来对

游戏（对对子），认识各种蔬菜的可食部位。（注：可甲乙交换说）

甲：我拍一，你拍一，什么蔬菜吃它的叶？

乙：我拍一，你拍一，白菜可以吃它的叶。

甲：我拍一，你拍一，什么蔬菜吃它的根？

乙：我拍一，你拍一，萝卜可以吃它的根。

甲：我拍一，你拍一，什么蔬菜吃它的茎？

乙：我拍一，你拍一，莴笋可以吃它的茎。

甲：我拍一，你拍一，什么蔬菜吃它的花？

乙：我拍一，你拍一，黄花菜可以吃它的花。

甲：我拍一，你拍一，什么蔬菜吃它的果？

乙：我拍一，你拍一，西红柿可以吃它的果。

四、我来说（任选一题）

1. 请用"萝卜、白菜、扁豆、黄花菜、芹菜"说一段话，要求用上"有的……有的……有的……还有的……"的句式。

2. 以"最受欢迎的蔬菜"为题说一段通顺的话。

五、我来做（画画、剪剪、粘粘、写写、说说）

分六人小组，抽签，按签上的内容要求完成作品。

1. 把吃根的蔬菜画出来，拼成图形。

2. 黄花菜应吃它的哪一部分，请你介绍一下它的吃法及好处。

3. 哪些蔬菜不同的吃法有不同的营养价值，还会起到防病、治病的作用？（请举例说明）

4. 蔬菜有多少种吃法，可以当水果吃的有哪些？（请写写、说说）

5. 请向大家介绍几种调味蔬菜。（说明它的味道与用法）

六、我来当

推荐两名"小专家"。

咨询话题：偏食会给人体发育带来什么影响？

七、我来演

学生戴自备的头饰齐舞蹈：我与蔬菜仙子共舞。

八、活动总结

师：同学们，蔬菜中含有多种维生素。如果小朋友体内缺少它，不仅会影响视力，而且会造成牙齿松脱等疾病。同时维生素还可以预防人们常见的肠道疾病。所以，从今天起，我们千万不能挑食，要多吃蔬菜，这样才能健康成长。

第八课 春天来了

开放式活动课程（第二版）

【活动目的】

1. 通过观察春天里大自然发生的变化，感知春天的勃勃生机。

2. 会用准确、生动的词语描绘春天的美景，积累有关描写春天的诗文。

3. 用神奇的笔画出春天的美妙，用动听的歌唱出对春的喜爱。

【活动准备】

1. 准备有关夏、秋、冬三季的视频。

2. 课前收集有关描写春天的儿歌、诗词。

3. 学唱一两首歌颂春天的歌。

【活动过程】

一、 情境导入

教师播放有关夏、秋、冬三季的视频，引导学生思考：夏天、秋天、冬天各有特色，那春天又是什么样儿呢？进而激发学生对春天的探究兴趣。

二、 寻找春天

师：春天来了，你发现有什么变化？

（小草破土而出、小花长出花蕊、空气变得湿润、孩子在放风筝……）

三、 感受春天

师：你能用生动的语言描绘出你看到的景色吗？

1. 春雨滴滴答答、淅淅沥沥地下个不停，像一股清泉，从地底下涌出。

2. 小朋友在春风中奔跑，脱掉了棉衣、棉帽、手套……

3. 小草好奇地探出脑袋，东张西望，大千世界越来越美妙！

4. 花儿也张开了笑脸，投入大地母亲的怀抱……

四、 诗咏春天

师：是啊，春天就是这样迷人，她让和风轻吹，小草吐绿，百花争艳……你们能用诗的语言来表达自己对春天的热爱之情吗？

请学生朗读或背诵收集到的有关描写春天的诗词、儿歌等，如《早春》《草》《咏柳》《春天的雨点》《忆江南》《春晓》《春日》《江畔独步寻花》等。

五、 描绘春天

春天是这样美好，春天是这样让人留恋。为了让这生气蓬勃、姹紫嫣红的春天能留在我们心里，你有什么办法吗？

1. 将你看到的春天的美画下来。

2. 自己编写春天的诗。

六、 歌唱春天

面对这春意盎然的大自然，你们想高歌一曲吗？你们会唱哪些描写春天的歌曲？

1. 播放歌曲《小燕子》。

2. 播放歌曲《小杜鹃》。

七、 赞美春天

师：同学们这么喜爱春天，春天又是这样如诗如画，你们想对春天说些什么？

八、 活动总结

师：春天是美的，我们不仅找到了春天，歌咏了春天，还描绘了春天、赞美了春天。春天的美，是我们用善于观察的眼睛找到的，是我们用美丽的彩笔描绘的，是我们用精美的诗文吟咏的，更是我们用动听的歌喉高唱的。同学们，美丽的春天就在我们的眼中、口中、手中、心中，如果你细细地去观察、去体会，将会有更多的发现。

第九课
儿歌演唱会

【活动目的】

1. 通过儿歌朗诵，激发学生的阅读兴趣。
2. 培养学生的朗读能力。
3. 丰富学生的生活体验，陶冶情操。

【活动准备】

1. 去图书室给每位学生借一本《365 夜儿歌》，每位学生从中选一首自己最喜爱的儿歌背下来，参加儿歌演唱会，教会儿歌《青蛙》。

2. 将学生分成四组，要求每组分别有两个学生准备描写动物的儿歌，其余的可以自由选择内容。

3. 用电脑出示《拍手歌》。

4. 做好两顶小青蛙帽头饰。

【活动过程】

一、 激趣导入， 朗诵儿歌

朗读《孙悟空打妖怪》，导入新课。

教师领：唐僧骑马咚那个咚，后面跟着个孙悟空。

学生合：孙悟空，跑得快，后面跟着个猪八戒。

......

师：大家喜爱这些儿歌吗？儿歌是专为儿童创作的，特别适合儿童吟唱，读起来也朗朗上口。

二、 出示《拍手歌》，练习背诵

1. 看拼音，熟读儿歌，思考：这首儿歌告诉了我们什么？
2. 按拍手节奏背诵儿歌。
3. 边对拍边背诵儿歌。

《拍手歌》

你拍一，我拍一，天天上操一二一。

你拍二，我拍二，身边要带小手绢。

你拍三，我拍三，经常洗澡把衣换。

你拍四，我拍四，消灭苍蝇和蚊子。

你拍五，我拍五，有痰不要随地吐。

你拍六，我拍六，瓜皮果壳别乱丢。

你拍七，我拍七，唱歌跳舞真欢喜。

你拍八，我拍八，勤剪指甲常刷牙。

你拍九，我拍九，饭前便后要洗手。

你拍十，我拍十，脏的东西不要吃。

你也拍，我也拍，噼噼啪啪噼噼啪。

三、 朗读描写动物的儿歌

师：儿歌不仅我们喜爱，连动物们也非常喜爱，所以我们在这里召开儿歌演唱会。它们也想来参加，大家欢迎吗？

1. 出示动物图片，朗读一首描写某种动物的儿歌。
2. 请出这种小动物，和自己交朋友。

参考儿歌《365 夜儿歌》。

小小鸭子	骑马到新疆	小母鸡
咪咪猫	懒猫	鸽咕咕
小黄狗	熊猫	猴老哥

四、 举行"小青蛙儿歌朗读比赛"

1. 唱儿歌《青蛙》。
2. 比赛开始（以小组的形式开展比赛，看哪组的儿歌多）。
3. 评议发奖，给优胜者颁发小青蛙帽。

五、 活动总结

师：儿歌，不仅读起来朗朗上口，而且还能唱出美妙的旋律来。每个人都是从儿歌开始走进艺术殿堂的。它是一只百灵鸟，给我们快乐，给我们享受，让我们尽情歌唱吧！

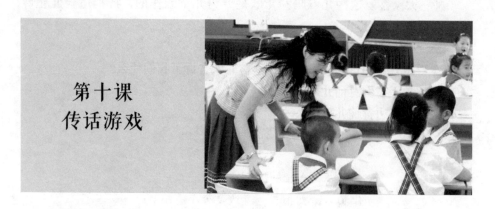

第十课
传话游戏

【活动目的】

1. 通过传话游戏，培养学生的注意力、观察力、责任心。
2. 让学生将活动的经过清楚地说出来，培养学生的表达能力。

【活动准备】

1. 教师课前准备好要求学生传话的具体内容，可参照后面提供的，也可根据学生实际自行选择。
2. 制作幻灯片，介绍游戏规则。

【活动规则】

1. 参加比赛的各组人数要相等。
2. 传话时必须轻声，不能让其他组同学听见，如果第一遍没听清楚，可以传第二遍，直到听清楚为止。
3. 说完话要马上回座位上坐好，不能去帮别人，不能影响别人传话。

【活动过程】

一、 介绍游戏规则

教师先对参加比赛的每一组的第一位同学说出要传的话，然后由教师发出口令"预备——传"，第一位同学就赶快离开座位，到第二位同学的位置上，贴着这位同学的耳朵轻轻说出要传的话，又马上回到座位上坐好。接着第二位、第三位……依次到最后一位同学。最后一位同学听到"传令"，立即离开座位去行动。哪一组最后的那位同学先完成"传令"规定的任务，谁就第一。还要求参加比赛的各组人数要相等；传话时必须轻声，不能让别组同学听见，如果讲一遍没有听清楚，可以讲第二遍；传完话之后要马上回座位坐好，不能去帮别人，影响别人传话。

二、 赛前演习

由教师选定某一组学生，将传话游戏使用的第一句话"请最后一个同学上台来"传令给第一个同学，再传下去。

三、 进行传话游戏

1. 分组调配相等人数。

2. 教师传令给每一组的第一个人。

3. 教师下令（"预备——传"）。

4. 依次传话。

5. 最后一句报告传令员，并进行名次评比。

四、 进行说话训练

用"开始……接着……最后……"的句式把传话游戏的过程说出来（可指定说话能力强的同学做示范）。

五、 总结活动情况

师：看似简单的传话游戏，我们每一个同学的表现都不一样，有的神神秘秘，有的故弄玄虚，有的神气十足……而这一切，都被我们细心的同学所观察到，并被描绘出来，真了不起！同学们，如果你们一直养成细心观察的好习惯，一定会有许许多多的收获！

备用材料1： 传话游戏使用的句子

① 请最后一个同学上台来。

② 秋天多么美丽呀！

③ 秋天的景色多么美丽呀！

④ 秋天是一个丰收的季节。

备用材料2： 说话训练提问设计

① 这次游戏的名字叫什么？

② 老师向同学们说了什么？

③ 同学们怎么做游戏？结果怎样？

一年级

第十一课
电话连着你我他

【活动目的】

1. 让学生学会在打电话时使用礼貌语言。
2. 了解并能正确使用一些特殊的电话号码。
3. 增长相关知识，提升学生的生活实践能力。

【活动准备】

1. 要求学生记住与自己关系密切的几个电话号码。
2. 准备两个道具电话。
3. 安排四组学生做好模拟打电话表演的准备。

【活动过程】

一、 我来猜

又能说来又能听，两边可以诉真情。

一根电线连天涯，万水千山都不怕。

——打一生活用品

二、 我来说

1. 你知道爸爸、妈妈的电话号码吗？
2. 遇到下面的情况，你该打什么电话？
（1）家里或邻家突然起火。
（2）有人突然生病，亟须去医院抢救。
（3）想要查询某个地方的电话。
（4）家里进了小偷被盗了。
（5）想知道这两天的天气变化。

三、 我来演

1. 你会打电话吗？小文想向小明请教功课，应该怎样打电话？
2. 请两位学生上台表演打电话，全班评议。

四、 我来做

四组学生模拟打电话表演，看谁做得对，谁做得不对。

第一组：

甲：喂！小明在家吗？

乙：谁是小明？乱打电话，讨厌！（将电话狠狠扣上）

第二组：

甲：您好！请问小明在家吗？

乙：您好！我就是。请问您是谁呀？

甲：我是小芳。

乙：小芳，你好！有什么事吗？

第三组：

甲：（模仿大人）喂，王力在家吗？

乙：我爸不在家。（将电话扣上）

第四组：

甲：（模仿大人）喂，您好！请问王海同志在家吗？

乙：对不起，我爸不在家，请您晚上再来电话好吗？

甲：好，再见！

乙：叔叔再见！

五、 我来讲

1. 当你打电话时，应先说什么，再说什么？

2. 当你接电话时，应先说什么，再说什么？

3. 电话打错了，双方该怎么说？

4. 有人打电话给爸爸或妈妈，你该怎么说？

5. 打电话时还会遇到什么情况？应该怎样去做？

六、 我来背

打电话，先拨号，电话号码拨准确，

拿起电话说"您好"，抓紧时间说事情，

使用文明礼貌语，不要占线把天聊，

紧急情况"110"，急救中心"120"，

查询号码"114"，发生火灾"119"，

天气变化"121"，天冷莫忘加件衣，

使用电话要爱护，特殊号码勿乱拨，

通话结束说"再见"，注意电话要放好。

七、 我总结

请参与活动的一位同学谈一谈参加本次活动的体会（可以从学会使用礼貌语言、知道和使用一些特殊的电话号码、提升生活实践能力等方面总结）。

第十二课
说个谜语请你猜

【活动目的】

1. 通过谜语竞猜活动，扩大语文知识面。

2. 使学生学会思考，提高思维能力。

3. 丰富学生的校园文化生活，陶冶其思想情操。

【活动准备】

1. 做个"博士爷爷"头饰。

2. 分类收集谜语，用卡片写好。

【活动过程】

一、 谈话激趣， 猜动物谜

师：博士爷爷非常喜欢孩子，盖了一座儿童乐园，今天正式开园。博士爷爷向大家发出邀请，请大家来游园。

有哪些动物来游园呢？说个谜语让你猜。

猜谜：

1. 年纪不大，胡子一把；爱吃青草，爱叫妈妈。（谜底：山羊）

2. 鼻子长又长，身子像堵墙，耳朵像蒲扇，腿像柱一样。（谜底：大象）

3. 三瓣嘴，红眼睛，不会走，只会蹦。（谜底：兔子）

4. 小豆眼，小尖嘴，白天少见，晚上偷食儿。（谜底：老鼠）

5. 黑绒绒，白绒绒，脸像猫，身像熊，黑皮鞋，黑手套，戴副黑墨镜。（谜底：熊猫）

6. 头上插着两根毛，身上穿着花彩袍，不会唱歌不会跳，花间舞蹈数它好。（谜底：蝴蝶）

7. 一个小虫，提盏灯笼，白天睡觉，黑夜飞行。（谜底：萤火虫）

8. 黑裤褂儿，白肚兜儿，挂剪刀儿，捉飞虫儿。（谜底：燕子）

9. 身穿绿裤褂，是个歌唱家，爱唱丰收歌，捉虫保庄稼。（谜底：青蛙）

10. 有个小姑娘，穿着黄衣裳，谁要欺负她，她就戳一枪。 （谜底：

蜜蜂）

二、 参观植物园， 猜植物谜

师：博士爷爷见客人都到齐了，就领着大家去参观，首先参观植物园。植物园里生机勃勃，里面的植物长势喜人，你能猜猜它们都是什么吗？

猜谜：

1. 绿身子，红嘴巴，小鹦鹉，住地下。（谜底：菠菜）

2. 紫树结紫瓜，紫瓜里面装芝麻。（谜底：茄子）

3. 奇怪，奇怪，真奇怪，头顶长出胡子来，解开衣服看一看，颗颗珍珠露出来。（谜底：玉米）

4. 红树枝，结绿桃，桃子里面长白毛。（谜底：棉花）

5. 不是渔家女，却在水中生，穿着粉红袄，生在绿船中。（谜底：荷花）

6. 看看是绿的，破开是红的，吃它是甜的，吐舌是黑的。（谜底：西瓜）

7. 青黄小袄袄，里面包银条，弯弯两头翘，吃着好味道。（谜底：香蕉）

8. 长得像竹不是竹，周身有节不太粗，又是紫来又是绿，只吃生来不吃熟。（谜底：甘蔗）

9. 花儿金黄，脸儿朝阳，托盘花籽，请你尝尝。（谜底：向日葵）

10. 一个小姑娘，身穿绿衣裳，碰碰就低头，一副羞模样。（谜底：含羞草）

（猜出之后，尽可能地展示实物，说出特点）

三、 游卡通室， 猜人体器官

拼装机器人（猜人体器官谜，猜中之后组装成一个机器人）

1. 一个山头七眼井，七眼井儿暗相连，五个有水两个干，所有井口不朝天。（谜底：人头部的器官，眼、口、鼻、耳）

2. 上边毛，下边毛，中间有颗黑葡萄。（谜底：眼睛）

3. 一座小房，两个门窗，出气进气，能闻花香。（谜底：鼻子）

4. 小小门儿不算大，能吃东西能说话。（谜底：嘴巴）

5. 两个小勺左右分，不盛菜饭，专盛声音。（谜底：耳朵）

6. 十个小兄弟，两两一边高，帮你穿衣吃饭，帮你提鞋戴帽。（谜底：双手）

7. 两只小鱼，互相争先，驮你走路，背你爬山。（谜底：双脚）

（随着学生的猜谜，完成机器人图画）

四、 参观完毕， 猜交通工具

师：博士爷爷用什么交通工具送大家回家呢？请大家猜一猜。

1. 兄弟一般高，出门就赛跑，二人差一步，总是追不到。（谜底：自行车）

2. 长空蜻蜓飞，隆响如雷，空中它架桥，连接欧亚非。（谜底：飞机）

3. 大铁屋，一条长，头上乌云去滚滚，脚下雷声隆隆。（谜底：火车）

4. 砖瓦起高楼，铁壳地板尖尖头，载人运货容量大，江河湖海任它游。（谜底：轮船）

5. 船儿怪，速度真是快，不在水中游，飞到去天外。（谜底：宇宙飞船）

五、 活动总结

师：通过猜动物谜、植物谜、人体器官谜，以及交通工具谜，我们不仅扩大了知识面，还学会了思考，丰富了校园文化生活。课后，还请同学们继续收集一些谜语，让大家都来猜一猜。

第十三课
四季歌——夏天

【活动目的】

1. 通过动脑、动手、动口训练，使学生了解夏天的特征，增加对四季的认识。

2. 帮助学生学会观察方法，提升学生口头表达能力。

【活动准备】

1. 课前带学生观察夏天的景色。

2. 收集表现树、花、动物、人物在四季中的变化的图片，并制作多媒体课件。

3. 准备绿树、绿草、荷花、牵牛花、知了、蒲扇、小狗、穿背心的老人、烟斗、穿短裙的女孩等图片备用。

4. 学生自行准备好剪刀、胶水。教师为每位学生准备一张 16 开彩色纸。

【活动过程】

一、看图说话，初识夏天

（一）一年四季，春夏秋冬，景象各不相同

出示图一：四棵树（发芽长叶—枝叶茂盛—叶黄果熟—秃枝败叶）。

1. 引导学生各用一两句话来描述，如：春天来了，柳树发芽了，长出了嫩黄的叶儿。

2. 小结：树木在春天里发芽长叶；夏天里枝繁叶茂；秋风一吹，叶儿黄了，果实成熟了；冬天里树上只剩下几片残叶。

出示图二：四种花（桃花—荷花—菊花—梅花）。

1. 引导学生说说图上画的各是什么花，都在什么季节盛开。

2. 小结：世上的花儿千万种，它们在不同的季节里盛开，装点美丽的世界。

出示图三：四种动物（蝌蚪戏水，青蛙冬眠，小狗吐舌，松鼠藏食）。

1. 提问：图上画的是什么动物，它们都在干什么？说说哪幅图是夏天发生的事？

2. 小结：动物在四季中也各有不同的表现。要求学生仔细观察，发现它们的生活规律，了解它们的生活习惯。

出示图四：四个人物（女孩放风筝，男孩套泳圈，女孩穿毛衣，男孩带风雪帽）。

1. 引导学生说说四个人物的不同表现，并从穿着、活动推断是什么季节。

2. 小结：人们在四季里会从事不同的活动，也会有不同的表现。要求学生留心观察、了解和积累不同季节的人们从事的活动和表现。

（二）总结导入

师：一年四季景象各不相同。夏天，天气炎热，树木茂盛，花朵竞相开放；动物怕热，躲在阴凉处；人们起早赶晚，避开炎热。夏天是个充满希望的季节。（板书：夏天）下面老师和同学们一起来剪贴一幅夏天的图画。

二、剪贴图画，练习说话

（一）师生共同剪贴

1. 教师出示背景图：这是一幅山村风景画。远处，高山叠翠，山峰连绵不断。近处有成片的果林，绿草红花，农舍炊烟袅袅，一口池塘碧波轻漾。

2. 师：请同学们充分发挥想象，用自己的双手在这幅画上再添几样景物，使它更美、更充满生气。

（1）想一想，在什么地方再添上什么。

（2）说一说，如：我想在池塘旁添上一棵大树。

我想在池塘里添上几个戏水的男孩儿。

我想在池塘的一角添上几朵粉红的荷花。

我想在池塘边上添上紫色的牵牛花。

……

（3）贴一贴：随着学生的叙说，教师把事先剪好的景物一样一样贴上去。

3. 学生用一段生动的文字描述画面。

4. 师小结：大家真了不起！看，多美的一幅夏日风光画！有山有水，有花有草，有动有静，有声有色。

（二）学生自己剪贴

1. 发给学生一张彩色纸和印好的图样纸。

2. 指导学生：观察图样，构思主题，剪贴细心。

提示：

（1）只选择图样纸上的几种图画，不可都用。

（2）先想好一幅画面，如：老爷爷树下乘凉，孩童池边玩耍，公园好美等，再按想好的画面剪贴。

3. 学生剪贴，教师巡回指导。

4. 学生展示作品，用几句话说出画面意思。

三、 活动总结

师：夏天是美的，是我们用精美的语句描绘出来的，也是我们用美妙的图画画出来的。一个完美的夏天，还等待着我们去发现、去感受、去描绘。

第十四课
恐龙游乐园

【活动目的】

1. 以游园的形式，回顾本学期所学的部分课文和有关知识。

2. 培养学生的口头表达能力和表演能力。

【活动准备】

1. 做好"恐龙"导游牌，写上如"百草园"、"松竹林"、"荷花池"、"英雄山"等字样。

2. 做一些动物的头饰：大象、熊猫、狮子、小燕子、猴、松鼠、白鹤、猫、兔、羊。

3. 排练课本剧《要下雨了》和木偶剧《达尔文和小松鼠》。

4. 收集菜园、荷花池、松林和松鼠图片并制作多媒体课件。

【活动过程】

一、 谈话导入激趣

师：恐龙游乐园建成，定于今天开园。恐龙园长宣布免费游园一天（插好导游牌）。游乐园里真热闹，动物们都来了，小燕子主动来给大家当导游。

二、 百草园中长知识

出示幻灯片：园内，生机盎然，鲜花盛开，瓜果飘香。小白兔和小灰兔以主人的身份热情地欢迎大家来参观游玩。

1. 背诵古诗《悯农》。

2. 有奖竞答（奖品为课前剪贴好的动物或植物图片）。

（1）出示小黑板：以下蔬菜各吃它们的什么部分？

萝卜　　 莴笋　　 白菜　　 黄花菜　　 扁豆

（根）　 （茎）　 （叶）　 （花）　　 （果实）

（2）出示图片：认一认、说一说它对庄稼的好处。

青蛙　　 猫头鹰　　 七星瓢虫　　 赤眼蜂

3. 表演课本剧《要下雨了》。

表演中配有旁白，表演后讨论。

（1）从剧中你知道，下雨前，动物有哪些表现吗？

（2）在日常生活中，你还知道下雨前，动物、植物的其他表现或其他什么现象吗？

三、 松竹林里会客人

1. 出示幻灯片：松鼠爬到高高的树枝上，瞪着大眼睛正在寻找什么。小燕子问松鼠找什么，松鼠说"我找达尔文"。达尔文是谁？全体背诵《达尔文和小松鼠》第一、第二自然段，然后欣赏木偶表演《达尔文和小松鼠》。

2. 猴子在竹林里跑来跑去找熊猫，小燕子说熊猫有交代，要考考他，全答对了，熊猫出来和大家见面。

（1）填空（复合投影片）大熊猫身子（　　），尾巴（　　），全身的毛（　　）。四肢和肩膀是（　　），身子是（　　），脑袋也是（　　），一双眼圈（　　），还长着一对（　　）的黑耳朵。

（有条件的，可让一学生上台快速画出熊猫头像）

（2）问答：大熊猫小时候性格怎样？长大以后呢？大熊猫最爱吃什么？

四、 荷花池旁故事多

1. 出示投影片：荷花池里，池水清澈，荷叶碧绿，荷花粉红。讲故事《王冕学画》。

2. 续编故事《小猫钓鱼》。

中心内容为：小花猫听猫妈妈的话，一心一意地钓鱼。蜻蜓飞来了，不捉；蝴蝶飞来了，也不捉。结果，小花猫钓了好多鱼。

3. 新编故事《三只白鹤》。

改编的内容为：埋鱼时间——傍晚

识记物品——向日葵、柳树、树影

五、 英雄山上话机智

1. 小燕子向大家介绍英雄山名字的由来。

2. 讲《王二小》的故事。

3. 本学期我们还学了哪几篇表现勇敢、机智的课文？学生简述《司马光》《乌鸦喝水》《小八路》等课文内容。

通过 2、3 两题，回忆几篇课文内容，并让学生明白，遇事要多动脑筋，做个勇敢机智的孩子。

六、 鼓励性活动总结

师：我们以游园的形式，在百草园中长知识，在松竹林里会客人，在荷花池旁编故事，在英雄山上话机智。在恐龙游乐园里，我们不仅随机应变，还能说会道，每位同学都称得上是不虚此行啊！

教学实录（一）

古诗派对

执教教师： 欧玲

执教年级： 一年级

教学流程：

师：同学们，通过课堂学习和午间诵读，我们已经学习、积累了不少古诗。今天，我们来开一场古诗派对，给大家一个展示的机会，比一比谁最棒，好不好？

师：马上进行古诗派对第一环节——"古诗找朋友"。（出示课件）请看，这有12首古诗，课前老师已经把这12首古诗分别发给了12位同学，现在请其中一位同学到讲台上来。

（一生拿着一张纸走上讲台，纸上写有古诗《送元二使安西》）

师：请问你这首诗的诗名是什么？

生：《送元二使安西》。

师：这首诗的朋友在哪里？

（手拿《别董大》《芙蓉楼送辛渐》的学生走上讲台）

师：请你看看这些诗是不是它的朋友？

生：是的。

师：这些诗有什么共同的特点吗？

生：这些诗都是写送别朋友的。

师：你说得很好，人们通常把这类诗称作"送别诗"。

师： 哪位同学手里还有诗？

（一生拿着《出塞》走上讲台）

师： 这首诗的朋友们在哪儿？

（拿着《从军行》《凉州词 王翰》《凉州词 王之焕》的学生走上讲台）

师： 这些诗又有什么共同点呢？

生： 都是写出关打仗的。

师： 说对了，这些描写出边疆、战沙场的诗，都可称作"边塞诗"。

师： 谁手里还有诗？

（一生手拿《竹里馆》走上讲台）

师： 这首诗的朋友在哪里？

（手拿《村居》《小池》《咏柳》《鹿柴》的学生走上讲台）

师： 这些诗有什么共同特点？

生： 这些诗都是写美丽风景的。

师： 这些描写自然风光、农村景物以及安逸生活的诗，可以称为"山水田园诗"。

师： 大家为不同类别的诗找到了朋友，很不简单！由此可以看出，同学们不仅熟悉这些古诗，还能准确理解古诗的意思。

师： 接下来，进入古诗派对第二环节：也是"古诗找朋友"。

师： 古诗词与音乐向来都是关系亲密的好朋友。优美的古诗配上优美的乐曲，别有一番韵味。今天，老师带来了三首乐曲，请你静下心来听一听，它们分别配哪一组的诗更合适。

师： 请闭上眼睛，听第一首。（播放《病中吟》）

师： 你认为这首曲子适合配哪一组诗？

生： 我觉得这首曲子适合配边塞诗。

师： 为什么？

生： 因为这首曲子很悲伤。

生： 感觉好像是人马上要死了一样。

师： 这首曲子名叫《病中吟》，是国乐大师刘天华的作品。《病中吟》并不是指生病了，而是表达一种苦闷、绝望的心情。现在请大家再用心地感受一下这哀怨、凄凉的曲调，轻声诵读《从军行》。注意：你的语速要慢一点，语调要低沉一点，这样才能与曲子融合在一起。

（学生诵读效果很好）

师： 闭上眼睛，听第二首。（播放《高山流水》）

师： 这首曲子适合配哪一类诗？

生： 山水田园诗。

师： 这首曲子名叫《高山流水》。"高山流水"与"山水田园"真是完美的结合。

师： 请听第三首。（播放《阳关三叠》）

师： 这首曲子给你什么样的感觉？

生： 很伤心。

生： 我感觉像一个人在送别他的朋友，伤心地流下了眼泪。

师： 这首曲子叫《阳关三叠》，就是根据送别诗《送元二使安西》写的。

师： 第二环节，大家的表现可以用"了不起"来形容。因为，你们会给不同的诗选配乐，这表明，你们读懂了诗的意境及表达的情感。

师： 马上进入第三环节：还是"古诗找朋友"。

师： 好的诗，好的乐曲，需要有好的诵读者来完美地表现。

师： 请问哪些同学愿意配乐诵读"送别诗"？（大约十几人）哪些同学喜欢"山水田园诗"？（大约十几人）剩下的全是喜欢读"边塞诗"的吗？（人数最多：二十几人，且全是男生）请你们分别到这三个位置排好队。（老师把三个队的成员分别安排在三个不同的位置，并指派了三个队长）

师： 听清要求，待会儿三个队进行配乐诵读比赛，老师和其他同学从三个方面打分：一是精神状态，二是吐字发音，三是诗歌韵味。达到一项标准得一个大拇指标志。比两轮，第一轮个人比：各队选出最优秀的个人参赛，一人读一首。第二轮集体比：齐读一首。现在请各队队长分配好人员，看哪些同学参加个人赛，读哪几首，齐读的同学又读哪一首。

（学生分组练习，教师相机指导，大约10分钟）

师： 古诗配乐朗读比赛现在开始！

第一轮：个人赛

"山水田园诗"组的三位选手分别诵读了《竹里馆》《小池》《村居》，表现欠佳，台下同学指出她们过于紧张，语速语调没有变化。教师给出一个大拇指标志。

"送别诗"组的两位选手分别诵读了《别董大》《送元二使安西》，得到了大家热烈的掌声，且一致同意给三个大拇指标志。

"边塞诗"组的三位选手分别诵读了《凉州词 王翰》《凉州词 王之涣》《出塞》，情绪饱满，读出了边塞诗的悲壮，博得了满堂喝彩，赢得三个大拇指标志。

第二轮：集体赛读

"山水田园诗"组诵读《咏柳》，配上了动作，且比较整齐，优美。得三个大拇指标志。

"送别诗"组诵读《芙蓉楼送辛渐》，表现出色，得三个大拇指标志。

"边塞诗"组因为人太多，没有听清"预备读"的口令，一个学生慌忙中把《出塞》读成了《从军行》，场面一片混乱。勉强得了一个大拇指标志。队长马上哭了，组内成员互相指责，情绪都很激动。

师： 老师相信通过今天这次活动，同学们会更喜欢古诗。俗话说：熟读唐诗三百首，不会作诗也会吟。希望同学们继续学习、积累，在祖国优秀的古典文化中尽情地遨游！现在我们来统计一下各组的得分。"山水田园诗"组五个大拇指标志，"送别诗"组六个大拇指标志，"边塞诗"组四个大拇指标志。

（"送别诗"组欢欣雀跃，"山水田园诗"组默不作声，"边塞诗"组内的学生又开始互相指责）

师： 现在"边塞诗"组乱成了一锅粥，请你们自己来谈谈为什么没取得好成绩？

生： 因为有的同学没有认真听口令。

生： 有的同学不听队长指挥，一上台就乱动。

生： 还有的同学听到别人读错了就乱嚷，本来可以重新起头读的。

师： 你们分析得很好，团队作战最重要的是听从指挥，团结一心。希望你们吸取教训。暂时胜出的队不要骄傲，暂时落后的队也不要气馁。因为比赛还没结束呢！请赶快进行第四环节：还是"古诗找朋友"。

师： 老师这儿有一首名叫《读唐诗》的歌，这首歌里藏着很多唐诗，看哪一队的同学能把藏在歌里的唐诗找出来，说出诗的名字。找出一首奖一个大拇指标志。

欣赏歌曲《读唐诗》，歌词如下。

床前的月光，窗外的雪。高飞的白鹭，浮水的鹅。

唐诗里有画，唐诗里有歌。唐诗像清泉，流进我心窝。

相思的红豆，吴山的雪。边塞的战士，回乡的客。

唐诗里有乐，唐诗里有苦。唐诗是祖先在向我诉说。

师： 请各队把你们找到的诗写在一张纸里，看哪一队找到的诗最多，下午放学前把答案交给老师。

点 评

《古诗派对》一课的教学践行了张云鹰校长一直所倡导的"开放的教学"，构建了一种以学生发展为本的语文活动课程，开创了一种全新的语文活动教学新思路。

整堂课，教师围绕"找朋友"构建了四个板块，看似重复，实则在不经意之间，将古诗派对活动演绎得淋漓尽致。"古诗分类"，巧妙地区分了边塞诗、送别诗、山水田园诗；"选择配乐"，深入地感受了诗人或悲凉，或深情，或愉悦的情怀；"配乐诵读"，不是简单的模仿秀，而是一场孩子们与诗人的心灵沟通；"找出唐诗"，真如"高飞的白鹭，浮水的鹅"，格外的清新，有余音绕梁之妙。

这样一来，"找朋友"层层推进，摒弃了古诗教学的"艰涩"和"枯燥"，寓"娱乐"和"情趣"于派对之中，不仅激发了学生学习古诗的兴趣，而且为理解、体味诗歌的意境打下了坚实的基础。

我想，《古诗派对》是小学语文活动课走向开放、多元的一种有效的践行。

（点评人：姚建武）

教学实录（二）

四季颂歌

执教教师： 陈敏思

执教年级： 一年级

教学流程：

一、童谣引入，走近四季

师： 同学们，大自然妈妈有四个顽皮可爱的娃娃，它们可以让草儿变绿、花儿变红；可以让太阳变成大火球，晒得小狗直吐舌头；还可以让黄澄澄的橘子挂满枝头；甚至能让全世界一夜之间变成白色！你们知道这些娃娃的名字吗？

生： 春、夏、秋、冬。

师： 不错，这些顽皮的四季娃娃呀，又跟咱们玩起了捉迷藏。咱们一起跟着音乐，去找找它们吧！

（播放《捉迷藏》，出示课件："春夏秋冬，四个娃娃，爱捉迷藏来玩耍。冬躲春来，秋躲夏呀，你找我来我找他。春天藏在花丛中，夏天躲到草帽下。秋天钻入谷堆堆，冬天缩进棉褂褂。"）

师： 欣赏完了音乐，你们发现春、夏、秋、冬四季娃娃藏到哪里去了吗？

生： 春天藏在花丛中，夏天躲到草帽下。秋天钻入谷堆堆，冬天缩进棉裥裥。

二、 一步一景， 欣赏四季

师： 非常棒！四季娃娃可调皮了！你不去找它，去发现它，它就待在那儿。你们看哪，春天来了——

（出示课件，选自朱自清的《春》）

师（引读）：小草偷偷地从土里钻出来，嫩嫩的，绿绿的。园子里，田野里，瞧去，一大片一大片满是的。谁来接着读？

生： 桃树、杏树、梨树，你不让我，我不让你，都开满了花赶趟儿。红的像火，粉的像霞，白的像雪。花里带着甜味儿；闭了眼，树上仿佛已经满是桃儿、杏儿、梨儿。

师： 同学们，读到这里，你认为春天还只是藏在"花丛中"吗？它又藏在哪里呢？

生： 它藏在土地下，也藏在树上。

生： 春天藏在绿叶里。

生： 春天藏在树苗里。

生： 春天藏在小草里。

生： 春天藏在柳树里。

师： 是呀！春天一到，大地生机勃勃，到处都充满了春意。我们可以去干什么？

生： 我们可以去植物园里研究植物。

师： 咱们班以后会出现一位伟大的植物学家。（众笑）

生： 我们可以去春游。

师： 不错，这是一个很好的提议。

生： 我们全班可以一起去野餐。

师： 非常棒！

生： 我们可以在草地上打滚儿。

师： 噢，让人觉得多么惬意呀！那大家说说，春天还藏在哪里呢？

生： 春天藏在草丛里。

生： 春天藏在清清的河水里。

生： 春天藏在鲜花里。

生： 春天藏在田野里。

生： 春天藏在麦苗里。

生： 春天藏在植物园里。

生： 春天藏在大地里。

师： 是啊，春天不仅仅藏在小草里、鲜花里，藏在朱自清的散文里，它还藏在优美的诗歌里！好好想想，你想到哪些描写春天的诗歌？

生： 我知道《江畔独步寻花》：黄四娘家花满蹊，千朵万朵压枝低。留连戏蝶时时舞，自在娇莺恰恰啼。

师： 我们在黄四娘家的花丛中找到了春天。

生： 我还知道《春晓》：春眠不觉晓，处处闻啼鸟。夜来风雨声，花落知多少。

师： 春天就在小鸟婉转动听的歌声中。

生： 我还想到《春夜喜雨》：好雨知时节，当春乃发生。随风潜入夜，润物细无声。

师： 是呀，撑一把小伞，漫步在淅淅沥沥的春雨中也别有一番趣味。

生： 我想到了《春日》：胜日寻芳泗水滨，无边光景一时新。等闲识得东风面，万紫千红总是春。

师： 是呀！春天就在五彩缤纷之中。我也想到了一首古诗。贺知章的《咏柳》。会背吗？咱们一起来。

生（齐读）：碧玉妆成一树高，万条垂下绿丝绦。不知细叶谁裁出，二月春风似剪刀。

师： 同学们真是腹有诗书气自华！春是绿绿的、嫩嫩的。那么，你还喜欢四季娃娃中的哪一个？

生： 我还喜欢秋天。因为秋天是一个丰收的季节。

师： 那秋娃娃又钻到哪里了呢？

生： 秋天钻进果树上了。

生： 秋天钻进大雁的羽毛里。

生： 秋天钻进田野里。

生： 秋天钻进菜园里。

生： 秋天钻进果子里。

师： 同学们都有一双善于观察、善于发现的眼睛。那么，你觉得秋天又是什么样子的呢？

生： 我觉得秋天是黄澄澄的。

师： 黄澄澄的橘子挂满了枝头。

生： 我觉得秋天是红彤彤的。

生： 我觉得秋天是红红火火的。

师： 丰收的季节让人觉得心旷神怡。

生： 我觉得秋天是金黄金黄的。

生： 我觉得秋天是五彩缤纷的。

生： 我觉得秋天是绿色的。

生： 我觉得秋天是橙色的。

师： 是啊！金秋时节，景色宜人。（师示意学生接背关于秋的四字词）

生（齐背）： 层林尽染、叠翠流金、天高云淡、大雁南飞、秋高气爽、山河壮美、五谷丰登、瓜果飘香、春华秋实、秋收冬藏。

师： 你还能想到哪些跟秋天有关的词语或者儿歌吗？

生： 一叶知秋。

生： 春花秋月。

生： 枫叶似火。

生： 秋雨绵绵。

生： 秋色迷人。

生： 秋风萧瑟。

生： 万古千秋。

生： 春种秋收。

生： 秋菊傲骨。

生： 北雁南飞。

生： 秋风过耳。

师： 看来简单的四字词难不倒你们。咱们再来说说跟秋天有关的儿歌。

生： 《落叶》，秋风秋风吹吹，落叶落叶飞飞，就像一只蝴蝶，张开翅膀追追。

师： 哎呀，好像蝴蝶一样的落叶为我们带来了秋天丰收的喜讯。谁再来？

生： 秋风吹，树枝摇。红叶黄叶往下掉。红树叶、黄树叶，片片飞来像蝴蝶。

师： 在你的声音里面，我们也发现了秋天。

生： 美丽的菊花。秋天到，菊花开。红的红，白的白。像面条，像烟火，更像妈妈的卷头发。

师： 像妈妈的卷头发？这个比喻很有意思。

生： 秋天到，蟋蟀叫。苹果梨子咯咯笑，稻子麦子金灿灿，收获的季节来到了。

师： 农民伯伯听到这个消息一定很高兴！老师也想到了一首小儿歌，咱们一起来看一下。你能不能仿照这首小儿歌也来说一说？不着急，好好想一想。我看看！哪位同学的脸上，笑容最自信？

（师出示课件：秋天到了，瓜果飘香。梨树挂起金黄的灯笼，苹果露出红红的脸颊，稻海翻起金色的波浪，高粱举起燃烧的火把！）

师： 我看到了一张灿烂的笑脸，请她先说。

生： 西瓜露出大大的肚皮。

师： 真让人想咬一口呀！

生： 石榴露出红红的牙齿。

师： 喔，好一个调皮的石榴！

生： 香蕉挥舞着弯弯的镰刀。

师： 秋娃娃呀就钻进了你的香蕉里。

生： 南瓜露出圆圆的肚子。

师： 这是一个非常可爱的圆滚滚的南瓜。

生： 枫林举起火红的旗帜。

师： 我们多想去漫天红叶的枫树林里走一走呀！

生： 香蕉挂起满树的飞镖。

师： 我想每个人都想接到那么好吃的飞镖。（众笑）

生： 草莓露出红红的脸蛋。

师： 一颗颗甜滋滋的草莓让人口水都要流下来了！

师： 我看到很多双小手举起来，真棒！但我们的果园可装不下了！这样吧，谁能把几种果子收集在一起，串起来说一说？

生： 葡萄挂起满架的珍珠，西瓜露出大大的肚皮，香蕉挂起满树的月亮，石榴露出红红的牙齿。

师： 真不愧是咱们班的小才子！我看到很多女同学不服气了，请一位女同学！

师： 请咱们班胖乎乎的麦萍，她最能代表秋天了。（众笑）

生： 火龙果露出卷卷的头发，柿子挂起红彤彤的灯笼，香蕉露出弯弯的笑脸，雪梨穿着黄澄澄的衣裳。

师： 非常不错！真是巾帼不让须眉！女同学表现也很棒！

师： 是呀！一年好景君须记，正是橙黄橘绿时。用再多的词也无法形容秋的美丽与迷人！春娃娃是嫩嫩的、绿绿的，秋娃娃是黄黄的、香香的。你还喜欢哪个娃娃？

生： 我喜欢冬娃娃。

师： 你为什么喜欢冬娃娃呀？

生： 因为冬天会下雪。下雪就可以堆雪人、打雪仗。

师： 好，我相信很多同学也喜欢冬天。你也来说说你的理由吧！

生： 冬天可以给人带来乐趣。

生： 冬天可以滑雪。

生： 冬天可以放鞭炮。

生： 冬天可以坐雪橇。

生： 冬天可以在家睡懒觉。

师： 哦，你也想学小熊在山洞里冬眠了！（众笑）还有呢？

生： 冬天可以看雪景。

师： 看来喜欢冬天的同学真多呀！现在就让咱们一起走进冬天的童话

世界吧。

师： 你们看，冬天来了——

（师播放冬天的配乐图片）

师： 看到这样的画面，你们觉得冬天是怎样的？

生： 我觉得冬天是雪白雪白的。

生： 我觉得冬天是一个美丽的季节。

生： 我觉得冬天是一个白茫茫的季节。

生： 我觉得冬天是一个冷飕飕的季节。

师： 是呀，就像毛主席在《沁园春·雪》当中所说的：北国风光，千里冰封，万里雪飘。可惜在深圳，咱们能不能看到这样的景色？

生： 不能。

师： 但是咱们能从课文里、诗词里把冬娃娃找出来。冬天，天上飘着雪花——

生（齐背）： 地上铺着雪毯，树上披着银装，到处一片洁白。小伙伴们在雪地上堆雪人、打雪仗，玩得可高兴了！

师： 好，你们发现冬娃娃藏到哪里去了？

生： 冬天藏在雪花里。

生： 冬天藏在人们的屋顶上。

生： 冬天藏在雪人里。

生： 冬天藏在雪地里。

生： 冬天藏在雪球里。

生： 冬天藏在雪山里。

生： 冬天藏在小朋友们的手里。

生： 冬天藏在冰块里。

生： 冬天藏在大树里。

师： 看来咱们班的同学太会找人了。冬娃娃呀，它待不住了，它跳出来了。它说：如果有机会呀，也给咱们深圳来一场鹅毛大雪，那么咱们就可以一起去——

生（齐）： 堆雪人、打雪仗、看雪景了。

师： 说着说着，咱们好像把哪个娃娃给忘了？

生： 夏娃娃。

师： 哎，咱们差点把夏娃娃给忘记了！夏天来了，你们觉得夏天是什么样子的？

生： 夏天是热热的。

生： 夏天是个炎热的季节。

师： 是啊，热得大伙儿浑身冒汗。

生： 夏天是个红红火火的季节。

生： 夏天是个火辣辣的季节。

师： 夏天不仅躲在草帽下，还躲到哪里去啦？

生： 夏天躲到荷花里。

师： 满池的荷花，你挨着我，我挨着你，就像一群亭亭玉立的小姑娘。

生： 夏天躲到太阳里。

生： 夏天躲到夏天的诗歌里了。

师： 哦，那你能不能说一说夏天的诗歌有什么？

生（思考）：　嗯……

师： 我给你提个醒，《小池》。有没有印象？咱们一起来！

生（齐）：　《小池》，泉眼无声惜细流，树阴照水爱晴柔。小荷才露尖尖角，早有蜻蜓立上头。

师： 很好！你们还在哪里发现了夏娃娃？

生： 在人们的脸上。

师： 为什么这么说呀？

生： 因为人们在夏天会出很多汗。

师： 不错，你观察得很仔细！

生： 夏天藏到游泳池里。

师： 我们在游泳池里，就好像一群——

生（补充）：　自由自在的小鱼儿。

师： 是啊，我们就像一群自由自在的小鱼在池塘里欢快地畅游。

生： 夏天藏在空调房里。

师： 在空调房里，你想干什么呀？

生： 我可以一边吃东西一边看电视。

师： 哦，都想着吃的玩的事情了。

生： 夏天藏在冰激凌里。

生： 夏天藏在背心里。

生： 夏天藏在草丛里。

生： 夏天藏在小狗狗的嘴巴里。

师： 哦，它也要拼命地散热，对吧？

生： 夏天藏在云层里。

生： 夏天藏在火炉里。

生： 夏天藏在池塘里。

生： 夏天藏在蝉的声音里。

生： 夏天藏在厨房里。

师： 为什么说藏在厨房里？

生： 因为爸爸妈妈煮菜的时候会很热。

师： 哦，你是一个孝顺的孩子。

生： 夏天藏在太阳的火焰里。

生： 夏天藏在冰箱里。

生： 夏天藏在死海里。

师： 哦，提到了死海。我们在死海里可以干什么呀？

生： 我们在死海里可以一边看书一边游泳。

师： 两全其美呀！

生： 我们还可以一边吃零食一边游泳。

师： 想得可真美呀！

师： 同学们，咱们在草丛中、树荫下、田野里、冰面上都找到了四季娃娃。那你们说它们还只是藏在花丛中，躲在草帽下，钻入谷堆堆，缩进棉褂褂吗？（出示图片）

生： 不是。

师： 那你们能不能把这首儿歌重新创编一下？请拿出你的写话本。

（生动笔写话，师巡视指导）

师： 好，时间到！请停下你手中的笔吧！

师： 请哪位小诗人来读读他的大作？

生： 春天藏在树苗里，夏天藏在可爱的小狗的舌头里，秋天藏在黄澄澄的果子里，冬天藏在雪白的雪人里。

师： 你很会创作诗歌！

生： 春天藏在大树下，夏天躲在冰块里，秋天钻入果子里，冬天躲到雪人里。

师： 你也是一个伟大的探索家！

生： 春天藏到绿叶里，夏天躲到太阳里，秋天钻入菜园里，冬天缩进雪人里。

师： 不错！还有谁能比她创作得更好？

生： 春天藏在小女孩的笑声里，夏天躲到人们的脸上，秋天钻进金黄的果实里，冬天缩进厚厚的衣服里。

师： 非常棒！她观察得非常仔细。

生： 春天藏在花朵里，夏天藏在火炉里，秋天藏在大雁的羽毛里，冬天藏在帽子里。

师： 很不错！尤其是"秋天藏在大雁的羽毛里"这一句特别有意思！

三、 多方展示， 赞颂四季

师： 看来咱们班有很多小才子、小才女。四季娃娃真是美！如果是音乐家一定会尽情高歌，美术家一定会挥笔作画，书法家一定会奋笔疾书……

同学们，你们又准备用什么样的方式来表现自己对四季的喜爱呢？

生： 我喜欢春天，我要唱一首《小燕子》。

师： 这是咱们班的小歌唱家。

生： 我喜欢夏天，我要为夏天画一幅美丽的画。

师： 你是一个小画家。

生： 我喜欢春天，我要为春天唱一首歌。

师： 你也是一位歌唱家。

生： 我喜欢春天，我要为春天朗诵一首古诗。

师： 咱们班的朗诵家诞生了！

生： 我喜欢秋天，我要为大家朗诵一首秋天的儿歌。

师： 大家的想法都不错。现在，请你们准备准备吧！请小画家拿起你的画笔，小朗诵家准备好你的诗歌，用你喜欢的方式来表达对四季的喜爱。

（生各自做好准备，师巡视指导）

师： 好，时间到了。我知道同学们的心中充满了对四季的喜爱之情。谁来说一说？

生： 我要为秋天朗诵一首诗。《落叶》，秋风秋风吹吹，落叶落叶飞飞，就像一只蝴蝶，张开翅膀追追。

师： 看来你真的很喜欢这首小诗，你又把它朗诵了一遍。

生： 我喜欢春天，我想为春天朗诵一首小儿歌。《春天来了吗》，春天来了吗？去问柳枝上的嫩芽。春天来了吗？去问桃树上的鲜花。春天来了吗？去问池塘里的花鸭。春天来了吗？去问梁上的燕子妈妈。（众鼓掌）

师： 我想，春天在你的呼唤声中一定会越走越近的。好，咱们小诗人的表演暂时到这。有没有小画家想展示展示你的才华？

（一生到讲台前，老师展示其画作）

师： 看来像是毕加索的抽象画。咱们发挥想象，请你为大家描绘一下你的图画。

生： 我画的图画上能看到春天有一群大雁往南飞，夏天的太阳高高地挂在天上，秋天的田野里挂满了沉甸甸的果实，冬天有一群小朋友在雪地上堆雪人、打雪仗。

师： 一幅画里面为我们展现了四季的风光，非常贪心呀！（众笑）还有谁？

生： 我写了一首我自己编的四季诗。

师： 哦，自己编的诗，咱们一起来听听。

生： 春天，百花齐放。夏天，烈日炎炎。秋天，五谷丰登。冬天，冰天雪地。（众鼓掌）

师： 非常不错，咱们班的小诗人充满了才华。刚刚咱们欣赏了抽象画，欣赏了自己创作的诗歌，能不能来一点动听的音乐呀？

生： 小燕子，穿花衣，年年春天来这里。我问燕子你为啥来？燕子说："这里的春天最美丽！"

师： 我想小燕子肯定会喜欢咱们班的课堂，充满了春天的气息。

生： 我想为大家演唱一首《春天在哪里》：春天在哪里呀，春天在哪里。春天在那青翠的山林里。这里有红花呀，这里有绿草，还有那会唱歌的小黄鹂……（全班齐唱）

师： 很好，我在你们的声音里也找到了春天。

师： 我知道大家都意犹未尽，四季娃娃的确给我们带来了许多的欢乐。它们是美的，一个美丽的四季，更等待我们去发现、去感受、去描绘。下课！

点 评

　　"四季娃娃真是美！如果是音乐家一定会尽情高歌，美术家一定会挥笔作画，书法家一定会奋笔疾书……"在陈老师独到的语文课堂理念和优美的教学技艺中，我们也感受到了四季带来的美丽。

　　《四季颂歌》一课围绕着"四季"展开，流程环环相扣，情感丝丝入心。在课堂上，陈老师始终以引导者的身份，用别具感染力和亲和力的语言激发学生积极性和创造力。整堂课创设了四季各具特色的情境，让学生在朗朗上口的诗词声中走进四季，在优美动听的歌曲中欣赏四季，在五彩缤纷的图画中赞颂四季。《四季颂歌》真正实现了教学内容的开放，丰富了学生的知识，拓宽了学生的视野，源于教材而超越教材，引导学生走出课堂，走进生活，走向自然。在绚丽多彩的四季风光中让学生积累了优美的词汇，提高了收集、运用知识的能力，初步学习如何进行语言文字的创作，体验到了自主学习的快乐。

　　纵观全课，活泼灵动，清新优雅，开放而富有创新活力，充分展现了开放式教学的魅力，实现了语文向其他学科的融合，构建了一个开放、多元的语文活动课堂。

（点评人：烟波浩渺）

第一课
小兔拜寿

【活动目的】

1. 通过活动，培养学生口语交际能力。
2. 培养学生对语文学科的学习兴趣。

【活动准备】

1. 多媒体课件。
2. 小兔、兔妈妈、小花猫等头饰及其他一些活动道具。

【活动过程】

一、激趣导入

教师启发谈话，讲述故事背景：今天是兔外婆的生日了，小兔和兔妈妈去外婆家拜寿，路上要过一个城堡，即文明礼貌城堡；还要准备一份生日礼物。

二、漫游礼貌城堡

1. "守城士兵"齐唱儿歌《礼貌歌》。

小朋友，都知道，

礼貌用语要记牢。

对待长辈要用"您"，

早晨见面说声"早"，

平时互相问问"好"，

分别"再见"别忘了。

若要求人帮，

"请"字先用上；

得到别人帮，

"谢谢"口中讲；

无意影响人，

忙说"对不起"，

回答"没关系"。

文明好孩子，

人人都夸奖。

请小兔和兔妈妈入城。

2. 看图说话，用上礼貌用语。

出示画面：

（1）第一幅：小兔在路上不小心踩到了睡觉的小花猫。

（2）第二幅：小狗到小花猫家去做客。

（3）第三幅：小兔接电话。

（4）第四幅：小花猫照顾生病的妈妈。

先逐幅出示，每一幅画面请一两个学生讲，再全部出示，每个学生在小组内找到自己的学习合作伙伴，选一幅画面互相说，说得不好的地方请合作伙伴帮忙。

三、 购买生日礼物

1. 小组商量给外婆买礼物，并说出理由。

2. 购物、推销。

（1）出示"购物中心"图画，你们想当店老板吗？想想自己开什么店。

（2）把自己的店名写在卡片上，出示商店招牌，店老板介绍自己的商店。

（3）示范表演推销商品（教师出示一种商品实物，要求学生推销），进行小结。

（4）各小组进行推销商品表演（一学生当店主，一学生当购买者，表演购买商品），然后进行小结。

（5）自由组合扮演营业员、小兔和兔妈妈，为兔外婆购买礼物，教师巡回指导。

（6）各小组展示表演成果。

四、 开开心心拜寿

1. 到了外婆家，小兔们来到外婆面前怎么说呢？（学生拿着礼物表演说）

2. 全体学生边拍手边唱《生日快乐》歌。

五、 活动总结

师：小兔借着给外婆拜寿，一路上学会了不少的文明礼貌用语，学会了与人打交道，真是一个懂礼貌又好学的好孩子。同学们，我们可要向它学习哟！从现在开始，我们比一比，看哪些同学能够像小兔一样会与人交往，会使用礼貌语言！

第二课
巧记形声字

【活动目的】

1. 初步了解形声字的特点，简单掌握巧妙记忆形声字的方法。

2. 通过竞赛，训练学生的思维。

3. 增强学生的集体荣誉感和积极进取的精神。

【活动准备】

1. 将全班同学分为四个小组进行竞赛。

2. 教师担任主持人，选四名学生为每个小组的记分员。

3. 用硬纸板制作四朵智慧花。

【活动过程】

一、 集体朗读儿歌， 初步了解形声字的特点

形声字好识记，形音义有联系。

声旁帮着读字音，形旁帮着辨字义。

二、 展示课题， 明确目的

在现行使用的汉字中，形声字约占 80% 以上，所以了解形声字的特点，掌握其规律，采取科学的记忆方法，是一条学习汉字的很重要的捷径。

三、 竞赛活动

1. 给形声字归类。

（1）投影出示，常见的形声字结构方式有以下六种。

左形右声　　　　　右形左声　　　　　上形下声

下形上声　　　　　外形内声　　　　　内形外声

（2）按以上分类把下列形声字正确归类。（5分钟内完成，每对一字记一分）

认　刚　愿　想　竿　问　晴　围　闻　机　圆　歌　闷

2. 巧开智慧花。

要求：每组派一人抽取写有形声字结构方式的字条，按要求填入花瓣内。（在规定时间内完成，写对一个记一分）

3. 找朋友。

方法：先请每组派人抽取写有声旁的卡片（如：成、青、专、占、干、牙、丁、平等），要求给声旁加上不同的形旁组成一个新字，越多越好。（在规定时间内完成，写对一个记一分）

4. 选字填空。

这是一组抢答题，教师先用投影出示一组形声字，要求学生根据句义选择正确的字，检验学生对形声字的理解和运用。（答对一题得3分）

例：注　　挂　　柱

（1）一位白发苍苍的老奶奶（　　）着一根拐杖慢慢走来。

（2）这根（　　）子很粗，要两个人才能合抱过来。

（3）过马路时要（　　）意安全。

四、活动总结

1. 计算累积得分，评选优胜小组予以奖励。

2. 交流并总结学习和记忆形声字的方法。

第三课
汉字趣说

【活动目的】

1. 帮助学生初步了解象形字、形声字、会意字的构字规律。

2. 体会汉字文化的丰富有趣，激发学生对汉字的兴趣。

【活动准备】

1. 收集象形字图片、字谜。
2. 全班分四组。

【活动过程】

一、 激趣导入

师：汉字距今已有三千多年的历史，它是世界上最古老的文字之一。今天，让我们一起遨游汉字王国，认识三位有意思的汉字朋友，感受汉字的有趣和神奇。

二、 介绍象形字

1. 看画猜字：请学生猜下面这个是什么字？

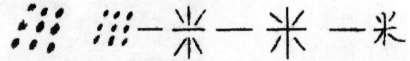

师小结：几千年前，我们的祖先看到许多东西，经历过许多事情，就用符号记下来。这个"米"字的原始形式就是画了九粒谷子的"⋰⋰⋰"，它后来演化为"米"，最后定型为"米"，表示稻子种在田里，被田埂"十"分成四部分。这些既像字又像画的符号就是象形文字。（板书：象形文字）

2. 欣赏品字：出示部分象形字，让学生边猜边欣赏边总结，领会象形字是抓住了对象的主要特征来设计的。

三、 介绍会意字

1. 读一读：日月明，鱼羊鲜。小土尘，小大尖。一火灭，田力男。人木休，手目看。

2. 教一教：出示"明、鲜、尘、尖、男、休、看"，鼓励学生当小老师，介绍这几个字的由来，帮助同学识记这几个字。

如："灭"——着火了，人们急中生智，把一个东西盖在火上，火就灭了。这就是"灭"字的由来。

师小结：这些字都是会意字。会意是我国古代造字法的一种，就是把两个以上的字合起来表示一个意义。

3. 编一编：请你也编几个识记会意字的顺口溜。

四、 介绍形声字

汉字除了象形字、会意字，还有一类最常见的字，那就是——形声字。

形声字有什么规律呢?

1. 比一比:出示"清、晴、睛、请",说说你的发现。

2. 记一记:出示规律,齐读,并初步理解。(学习形声字,辨认要仔细,声旁多表音,形旁多表义,掌握规律性,困难变容易)

3. 写一写:限时 3 分钟,比一比哪一组写的形声字多。

五、 激励性活动总结

本次活动虽然结束了,但同学们对汉字的探究并没有结束,汉字王国里还有许多有趣的地方等着我们去遨游呢!

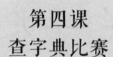 

第四课
查字典比赛

【活动目的】

1. 促使学生掌握恰当的查检方法,学会快捷、准确地使用工具书。

2. 激发学生使用字典的兴趣,养成良好的自学习惯,提高学习效率,为提高他们的阅读能力奠定良好的基础。

【活动准备】

1. 学生课前准备好字典,练习音序、部首和数笔画查字法。

2. 教师准备好竞赛题目。

【活动过程】

一、 创设情境, 激发兴趣

1. 教师投影出示谜语,引导学生读一读,这首儿歌描述的是哪一种小动物?

胡子不多两边 qiào（　　　），

日间无事打瞌（　　　）睡,

黑夜巡（　　　）逻（　　　）眼睛亮,

chú（　　　） 房粮库它放哨。

2. 学生读儿歌,发现加点字不认识,有拼音的也不知道怎么写。这时教师激发学生：遇到不认识的字我们怎么办？不会写的又怎么办？

根据学生的回答，教师板书：音序查字法、部首查字法。

3. 比赛：看谁将这些加点字的读音和相关的汉字最先查出来。

二、 温故知新， 比比谁快

（一） 音序查字法

1. 复习音序查字法。结合刚才的查字典比赛，抢答下列问题。

（1）你在什么情况下会使用音序查字法？（知道字的读音，但不知道这个字的写法和意思）

（2）结合"qiào"和"chú"，说一说音序查字法的步骤。

例如，如果查"chú（　　）房"的"chú"字怎么写，可根据它的读音，先从"汉语拼音音节索引"中找到大写字母"C"，再查音节"chu"，找到它右边标明的页码，然后按照页码在字典正文部分的这一页找到"chu"这个音节，再按音节的声调顺序找，就可以找到"厨"字。

2. 学生小结音序查字法的步骤。

（二） 部首查字法

1. 复习部首查字法。结合刚才给儿歌加点字查拼音的方法，抢答下列问题。

（1）你在什么情况下会使用部首查字法？（知道某一个字的字形，但不知道这个字的读音和意思）

（2）结合"瞧"和"巡逻"，说一说部首查字法的方法。

例如，在查"瞌（　　）睡"的"瞌"字前，先确定它的部首是"目"部，在"部首目录"的五画中找到"目部"及对应的页码，然后在检字表的对应页中找到"目部"这一栏。"瞌"字除去部首后是十画，在十画中找到"瞌"和它的页码，于是在字典正文该页码处就可以找到这个字了。

2. 背诵部首查字法口诀，小结部首查字法的步骤。

部首、偏旁掌握好，

按照目录、页码找；

除去部首数笔画，

勤查多练效果好。

（三） 数笔画查字法

1. 除了音序、部首查字法，我们还学过什么查字法？（数笔画查字法）

2. 什么情况下使用数笔画查字法？

当我们遇到一个比较特殊的字，既不知道它的读音，又不能确定它属于哪个部首时，可直接数出字的笔画，先在"难检字笔画索引"中查到这个字在正文中的页码，然后就能很快查到这个字了。如"凹"字，五画，在"难检字笔画索引"的五画部分，就可查到它在字典正文中的页码。

3. 小结数笔画查字法的步骤。

（四）查字典比赛（单位时间内比一比谁查得快）

1. 填空比赛。

（1）"静"用音序查字法，应先查大写字母（   ），再查音节（   ）；用部首查字法先查部首（   ），再查（   ）画。

（2）"熟"用音序查字法，应先查大写字母（   ），再查音节（   ）；用部首查字法先查部首（   ），再查（   ）画。

（3）"秀"用音序查字法，应先查大写字母（   ），再查音节（   ）；用部首查字法先查部首（   ），再查（   ）画。

（4）"禽"用音序查字法，应先查大写字母（   ），再查音节（   ）；用部首查字法先查部首（   ），再查（   ）画。

（5）"丹"字用数笔画查字法，查（   ）画。

2. 看谁最先查到下面这些括号内的字。

gē（   ）唱　　　　lǐ（   ）鱼　　　　肥 zào（   ）

舞 dǎo（   ）　　　　mógū（   ）　　　　bǐng（   ）干

3. 用部首查字法查下面的字，并按要求填写下表。

要查的字	部　首	除去部首查几画	组　词
辩			
惋			
翡			
隙			
哀			
典			

4. 比一比，下列字看谁查得快（标出页码和读音）。

凸　　本　　允　　串

三、 总结方法， 比赛评奖

我们复习了音序、部首和数笔画查字法，并开展了查字典比赛，很多同学表现非常好，希望同学们在今后的学习当中养成良好的查字典的习惯，为今后的自学奠定基础。

开放式活动课程（第二版）

第五课
词语游戏

【活动目的】

1. 丰富学生的词汇并提高学生词语综合运用能力。
2. 培养学生善读书、勤思考的学习习惯。

【活动准备】

1. 把全班同学分成 4 个队，各队名称依次是博士队、神童队、奇才队、精英队。
2. 选出若干学生做裁判、计分员、计时员。
3. 多媒体课件。

【活动过程】

一、 活动引入

1. 四队讨论：哪一队最厉害？
2. 教师询问引题。
3. 学生赛前"热身运动"。
（1）齐读活动目的；
（2）齐呼活动口号（各小队自编口号）；
（3）各队亮相。

二、 造火车（ 词语接力 ）

1. 教师宣布游戏规则。

根据教师提供的"字头"组词，要求前一个词的尾字必须是后一个词的开头字。比如，字头是"读"，接下去可以是"读——读书——书写——写作——作文……"，以小组为单位进行，每小组派出一位代表轮流续说，小组成员可以协助本组代表，每轮限时 5 分钟，一轮结束后可更换代表继续接力。

2. 进行游戏。

教师为各组（队）提供"字头"并宣布游戏开始，同时请计时员计时。

3. 比赛结束，各队计分，教师小结。

三、 交朋友 (选字组成语)

1. 游戏规则：在给出的字里面选出相应的字组成成语，再把组好的成语写在投影片上。每组对一个得 10 分，限时 2 分钟。

2. 进行游戏。

题目：

清 绘 大 易 渐 正 色 口 公 聚 忘 苦 绘 序
形 大 近 神 永 秀 意 循 会 私 声 不 婆 平
精 明 垂 水 人 心 进 无 朽 得 光 山

附答案：

绘声绘色、大公无私、平易近人、循序渐进、苦口婆心、
聚精会神、永垂不朽、山清水秀、得意忘形、光明正大

3. 教师小结，并统计分数，对参与学生进行鼓励。

四、 抓特务 (找不同类的词语)

1. 教师宣布游戏规则：下面各组词语中有一个是不同类的，请找出来。本轮采用抢答的形式，答对得 20 分，答错扣 10 分。

2. 进行游戏。

题目：

小麦、粮食、高粱、玉米、水稻；

肠、胃、头、肺、心脏；

老师、护士、邻居、司机、医生；

游泳、运动、赛跑、拔河、跳高；

美丽、宁静、安全、思考、紧张。

五、 唱对台戏 (找反义词)

1. 教师宣布游戏规则：在规定的时间内连续回答老师提出的词的反义词，答案不能更改，为了节省时间，中途回答不出的可以放弃。每队答题时间为 1 分钟，每对一个得 10 分。

2. 进行游戏。

题目：

（1）博士队

高 新 横 谦虚 隐蔽 热情 全神贯注

无微不至 欢喜 傍晚 无价之宝 不足为奇

（2）奇才队

软 东 明 真实 平静 敏捷 不学无术

朦朦胧胧 开始 白天 不留余地 不能自拔

（3）神童队

多 前 南 仔细 上升 坚定 不堪一击

密密麻麻 前进 缩小 不堪入耳 见义勇为

（4）精英队

快　善　左　同意　表扬　幸福　水落石出

见异思迁　坚硬　上升　手无寸铁　斤斤计较

3. 教师小结并对参与学生进行鼓励。

六、 洞悉图意 （ 看图猜成语 ）

1. 教师宣布游戏规则：老师出示图画，各队根据图画抢猜成语。每幅画答题时间是 30 秒，答对得 20 分。

2. 进行游戏。

图画代表的成语（图画略）：

（1）水中捞月　　（2）比翼齐飞　　（3）火上加油　　（4）见死不救

（5）见利忘义　　（6）中西合璧　　（7）日积月累

3. 教师小结并对参与学生进行鼓励。

七、 哑剧竞猜 （ 根据动作表演猜成语 ）

1. 游戏规则：各队选派两名代表，用抽签的形式抽出其中一个成语，然后只准用动作、表情表演给本队成员猜成语，其他成员不可提示，否则扣 10 分。猜对得 20 分，猜错不扣分。答题时间为 20 秒。

2. 进行游戏。

题目：

争先恐后　　张牙舞爪　　昂首挺胸　　掩耳盗铃

量体裁衣　　供不应求　　视死如归　　三长两短

八、 总结、 颁奖

1. 师总结：今天，我们一起进行了"词语接力"游戏，它不仅使我们玩得开心，也锻炼了我们的思维能力，丰富了我们的词汇，希望大家以后多进行这方面的训练，让自己越来越聪明。

2. 颁奖：根据分数奖励前三名，表扬积极参加游戏的同学。

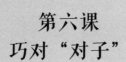 

第六课
巧对"对子"

【活动目的】

1. 了解我国传统文化"对子"的形式和特点。

2. 会吟诵"对子歌"，读出韵味，积累丰富的词语。

3. 通过熟读、吟诵等方式，体会对"对子"的方法。

【活动准备】

1. 教师收集有关"对子"的一些资料，准备"对子歌"录音。

2. 学生收集"对子"。

【活动过程】

一、激趣导入

1. 师：当你的长辈（爷爷、奶奶、姥姥、姥爷）过生日时，你会说哪些祝福的话？或者你会听大人们说什么？

（学生交流，举例："福如东海长流水，寿比南山不老松"）

2. 揭示课题：像这类千古流传的祝福佳句就是我国的传统文化之一——"对子"，这节课我们就来上一节对"对子"的口语交际课。

3. 你还知道哪些"对子"？（交流）

二、学对子

1. 初读"对子"。

古对今　阴对阳　迎对送　真对假　无对有　山对丘　福对祸

美对丑　大对小　开对关　忙对闲　退对进　前对后　坐对走

甜对苦　新对旧

练习步骤：

指名吟诵—体会韵律—自由读—竞赛读—对口令读。

2. 欣赏听读："对子歌"（放录音）。

云对雨，雪对风，晚照对晴空。来鸿对去燕，宿鸟对鸣虫。人间清暑殿，天上广寒宫。两岸晓烟杨柳绿，一园春雨杏花红。

3. 练读"对子歌"。

（1）自己用已学过的朗诵方法试读；

（2）男女生分角色"对子歌"；

（3）师生"对子歌"。

4. 畅读"对子歌"。

（1）自由试读；

（2）拍手歌伴奏读；

（3）分组互对读。

三、品"对子"

思考：从以上对"对子"中你发现了什么？

（交流读"对子"的方法、"对子"的特点……）

四、 讲"对子"

要求：把你收集的"对子"说给大家听。

充分交流，将好的"对子"抄写在黑板上。

五、 对"对子"

师出上半句，学生对下半句。（奖励红花）

六、 活动总结

师：通过有趣的对"对子"活动，我们不仅了解了"对子"的形式和特点，还体会了对"对子"的方法。请大家平时多留意，巧运用，进一步与"对子"交朋友，熟悉和了解"对子"。

备用材料： 对子歌（ 选自《声律启蒙》）

1. 沿对革，异对同，白叟对黄童。江风对海雾，牧子对渔翁。

2. 贫对富，塞对通，野叟对溪童。鬓皤对眉绿，齿皓对唇红。天浩浩，日融融，佩剑对弯弓。半溪流水绿，千树落花红。

3. 茶对酒，赋对诗，燕子对莺儿。栽花对种竹，落絮对游丝。

4. 来对往，密对稀，燕舞对莺飞。风清对月朗，露重对烟微。

第七课
寻找冬天

【活动目的】

1. 引导学生收集资料，比照北国冬天的寒冷，感受深圳冬季的温暖和舒适，让学生感受到祖国的地大物博，山河壮美。

2. 培养学生观察、辨别、想象和表达的能力，激发学生热爱大自然的思想感情。

3. 初步掌握收集资料和信息的途径、方法。

【活动准备】

1. 组织学生寻找冬天。

2. 学生收集有关冬天的图片、视频及描写冬天的词句、诗文等。

3. 教师准备有关冬天的视频。

【活动过程】

一、 激趣导入， 走进冬天

师：春天是迷人的，到处生机勃勃；夏天是炎热的，到处灿烂多姿；秋天是丰收的，瓜果飘香。冬天又是什么样？

学生粗略地谈对冬天的感受。

师：冬天这么有意思，我们一起去畅游一番，怎么样？

二、 展示画面， 感受冬天

1. 组织学生观看有关冬天的视频。

2. 引导学生用几句话来描绘一下刚才看到的情景，让学生真切感受到北国的冬天是一个寒冷的季节，到处北风呼啸，大雪纷飞，很有情趣，也很令人向往。

3. 学生交流展示：你收集到了哪些表现冬天的图片？谁愿意拿出来给大家分享？（通过投影或实物投影给大家看，美的图片，要让学生说说美在哪里）

三、 诵读诗文， 想象冬天

我们也收集了一些与冬天有关的词句、诗文。现在我们一起交流一下，看作家、诗人是怎样描述冬天的。

1. 同桌交流，要求把自己找到的好词好句认真地读给别人听。

2. 推荐最佳的词句、诗文，全班同学评议、诵读。

3. 边读边想象冬天的样子，激发学生的想象空间。

4. 全班诵读描写冬天的优美诗句。

四、 联系深圳， 了解冬天

1. 讨论：刚才的视频、图片以及这些诗文所描绘的是我们深圳的冬天吗？我们深圳的冬天是什么样的？比一比，看谁说得最真切。

2. 研究深圳冬天的特点。

学生讨论：在深圳的冬天，我们一般会穿什么衣服？大部分树木会落叶吗？水面会结冰吗？你在深圳见过北风呼啸、大雪纷飞的情景吗？

通过回忆和讨论，让学生感受到：深圳的冬天是温暖的，是鲜花盛开的，如春天般的美丽，和北国是截然不同的。

教师简要小结深圳冬天温暖的原因，让学生感受到祖国的幅员辽阔、山河壮美。

五、 总结活动， 鼓励探寻

师：春天是迷人的，到处生机勃勃；夏天是炎热的，到处灿烂多姿；秋天是丰厚的，到处瓜果飘香；冬天又是什么样呢？我们通过展示画面、诵读诗文，以及联系实际，真切地感受到了北国冬天的寒冷和南国冬季的温暖。同学们，寻找的过程，就是我们发现祖国山河壮美、地大物博的过程，让我们一起继续去寻找和发现吧！

六、 课后延伸， 赞美冬天

师：看了冬天美丽的图片，欣赏了描写冬天的好词佳句，我们的头脑中已经出现了一幅幅美丽的画面。课后，请大家用自己喜欢的方式来表达对冬天的喜爱吧。

1. 学生可以选择自己喜欢的方式加以表现，可以画出自己心中的冬天，也可以唱出对冬天的喜爱。

2. 学生摘记自己喜欢的描写冬天的句子、诗歌等。

【活动目的】

1. 帮助学生认识乐器，区分各种乐器发出的声音。

2. 培养学生的听说能力，提高使用语言的准确性。

【活动准备】

1. 投影片若干张。

2. 音乐磁带若干盒。

【活动过程】

一、 导语激趣

师：乐器王国里有许多新伙伴，今天，我们去认识它们，听听它们发出的声音有什么不同，以后，我们和它们就是好朋友了。

二、 认识乐器

1. 展示投影片。

二胡、三弦、长笛、吉他、钢琴、铃鼓、黑管、小锣

2. 说说每种乐器的名称，注意用上数量词。

3. 形成性练习。

这是一把二胡　　　　　　　　　这是一把三弦

二年级

这是一支笛子　　　　　　这是一架钢琴

这是一根黑管　　　　　　这是一面小锣

这是一架古筝　　　　　　这是一面铃鼓

这是一把吉他

4. 说说生活中人们怎样使用这些乐器。（用上动词）

（　　）钢琴　　　　　　（　　）长笛

（　　）二胡　　　　　　（　　）黑管

（　　）古筝　　　　　　（　　）小锣

（　　）吉他　　　　　　（　　）铃鼓

（　　）三弦

三、 辨别声音

1. 教师讲解各种乐器声音的特点。

二胡：圆、柔、美　　　　　吉他：节奏强

三弦：低沉、粗犷　　　　　钢琴：欢快、表现力强

长笛：悠扬、高亢　　　　　铃鼓：悦耳、有节奏

古筝：清脆、悦耳　　　　　小锣：欢快、烘托气氛

黑管：悠扬、表现力强　　　军鼓：咚咚咚、烘托气氛

2. 放音乐磁带，让学生说出这是什么乐器发出的声音。

四、 想象创造

学生根据音乐，随意律动，渲染气氛，体会意境。

五、 活动总结

师：今天我们认识了不少乐器，聆听了这些乐器所发出的声音，可以说，我们与这些乐器交上朋友了！事实上，乐器王国里还有许多新伙伴等待我们去认识，我们平时可要做有心人哦！

第九课
话说文具

【活动目的】

1. 培养学生的观察能力，引导他们从文具的形状、颜色、用途等方面进

行描述。

2. 培养学生创新的能力，引导孩子设计出未来需要的文具。

3. 培养学生的口语交际能力。

【活动准备】

每位学生选一种或几种文具带来，事先查阅资料，咨询家长，了解所带文具的有关知识。

【活动过程】

一、激趣导入

师：同学们，我们每天学习时都有好帮手相助，它们是我们最亲近的伙伴，更是学习中不可缺少的好朋友，这就是文具用品。大家低头看一看，我们的书桌上有各种各样的文具，就让我们来了解它们，并展开想象的翅膀来设计更方便、功能更多的未来文具。

二、描述文具

1. 仔细观察自己所带的文具，并按一定顺序介绍这种文具的形状、颜色，也可以把文具当成自己的朋友来介绍给大家认识。

要求：人人练说，同桌互相交流，再选代表在班上汇报，师生共同评论。

2. 比比哪种文具用处大，或说出喜爱用这种文具的原因。先说一说什么时候会用到这种文具，再讲一讲要怎样使用它，最好说出它给我们带来的方便。

三、售卖文具

1. 教师鼓励学生自主做"售货员"，每人卖一种文具，要向"顾客"极力夸赞你所卖的文具，吸引"顾客"来买你的文具（引导学生可从文具的价格、外观、用途等方面来介绍）。

2. 组织评选：看哪位"售货员"卖得最多，哪位"售货员"的能力最强，我们选他（她）做最佳"售货员"。

四、设计文具

师：随着科学的不断发展，学生们对文具的功能要求也不断提高。请同学们大胆畅想，结合实际体会，设计新型多样的新文具。

（启发学生可以改进旧文具或参考最新文具式样，从高科技、巧应用、多功能等方面想象。可以小组讨论说出来，也可个人创造，画一画……）

五、活动总结

师：这节课，同学们不但了解了各种文具的有关知识，还大胆地想象了未来文具，想得好，讲得妙。希望同学们今后多观察、多读书、多思考、多实践、多创新，把你们的理想变为现实，使我们的世界更加美好！

第十课
妈妈的爱

【活动目的】

1. 学生借助收集整理有关母爱的散文、童话或儿歌，赞美伟大的母爱。

2. 通过听读、自由读、分角色读、感悟品读母亲题材的文章，进一步体会母爱的伟大。

3. 自己亲手制作礼物，用恰当的语言文字，在合适的场合送给妈妈，培养学生的表达兴趣与自信心。

4. 把自己的小制作展示给同学看，让同学分享成功的喜悦。

【活动准备】

1. 收集并整理有关赞美母爱的歌曲、散文、诗歌、图画和童话故事。

2. 制作一份礼物，送给自己的妈妈。想好制作过程，说明送的理由，并设计好送给妈妈礼物的场景，想好自己要说些什么。

【活动过程】

一、 情境导入

播放《世上只有妈妈好》的歌曲。

师：说一说你在什么时候最想念妈妈？每当你想念妈妈时，你会做些什么？

二、 儿歌表演

用自己喜欢的方式表演，向自己的妈妈表达一份爱意。

1. 朗读儿歌、童话诗。

2. 表演儿歌、童话诗。

3. 学生听读、自由读、组内表演。

4. 请个别学生说说童话诗、儿童诗表达的意思。

三、 交流体会

1. 请学生介绍自己为妈妈准备礼物的目的、制作过程以及赠送礼物的时机和送礼物时要对妈妈说的话。

2. 组内介绍自己送给妈妈的礼物。

四、 课外延伸

1. 开一个小小展示会，展示自己制作的礼物。
2. 说说当妈妈收到礼物时有什么反应。

第十一课
夸夸自己的姓

【活动目的】

1. 通过活动拓宽学生的视野，培养学生查找资料的能力，激发学生对历史知识的兴趣。

2. 通过活动，培养学生说一段话的能力，激发学生把对本家族姓氏的热爱扩展为对祖国的热爱。

【活动准备】

1. 组织班级集体阅读《百家姓》。
2. 学生查找本家姓史、名人、历史记录等相关资料。

【活动过程】

一、 谈话激趣

师：同学们，我们每个人都有各自的姓名，孩子都随父亲的姓，辈辈相传，于是就有了"同姓为一家"的说法，每个小朋友也因此有了一个庞大的家庭，请大家齐读《百家姓》，然后在班里找到与自己同姓的同学并坐在一起。

二、 比比姓史

师：现在看来，有的姓人多，有的姓只一人，这源于各自的姓史。请交流一下你们查找的姓史资料，我们在这里讲一讲自己家族姓氏的光荣史吧！

（学生交流材料，找出姓氏出处等内容）

小张：在今天，我们姓"张"的可真是大姓了。据统计，中国现在的姓中姓张的最多了！你们看，咱们班不就有好几位同学姓张吗？五代时，后晋国大夫张解，很有名望，人们就以他的姓为姓，从此有了中国第一大姓——张！

小赵："赵钱孙李"百家姓以我们"赵"姓开篇，可见我们姓史之悠久吧！告诉你们吧，传说颛顼帝后裔造父为周穆王驾车，被封在"赵"这个地方，子孙就以这个地方为姓。所以说，我们赵姓乃是万姓之长！

……

三、夸夸本家

师：翻开历史名人录，我们会惊喜地看到自己本家姓的人为祖国做出的贡献，那就让我们"各展所集"，夸一夸本家的贡献吧！

小李：李是大姓，名人历代辈出——战国有助秦始皇灭六国的秦相李斯，汉武帝时有"飞将军"李广，隋朝有筑赵州桥的巧匠李春，唐朝有贤君李世民，大诗人李白、李贺、李商隐，宋代女词人李清照，明代大医学家李时珍，现代有体操王子李宁……太多了。李家人才辈出，数不胜数。

小鲁：听爸爸说我们鲁家也出了不少名人，比如木匠师鲁班，《水浒传》里倒拔垂杨柳的鲁智深……将来我也要争当名人，为家族争光。

……

四、活动小结

师：通过这节课，我们了解到各种姓氏家族名人很多、贡献很大，也正因为有各姓氏的人齐心协力，才有了祖国大家庭的繁荣富强！希望同学们深感家族姓氏之荣，并选取其中一位名人做榜样，争取为家族增光添彩。

第十二课
有趣的动物

【活动目的】

1. 认识部分动物的主要外形特征，学习用不同的方法对动物进行分类。

2. 了解动物与环境、人类的关系，培养学生对动物的感情，懂得要保护动物。

【活动准备】

1. 准备部分动物的图片、视频资料或模型。

2. 收集资料，了解动物的一些本领。

3. 制作一些动物的头饰。

【活动过程】

一、 激趣导入

师：你们喜欢动物吗？想不想了解它们，和它们做朋友呢？今天，我们就去动物世界走一走、看一看。

二、 认识动物， 了解特征

1. 看挂图或模型，认识动物。

师：动物世界里的动物可多了，有的是生存数量极少的珍稀动物，有的是我们常见的家禽、家畜。它们都有各自的特点，你们在生活和学习当中，认识了哪些动物？它们是怎样的？

2. 比较鸡、鸭、鹅的共同特征，知道它们共同的名称叫家禽，是家养的鸟类。

教师引导学习观察：它们身体的两旁都有什么？能飞吗？

身体的下面都有什么？它们都生活在哪里？它们共同的名字叫什么？

教师小结，帮助学生形成家禽的概念。

3. 了解猫、狗、猪的共同特征，使学生形成家畜的概念。

4. 比较金鱼、草鱼、鲤鱼的共同特征，使学生知道它们都属于鱼类。

5. 比较虎、狮、象的共同特征，使学生形成野兽的概念。

6. 比较蜜蜂、蜻蜓的共同特征，使学生形成昆虫的概念。

三、 猜谜讨论， 了解本领

1. 猜谜语，说本领。

猫的胡子就像一把尺子，可以量通道的宽窄和洞口的大小。

狗的鼻子特别灵，不管走出多远，也不管是白天还是黑夜，它只要闻着自己撒过的尿味，就能够准确地找到家。

老虎身上的斑纹是它的保护色。

2. 教师小结。

每种动物都有自己特殊的本领，如有的嗅觉灵，有的触觉好，有的有保护色等，动物的这些本领都是为了适应环境，保护自己，是一种生存需要。

四、 说说演演， 拓展延伸

1. 说一说：动物为我们做了些什么？我们怎样保护对人类有益的动物？

啄木鸟——森林医生

青　蛙——庄稼的保护神

蜻　蜓——除害飞行家

猫头鹰——捕鼠能手

螳　螂——捕虫神刀手

2. 学一学《捕虫歌》。

青蛙捕虫田边跳，燕子捕虫空中飞，

壁虎捕虫墙上爬，蜘蛛捕虫把网挂，

大树有虫怎么办？啄木鸟呀有办法，

嘟嘟嘟，嘟嘟嘟，用嘴钩出小虫子，

大树长得更挺拔。

3. 玩一玩。

请部分学生带上各种动物的头饰扮演动物，开设家禽馆、家畜馆、水族馆、野兽馆等，请四名学生担任解说员介绍本馆动物的主要特征、生活习性等。

五、 活动总结

师：动物界真是奇妙。今天，我们认识了部分动物的主要外形特征，学习了用不同的方法对动物进行分类，还了解到动物与环境、动物与人类的关系。动物是我们人类的朋友，我们从小要懂得保护它。

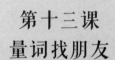

第十三课
量词找朋友

【活动目的】

1. 通过活动，对量词有总体的感知，了解什么样的词叫量词。
2. 引导学生学会准确地使用量词。

【活动准备】

自制简易图片若干张，河边草地图一张。

【活动过程】

一、 情境激趣

师：一天，森林里动物们要召开一次别开生面的智力游艺晚会，于是森林里的大小动物们进行了精心准备，大家都想去晚会上显示一下自己的聪明，去争得金球大奖。同学们，我们也去随它们凑凑热闹，看看谁最聪明。

二、进入活动

1. 进入晚会现场，出示小白兔图片和自制图片。

师：聪明可爱的小白兔蹦蹦跳跳地来到一棵大树下，看见树枝上挂了一些漂亮的图片，在图片的旁边写着：开动脑筋，如果能说出正确的答案，你就通过了第一关，进入第二关，……直到获得金球大奖。

可爱的小白兔，歪着脑袋想呀想，不一会儿就都说出来了。蹦蹦跳跳地往前走，同学们，你们能吗？比一比，看谁说得又快又对。（图略）

天上有一_____白云　　　　　　果园里有一_____果树

地上有一_____树叶　　　　　　墙上挂着一_____国旗

小结：同学们和小白兔一样聪明能干，我们用智慧这把金钥匙顺利过了第一关，走，一起去看看第二关上设的路卡。

2. 教师把全班同学分成两大组，用竞赛的方式看哪一组同学先过关。

师：聪明的小白兔又顺利过关了，同学们，你也来比一比，看谁先过去。

看图片选词填空（图略）：

道　棵　朵　条　阵　块　片　支

一（　　）红花　　　　　　一（　　）彩虹

一（　　）大树　　　　　　一（　　）彩带

一（　　）钢笔　　　　　　一（　　）狂风

一（　　）橡皮　　　　　　一（　　）黄叶

根据竞赛情况，教师进行小结。

三、课中休息

师：聪明的小白兔顺利地通过了第二关，它觉得有些累了，躺在青青的草地上休息。同学们，我们也休息一会儿。现在，请同学们跟老师念一首儿歌。

一只鸡，两头牛，

数词、量词拉拉手，

量词、词语并肩走。

四、继续活动

1. 出示小河青草地图。

小白兔又出发了，它来到了河边草地，草地上到处都是晚会主持人散出的卡片，只见小白兔在草地上蹦蹦跳跳，不一会儿它又过关了，顺利地过了河。聪明的小白兔，终于获得晚会的金球大奖。

师：同学们，我们也来看看卡片上的项目吧。

$\begin{cases} \text{一（　　）筷子} \\ \text{一（　　）筷子} \end{cases}$　　　　$\begin{cases} \text{一（　　）鸡蛋} \\ \text{一（　　）鸡蛋} \end{cases}$

2. 量词练习，智慧闯关。

师：同学们，聪明的小白兔凭着自己的智慧获得了晚会的金球大奖。老师这里有一把金钥匙，它能开启知识宝库的大门，如果你能获得它，就能在知识的宝库中去寻宝，但要得到它并不是很容易的事。老师在这里设置许多障碍，谁能最先越过这些障碍，谁就能得到它。

（1）看谁说得又对又快（目的：巩固学生快速准确地使用量词）。

一（　　）比赛　　　　　　　一（　　）屋子

一（　　）米　　　　　　　　一（　　）新闻

一（　　）灯　　　　　　　　一（　　）饭

一（　　）小鸟　　　　　　　一（　　）扇子

一（　　）马　　　　　　　　一（　　）大象

一（　　）飞机　　　　　　　一（　　）楼房

一（　　）房子　　　　　　　一（　　）试验

一（　　）布　　　　　　　　一（　　）钱

一（　　）汽车　　　　　　　一（　　）火车

一（　　）肉　　　　　　　　一（　　）电

一（　　）煤　　　　　　　　一（　　）锁

一（　　）桌子　　　　　　　一（　　）道路

一（　　）树　　　　　　　　一（　　）树叶

一（　　）白纸　　　　　　　一（　　）语文书

（2）读读，想想，哪些词表示意思相近，照样子用线连在一起。（目的：让学生知道同一个词可以用不同的量词来表示）

一叶舟　　　　　　　一张纸

一阵雨　　　　　　　一条船

一尾鱼　　　　　　　一场雨

一片云　　　　　　　一朵云

一面纸　　　　　　　一条鱼

五、 总结颁奖

1. 教师小结。

2. 举行活动优胜者颁奖大会（最多者和最快者获金钥匙奖）。

第十四课
家用电器知多少

【活动目的】

1. 认识各种家用电器。
2. 了解它的用途、使用方法、注意事项等。
3. 认识到家用电器给人们带来的好处。

【活动准备】

布置学生观察家里的各种电器，查看相关说明书，选择一件电器，详细阅读相应的说明书，了解用途、使用方法及注意事项。

【活动过程】

一、 激趣导入

师：家用电器既是我们的好伙伴，也是我们的好帮手，学习、工作、生活离不了。今天我们就去看一看。

二、 认识家电

1. 投影出示各种家用电器。
2. 让学生分别说出各种家电名称。

三、 介绍家电

生活中，这些家用电器有什么作用？该如何使用？（板书下表，并请学生逐项填写）

电 器 名 称	用 途	使 用 说 明
吸尘器		
洗衣机		
空 调		
电 话		
电冰箱		

打印机		
电视机		
电　脑		
电磁炉		
电饭锅		

四、 活动总结

我们家里各种各样的电器真不少，它给我们的生活带来很多方便，随着科技的发展，会有更多的电器走进我们的家庭，使我们的生活更加美好。

教学实录（一）

"玩"汉字

执教教师： 董文琪

执教年级： 二年级

教学流程：

师： 同学们，在平时的语文课中，咱们一起认过汉字、写过汉字，那你有没有"玩"过汉字呢？今天，我们就来一起"玩"汉字，好不好？（板书："玩"汉字）

生（好奇、兴奋）：好！

一、玩法一： 看

师： 今天要玩的第一个汉字，可算得上是大名鼎鼎。如果你认识它，请举手，但是不要说出来，要保密哦！

（出示幻灯片：囧）

师： 看来这个字真是有名，那么多小朋友都认识它。不过啊，老师想找一位不认识它的小朋友。请你看着这个字，你觉得它像什么？

生： 我觉得它像一个人的脸。外面的方框像大大的头，里面还有眼睛和嘴巴。

师： 观察得真仔细。那么你觉得这张脸上是什么表情呢？

生： 好像有点儿不开心，因为它的眼睛是往下的。（模仿表情）

师： 你太可爱了！没错，这是一张尴尬、不开心的脸，而这个字读 jiǒng。我们现在经常说："我今天好囧啊！"我们不开心的时候，就想到这个字。但是这个字是 2008 年才复活的一个汉字。在古代，它的本义是光明，像一扇窗户，正把窗帘打开，外面的阳光照射进来。到了 2008 年，有人重新发现了这个字，并且还觉得，哎呀，这个字怎么这么像我尴尬时候的脸呀！于是这个字通过网络，一夜之间就复活了。

师： 这就是我们的第一种玩法：看。（板书：看）看一看，你就知道这个字的意思了，是不是很有趣？我们接着再来看几个汉字。

（出示幻灯片：笑）

生： 是 xiào！它的眼睛都笑得眯起来啦！

师： 一看到这个字，大家脸上就都有笑容啦！

（出示幻灯片：哭）

生： kū！它还流眼泪了呢！

师： 希望大家以后多一些笑容，少流眼泪哦！咱们再来看一个没有学过的字。（出示幻灯片：囚）

生： qiú！

师： 看来有人认识这个字。那你来说说，从哪里能看出"囚"的意思呢？

生： "囚"就是把一个人给关在监狱里了，外面的方框就像监狱。

师： 看得真仔细。谁能用"囚"组个词？

生： 囚犯、囚禁、囚牢……

二、玩法二：拆

师： 通过刚才的几个字，咱们掌握了汉字的第一种玩法——看。下面我们换一种玩法。先来猜一个谜语吧！（出示幻灯片：一个人靠在树上）请快速抢答！

生： 休息的休！

师： 回答正确！给大家说一说你怎么猜出来的。

生： 一个人就是单人旁，树就是木，把单人旁和木字合在一起，就变成了"休"。

师： 解释得真清楚，太棒了！这个谜语就是把"休"拆成两部分，而且谜面刚好就是"休"的意思，太有才了！

师： 咱们再来看一个谜语，看看这是哪个字拆开的呢？（出示幻灯片：人说的话）这个有点儿难度哦，看看谁最聪明。

生： 认识的认！言字旁就是说的话，加上"人"就变成"认"。

师： 你认为这个谜语是把"认"拆开，对吗？你太厉害了！这个答案老师都没想到。还有没有其他的答案呢？

生： 信心的信。人也是单人旁嘛，说的话就是语言的言。这个谜语就是把"信"拆成"人"和"言"。

师： 太棒了！这个谜语告诉我们，人说的话就要讲信用，不讲信用，就不叫人说的话。所以咱们要做一个言而有信的人。（出示幻灯片：言而有信）（生齐读）

师： 再来一个吧！（出示幻灯片：山里的人）

生： 太简单了！这是把仙拆成"人"和"山"，电视里演的神仙，好多都住在山里，所以仙人就是住在山里的人。（生大笑）

师： 你的想象力真丰富，咱们古人啊，也认为仙人住在山里，有句话是这样说的——（出示幻灯片：山不在高，有仙则名）谁能大胆地猜一猜这句话的意思，看看你和古人是不是心有灵犀。给点小提示，"则"，是"就"的意思。

生： 山不一定要很高，有神仙就会有名。

师： 太棒了！咱们一起来读一读、记一记这句话。（生齐读）

师： 谜语猜完了，谁能用一个字总结一下汉字的第二种玩法？

生： 分。就是把一个字分开，然后猜出它的意思。

生： 我觉得用"拆"更好。因为老师刚才一直用的都是"拆"。

师： 你听课真仔细。拆分拆分，拆和分其实是近义词。那我们现在就总结出了汉字的第二种玩法——拆。（板书：拆）

三、玩法三： 联想

师： 这节课上到这里，大家有没有发现，咱们"玩"的汉字，都和什么有关呢？

生： 和人有关！

师： 聪明！前面的字，全部都和人有关。那你们想不想知道，最早的"人"字，是怎么写的？我们一起来看看甲骨文的"人"字。（出示幻灯片：)这就是甲骨文的"人"。大家可以站起来模仿一下这个动作。光侧着身子站着可不像，还要伸出双手。所以这个字，其实强调的是双手。因为——（出示幻灯片：人最宝贵的是双手，是双手创造了这个美丽的世界）咱们学过一首儿歌，叫作《人有两件宝》，就讲到了双手的重要性，一起来背一背吧。（生齐背）

师： 认识了古代的"人"字，老师想考考大家了，其他和人有关的甲骨文，你认识吗？（出示幻灯片：*）赶紧分小组讨论一下吧！

（四人小组讨论，气氛热烈）

师： 时间到！哪个小组先来汇报一下自己的答案？

生： 我们小组认为，第二个字是站立的"立"。因为下面的一横就像地面，一个人站在地上，就是"立"。

师： 其他小组同意这个答案吗？

生： 同意！

师： 群众的眼睛是雪亮的，回答正确！那另外一个呢？

生： 我们小组认为是发呆的"呆"字。因为它的头很大，呆头呆脑。

师： 呆头呆脑，这个词用得好。但是我们一起来想一想，呆字下面是木头的木，不是人啊！其他小组有没有不同意见？

生： 我们小组觉得是"天"字。因为我们组有人见过这个字，但是我们也不知道为什么是"天"。（生笑）

师： 看来你们的课外知识还挺丰富。为什么这个字是"天"呢？想知道答案？先回答我一个问题。你们觉得，天在哪里？

生： 天在上面，天在天上，天在小鸟飞的地方……

师： 天在上面？我抬头看看上面，看到的是天花板呀！（生大笑）我们再来看看这个甲骨文。刚才同学说，它的头很大，你的观察其实是正确的，它强调的是人的头。其实，天的本义是最高的地方。那一个人最高的地方是哪里？当然就是我们的头顶。我们的头盖骨又叫天灵盖，头两旁的穴位叫"太阳穴"。而且，咱们有时候还会做一个动作（拍拍头顶），哎呀，我的天哪！（生模仿）所以天在哪里？

生： 天在我们的头顶！

师： 这就对啦！咱们头顶上是天，脚下是地，所以一定要做一个顶天立地的人。（出示幻灯片：顶天立地）读一读这个词，读出顶天立地的感觉哦！（生齐读）

师： 大家通过联想和想象，认识了这些甲骨文。其实这也是汉字的第三种玩法——联想。（板书：联想）

四、拓展探究

师： 我们已经学会了三种"玩"汉字的方法，那你能不能用看一看、拆一拆、想一想的方法，来研究一下"聪"字，这个字告诉我们，怎样的人最聪明呢？（出示幻灯片：聪）（生交流讨论）

生： 这个字可以拆成"耳"和"总"，说明总是用耳朵听的人，才聪明。

生： 不光要用耳朵听吧，它还有一个心字呢，还要用心思考，才聪明。

生： 我觉得"总"的上面像眼睛和嘴巴，再加上耳朵和心，我们要认真看、认真听、用心思考，还要积极发言，这样才是聪明的学生。

师： 你们都是聪明的学生！每个人的观察都很仔细，说得也特别棒。聪明的孩子们，和老师一起来欣赏一幅汉字构成的图案，好吗？（出示幻灯片：中国印·舞动的北京）这是北京奥运会的会徽，你觉得它像什么？

生： 它像北京的"京"字。

生： 我觉得还有点儿像文化的"文"字。

生： 它像一个人在跳舞。

生： 它像一个人拿了冠军，正在跑步庆祝呢！

生： 它还像一个人拿着彩带在跳舞，好像有个比赛叫艺术体操，就是这样子的。

生： 我觉得像林丹打羽毛球的时候，手举得很高，正在挥拍呢！他还拿了奥运会的冠军。

师： 你们的回答真是太好了，远远超出老师的想象！同学们，这节课我们一起"玩"汉字，体会到了汉字的奇妙和有趣，汉字真是太博大精深了！课后，请大家收集其他关于汉字的知识，和同学们一起分享，期待和大家再来一起"玩"汉字！

点 评

　　文字是文化的载体，汉字的存在使中华文化得以绵延千年。清代文字学家段玉裁在《广雅疏证》中作序说："小学有形、有音、有义，三者互相求，举一可得其二。"揭示了汉字"音形义"之间的意义关系。纵观这节活动课，教师围绕和"人"有关的汉字，巧妙地点拨，使孩子们自然地完成了"由象及境，由形见义"的深入过程，这也正是孩子们感受和体验汉字之美的过程。我认为这节课至少有两点值得欣赏和借鉴。

　　第一，这节课让孩子们感受到了汉字的"形象"和"意象"之美。汉字注重"形象"，每个汉字都是一幅图画。孩子们在诸多甲骨文中，体悟到了汉字的"形美"。而"信"、"仙"等字的解读，更让学生领悟到，汉字不只是书写的符号，每个字的构造都有着独特的意义，即为"意象"。

　　第二，这节课让孩子们在轻松的氛围中，感受到了中国文化的内在精神。汉字书写了中华民族的历史，承载着几千年中华精神之魂。在课上，教师通过"天"、"聪"等字，在潜移默化中，向孩子们传达了做人的基本要素，更传递着"顶天立地"的中华精神。

　　语文教育的根基在汉字，识字教学不能再停留在"只认字面、不识字理"的工具层面，必须承载履行母语文化启蒙的使命。这节活动课为我们打开了一扇探索开放式识字教学的窗户，因为学生从汉字中得到的不仅是作为工具的字符，他们的生命也吮吸了最纯正的母语文化的乳汁。

（点评人：采薇）

二年级

教学实录（二）

成语乐园

执教教师： 万代红

执教年级： 二年级

教学流程：

师： 同学们，今天万老师和大家分享一个发生在我们身边的故事，大家看完了，能不能用一个成语来评价一下故事中的人呢？

生： 没问题！

（学生观看视频片段）

师： 谁能评价一下故事中的孩子们？

生： 他们各有各的主意，想不到一块儿。

师： 说得没错，可惜的是没用上一个成语，谁能帮帮他？

生： 众口难调。

生： 犹豫不决。

生： 举棋不定。

师： 大家明白"举棋不定"是什么意思吗？

生： 就是一会儿想这样，一会儿想那样，拿不定主意。

生： 就是犹豫不决，婆婆妈妈的。

师： 哎呀，你简直就是个"成语小博士"，一口气都说了两个成语！大拇指标志送给你！

师： 同学们，成语是经过人们长期使用、锤炼而形成的不可以随意改

开放式活动课程（第二版）

变的固定短语，别看它短小精悍，可是它意蕴丰满、含义深广，与我们生活息息相关。要是我们在说话、交流中用上一些成语，会很有意思哦！

师： 今天我们就一起去成语乐园逛一逛吧！这还需要我们过五关、斩六将才能进入哦！不过，只要我们齐心协力、精诚团结，就一定能梦想成真！大家有没有信心？

生： 有！

第一站——成语动物园

师： 每张动物园门票上都有一个不完整的成语，我相信要大家来补充那肯定是小菜一碟啦！

生： 当然！

师： 那就请接招吧！（补充成语）

生 生（龙）活虎——（狗）急跳墙——（鸡）飞蛋打——（猴）年马月

生（羊）肠小道——（龙）飞凤舞——（牛）郎织女——（狗）仗人势

师： 恭喜你们顺利进入"成语动物园"，细心的你们发现了什么？

生： 我们填的都是动物。

师： 你还知道哪些含有动物名称的成语吗？谁来说一说。

生： 狐假虎威。

生： 鹤立鸡群、闻鸡起舞。

……

师： 我们一路领略了动物们的风采，看前面一站到了！

第二站——成语数字街

师： 大家能否顺利通过成语数字街，还得看你们的表现啦！（填数字，补充成语）

生：（二）话不说——（三）心二意——（四）面八方——（五）颜六色

生：（六）神无主——（七）嘴八舌——（八）面威风——（九）牛一毛

师： 细心的你们又有何发现呢？

生： 我们填的都是数字。

生： 这些成语都和数字有关。

师： 这是"数字街"，当然要名副其实喽！

师： 请大家竖着看所填的数字，有新的发现吗？

（生摇头）

师： 这些数字是不是"缺一（衣）少十（食）"呀？这里面还有一个故事呢。据说古代一个高官正在寻访人才，走过一个秀才家门口，看到门上写着一副对联。上联是"二三四五"，下联是"六七八九"，横批是"南北"。这位高官看懂了对联的意思，明白这秀才家是"缺衣少食，没有东西"，他非常喜欢这位秀才的才华，就让他去做了官。

师： 同学们，书本上有很多这类有趣的故事，你们多读书，一定能享受到无限的乐趣！

师： 你们还积累到哪些含有数字的成语？交流交流吧！

生： 一心一意、百发百中、千方百计、四平八稳、七上八下……

师： 佩服！简直就是如数家珍啊！来点难度大一点的，好吗？

生： 好！

师： 请你们在下面括号内填上适当的数字，补充成语，必须要让所填数字等于等号后的数字，并把等号后面的成语补充完整哦。

（四）面八方-（一）心一意 = 三长两短

（　　）见如故+（　　）心一意 = 二＿＿＿＿＿

（　　）话不说+（　　）泻千里 = 三＿＿＿＿＿

（　　）头六臂+（　　）马平川 = 四＿＿＿＿＿

（　　）通八达+（　　）视同仁 = 五＿＿＿＿＿

（　　）光十色+（　　）望无际 = 六＿＿＿＿＿

（　　）亲不认+（　　）丝不苟 = 七＿＿＿＿＿

（　　）死一生+（　　）举两得 = 十＿＿＿＿＿

（　　）湖四海+（　　）思而行 = 八＿＿＿＿＿

学生讨论、交流，很快填写完毕。

师： 如此博学的孩子们，不让你们上台露一手，那就是为师的不对了！

第三站——成语表演站

师： 同学们，我们来一场"你演我猜"的对手戏，好不好？

生（异口同声）：好！

师： 咱们分成两大组，一组派出3名代表来表演，另一组成员猜成语。

一部分学生用各种动作表演"眉开眼笑"、"手舞足蹈"、"闻鸡起舞"、"左顾右盼"、"抓耳挠腮"、"亡羊补牢"、"捶胸顿足"、"鸡飞狗跳"等成语，一部分学生猜动作所表达的成语。

师： 同学们，要想让自己的表演能让大家准确地猜出来，我们必须得明白它的意思，并用动作、神态准确地表达出来才能成功。感兴趣的同学课后可以找伙伴、家人演练演练。

师： 接下来我们要去一个最有趣的地方。那就是——

第四站——成语大观园

师（出示虎的图片）： 你会想到哪些成语呢？

生： 虎虎生威、虎头虎脑、生龙活虎……

师： 我们先来看一看吧！（出示花的图片）看到这些花，你会想到哪些成语呢？

生： 百花齐放、姹紫嫣红、百花争艳……

师： 谁能用这些成语说上一段话吗？

生： 春天来了，万物复苏，百花齐放。

生： 一到春天，世博园里百花齐放：红的、黄的花开了，白的、紫的花也开了，真是姹紫嫣红，让人美不胜收。

（掌声响起）

师： 同学们，你们的表现真精彩！老师奖励你们玩一个智力小游戏吧！

师： 请大家开动脑筋，看看这些图上表达的意思，能猜出一个成语吗？

（出示图片）

生（猜成语）： 井底之蛙、三长两短、火上浇油……

师： 同学们，中国的历史悠久，源远流长，有着许多有趣的故事。成语乐园是一个多姿多彩的万花筒，只要你细心感受、用心体会，一定会享受到更多的乐趣！让我们下次再会在"成语乐园"！

点 评

　　"成语乐园是一个多姿多彩的万花筒，只要你细心感受、用心体会，一定会享受到更多的乐趣。"万老师对孩子们如是说，也如此践行。

　　纵观整堂课，以"一起去成语乐园逛一逛"为"诱饵"，一路设置"成语动物园"、"成语数字街"、"成语表演站"、"成语大观园"等富有梯度的"景点"，使学生一路兴趣盎然地逛下去，或结识了有关动物的成语，或分享有关数字成语故事，或兴致盎然地表演一番，或模仿刘姥姥初进大观园时的浮想联翩，突破了以往成语教学枯燥、单一的樊篱，精妙地将成语教学演变成了一场丰富多彩、学生喜闻乐见的玩乐活动，演绎了一场别开生面、富有情致的成语教学活动。而这期间，学生不仅有视觉上的冲击，还有深远意境的体会，实现了学成语与感受生活、用成语与练习写作的有机融合，真正让学生玩在其中，乐在其中，学在其中。

　　迎面吹来凉爽的风，《成语乐园》为我们开启了一扇成语教学实践的探索之门。

（点评人：姚建武）

第一课
比比谁的荷花美

【活动目的】

1. 组织学生在课外阅读有关描写荷花的诗、文，摘录有关诗、句。
2. 引导学生上网或实地欣赏有关荷花的画面，加深对荷花的认识。
3. 指导学生用恰当的语言文字描述画面，展现荷花的美。

【活动准备】

1. 向学生推荐关于荷花的网站或者教学生怎样搜索画面。
2. 引导学生收集有关描写荷花的诗、文。

【活动过程】

一、 猜一猜

1. 猜谜激趣：天上舞仙女，池上开仙子。你们知道"池上的仙子"是什么吗？

2. 有谁见过荷花？在哪儿见过的？荷花美吗？你能给大家介绍介绍吗？（学生做导游介绍荷花）

3. 荷花真美！可惜我们只能听，却看不见！当然带我们去现场看是不太现实的。有什么方法，能让我们看到美丽的荷花呢？（拍照片带来，录下来，到网上看……）

二、 写一写

1. 请大家根据自己的实际情况选择合适的方法去捕捉荷花的美吧。

2. 要求：

无论是照片、录像还是打印的画面，都要配上解说文字。

三、 读一读

1. 揭示课外扩展阅读的目标：自读两三首（篇）赞美荷花的诗、文，他人简介或简评自己所读过的有关荷花的文章；边学边摘录有关优美词句。

2. 指导性阅读问题设计：作者观察和描写的顺序是什么？你最欣赏的是文中哪几处描写？你能背诵出文中的优美语段吗？

3. 具体措施：从校阅览室、所在地区的图书馆以及学生现有图书资料中收集并推荐有关描写荷花的诗、文，组织学生分小组进行阅读分享。

四、 比一比

1. 以小组为单位，开展"比比谁的荷花美"的活动，选出最美的"荷花"。

2. 在班级里进行"比比谁的荷花美"的展示活动，从不同的角度去赏评荷花，比如"最动感的荷花"、"最娇艳的荷花"、"最害羞的荷花"，等等。

五、 评一评

1. 请同学们评一评哪一组或哪一位同学对荷花的了解最深刻。

2. 师：今天，同学们准备充分，赏花、赞花、写花、诵花……分享了知识和快乐，希望在今后的生活中，大家能多用我们的眼、脑、手，创造生活中的美。

第二课
猜 谜 语

【活动目标】

1. 增长知识，开阔眼界，激发学生的兴趣。

2. 开拓、发展学生的思维能力以及动手、动口能力。

3. 感受汉语言的精妙，培养学生对汉语言的热爱。

【活动准备】

1. 教师事先在黑板上画好几幅谜语图。
2. 准备好若干条写有谜面的小字条。
3. 在磁性小黑板上画一棵大树，在大树上贴上写有谜面的苹果、梨。
4. 准备塑料小箩筐 4 只。
5. 在一张大白纸上画两个楼梯。

【活动过程】

一、 创设情境

主持人（可由教师或学生代表担任）：今天这节活动课将要进行一个猜谜语游戏，大家喜欢吗？谜语通常分成谜面和谜底两个部分，今天就让我们在谜语的世界中一显身手。

二、 活动开始

1. 看图贴谜语。

将全班分成 4 个组，在黑板上分别写下各组编号，每组派一个代表上台，主持人发给每个代表三条谜语字条，要求按图画内容贴谜语（每人只需贴两条）。以贴得快且正确的组为第一名。依次类推为第二名，第三名……

例：

上边毛，下边毛，中间一颗黑葡萄。（谜底：眼睛）

一片一片又一片，飞到水里就不见。（谜底：雪花）

红眼睛，白皮袄，长耳朵，真灵巧，爱吃萝卜爱吃草，走起路来跳呀跳。（谜底：兔子）

白天出现，晚上不见，又红又圆，照亮地面。（谜底：太阳）

四四方方一座城，里面住满红头兵，红头撞在黑墙上，一触即发放光明。（谜底：火柴）

一块玻璃窗，光亮明晃晃，演戏放电影，天天换新样。（谜底：电视机）

有个朋友好心肠，有方有圆又有长，发现作业有错误，牺牲自己来帮忙。（谜底：橡皮）

东一片，西一片，只听声音不见面。（谜底：耳朵）

2. 竞赛摘果子。

每组选一名代表上台，拿一只塑料小箩筐，让代表到黑板前的"果树"上摘下自己猜得出的谜面（果子），放在塑料小筐里。在一定时间内，看谁猜得准，摘得多。摘下后要响亮地把谜底读给大家听，再评定优胜。

如：

（1）一棵小树五个权，不长叶子不开花。会写会算会画画，长大建设现代化。（谜底：手）

（2）小珍珠，真可爱，只是不能戴。（谜底：露珠）

（3）小小一排房，开了许多窗。一阵风吹过，歌声扬四方。（谜底：口琴）

（4）三口叠一块，莫当"品"字猜。你要猜"品"字，是个笨小孩。（谜底：目）

（5）角字藏头。（谜底：用）

3. 登楼比赛。

出示楼梯图（图略），分两个小组进行活动。

活动规则：（1）每组选派一名代表上台，不参赛的小组，选两个代表做裁判；（2）在楼梯的每个台阶处有个谜面，参赛代表在登楼时，要猜出每一个台阶上的谜语，才能登上一个台阶，不能跨越，猜错的可以请同组的代表帮助完成，然后继续登楼；（3）裁判手中有 5 个谜底，检查登楼代表猜的谜语是否正确。比一比哪个小组最先准确、顺利地登上楼顶，则先拿到小红旗。

三、 激励总结

师：今天，我们做了猜谜语游戏，你们开心吗？希望你们多看书，获得更多的知识，有了丰富的知识，去参加更多的活动和游戏。

第三课
"我"是谁

【活动目的】

1. 引导学生学会观察，并在观察中努力抓住人物的外貌特点。

2. 引导学生有条理地叙说观察结果，并做到言之有序。

【活动准备】

请学生仔细观察身边熟悉的人的外貌。

【活动过程】

一、 创设氛围，情境导入

师：俗话说，世界上没有两片完全相同的树叶，人和人也是各不相同的：从性别上分，有男的、女的；从年龄上分，有老人、中年人、青年人、少年、儿童；从职业上分，有工人、农民、教师、医生等；从性情上分，有温和的、急躁的；从思想上分，有道德高尚的，也有品质恶劣的。总之，世界上成千上万的人，一人一个样，很难找到两个完全相同的人。因此，我们在描绘一个人的时候，一定要抓住人的特点。这样，别人才知道你所说的是谁。

二、 了解人物外貌

人的外貌就是人的外部特征，包括人的身材、长相、五官、服饰等。

三、 活动激趣

做游戏，猜猜画的是谁的"像"？

1. 出示画像 A。

画像 A：我有一个可爱的学生，他长得很健壮，个子不高、不矮、不胖、不瘦；眼睛不大不小，皮肤不白不黑，鼻子和嘴巴都端端正正，经常穿一件半新不旧的衣服。

2. 出示画像 B（描述班上一位学生的画像，内容宜生动、丰富）。

3. 猜一猜：画像 A 是谁？画像 B 呢？

4. 评一评：以上两段哪段说得好？为什么？

5. 总结方法，描述外貌。

（1）选一选：我该选谁，谁最有特点？

（2）看一看：抓住人物最突出的特点。

（3）想一想：怎样用准确的语言文字表达出来？

四、 边说边猜

1. 请同学描述自己对别人的外貌描写，要抓住特点。

2. 猜一猜，并评述谁的描述最逼真、最容易让人猜。

3. 总结归纳在描述人外貌的时候应该注意什么。

五、 总结评点

师：外貌特征除了身材、长相和衣着特征外，还包括年龄、职业、身份等特征。例如，从事体力劳动和脑力劳动的人肤色就不同，农民可以赤着脚在田里干活，老师却不能赤着脚在教室里上课。小女孩可以在头上扎一个大蝴蝶结，老太太头上扎一个大蝴蝶结就不合适了。由此可见，外貌的描写要和人物的性别、年龄、身份、职业、性格等一致。当然，在描绘人物形象时，并不需要把人物的一切特点都说出来。

第四课
学做小主播

【活动目的】

1. 通过班级电视台展示班级小主播的风采，激发学生自我展示的欲望，培养学生的自信。

2. 通过掌握朗诵技巧，提高朗诵水平。

【活动准备】

1. 教师课前准备中央电视台和深圳电视台主播的新闻录像。

2. 学生课前收集提高朗诵技巧的文字材料与录像。

【活动过程】

一、激发兴趣，导入活动

主持人（教师）：我们在电视中欣赏过许多主持名家的风采，你最喜欢谁，为什么喜欢？

今天，让我们再次欣赏校园电视台的精彩节目，一起欣赏这次由我们班学生担当小主播的风采，以及精心创作的校园电视作品。

二、欣赏美文，学会诵读

1. 欣赏配乐的阅读作品。（音乐声响起，播音员朗诵文章《风铃》）

风　　铃

又是一个炎炎夏日，我们一家和许多人一样抵挡不住大海的诱惑，来到郊外海滨，享受着那独有的终日奔涌不息，洗涤着阳光的海。

面对烟波浩渺、奔腾不息的大海，我深深地感悟到海的恢宏、浩瀚和粗犷。大浪拍岸，海是那样坦坦荡荡，气势磅礴；浪水徐徐退去，海又是那样的心平气静，深沉温存。海水亲吻我们的小脚丫，凉凉爽爽，舒舒畅畅。当我小心翼翼地扒开一块砾石，可以看见躲得飞快的小蟹和奇异诱人的海蚌；俯身拾起浪潮送来的五光十色的贝壳和斑斓的海螺，我将拳头般大的海螺贴在耳边，悠悠扬扬的声音在耳边响起。此时此刻，我惊喜地欢呼着："我听到海螺声了。"不满 8 岁的我，一个劲儿地叫喊："爸爸、妈妈、姐姐，快快多拾些贝壳、海螺!"

回到宾馆，望着一口袋一口袋的可爱的贝壳、海螺，一个大胆的创新作品在心中孕育。

回到家后，我将浅海、河滩上拾取的贝壳、海螺大小搭配好，用一根根红绳串起来，挂在通往卧室的门上，哇，一串串特制的风铃做成功了。

微风一吹，有趣的风铃发出一阵阵清脆的铃声，真令人陶醉。

2. 欣赏播音员的仪态风姿。

播音员一边看镜头一边朗诵词。

镜头一：作者在静静地观赏摆在窗边的一束鲜花。

朗诵词一：鲜花——真花，作为大自然的馈赠，深受人们的喜欢。遗憾的是好花不常开。

镜头二：作者正静静地观赏摆在窗边的一束布花或塑料花。

朗诵词二：布花或塑料花——假花，作为人们生活中的点缀品，能四季常艳，同样受到人们的青睐。遗憾的是，它缺乏灵性，不是自然美。

镜头三：作者正静静地观赏摆在窗口边的一束鲜花和一束布花。

朗诵词三：看花，应该欣赏真花的自然风韵和醉人的芬芳，而不计较它的凋零和枯萎；应该欣赏假花的五彩缤纷和"临冬不凋"，而不必苛求于它的灵性与自然美。只有这样，我们才会消除遗憾，获得更多更美的享受。

由此看来，人世间尽善尽美的东西何其少，各种各样的遗憾何其多，那么，这是否就意味着没有什么事物、人物、景物值得欣赏和热爱了呢？回答是否定的，因为，我们有一个办法能使自己始终与真美站在一起，那就是找个好窗口。

3. 让学生尝试诵读作品。

三、 自选材料， 模仿播音

各小组选派一个小主播代表，上讲台播报自选的新闻等各种阅读材料。

四、 师生点评， 评选优秀主播

对各位小主播的朗诵、仪态、风格进行评议，评选出优秀小主播。

五、 活动延伸， 共同欣赏

各小组分别录制播音光碟，在班级电视台进行展示，全班共同欣赏。

六、 激励评价， 活动延伸

通过这次活动，我们对小主播这个角色有了初步的了解，实践出真知，望同学们在日常的生活和学习中做一个有心人，利用语文课前 3 分钟积极参与"今日新闻播报"或"趣事大家谈"活动，争当优秀的小主播。

第五课
词语接力赛

【活动目的】

1. 激发学生学习语文的兴趣。

2. 使学生认识词语积累的重要性。

3. 提高学生对词语的鉴赏力，增强学生遣词造句的能力。

【活动准备】

1. 活动课前由学生出一期词语知识专刊或黑板报，认识学习词语的重要性和作用，进一步掌握词语的一般性知识。

2. 组织词语知识竞赛，加强对词语知识的了解与掌握。

3. 让每个学生自出一份题目，然后选择好的采用。

4. 推选出两名词语知识广、能力强的同学当主持，负责主持本次活动及评判分数，教师统筹整个活动。

5. 准备一些有纪念意义的奖品。

【活动过程】

一、 激趣导入

师：汉语是世界上最古老的语言之一，词汇丰富是它的一个重要特点。学习语文的基本目的在于发展自己的语言，培养自己的阅读、写作能力。读书，要理解词语，进而理解文章的内容；作文，要运用词语，从而表达自己的思想感情。评价一个学生语文水平高低的重要标志，就是要看他掌握的词汇数量的多少及理解程度的深浅。今天我们进行一次词语接力赛。比一比，看谁的语文水平高！

二、 宣布规则

1. 不准查阅教科书或其他书籍。

2. 遵守秩序，听从主持人安排。

三、 小组竞赛

1. 主持人宣布竞赛程序。

2. 各小组派代表抽取竞赛必答题，每套必答题安排 10 道，密封在 8 个信封里，抽签后按每组一题的方式依次向各组出示题目，限时回答，答对 1 题得 10 分，答错或不答不扣分。（主持人在黑板上记分）

3. 抢答题。抢答题事先密封在信封中，以 20 题左右为宜，竞赛时由主持人逐个出示题目，反应快者先答（每个组选派一人参加），答对得 10 分，答错扣 10 分，分数归入该组的总分数，然后按各组得分高低排出竞赛名次。

4. 竞赛题目既可用本课中的题，也可以从备用材料或课外材料、学生自编的题目中选出。竞赛在分组评奖的基础上，亦可另设个人奖，按个人答题正确率确定名次。

5. 公布竞赛结果。

四、 总结拓展
五、 总结活动情况

活动延伸：

1. 课外可让学生留心积累词语，提高对词语运用的认识，规范自己的语言，养成良好的用语习惯。

2. 在班里的学习园地开辟一个固定的词语小栏目，学生轮流负责内容制作，以丰富词汇。

3. 可开展说成语故事比赛活动等。

备用材料

1. 说出下列词语的近义词和反义词。

美观、寂静、荒原、敏锐、荒凉、艳丽、宽敞、宁静、偶尔

2. 利用下面各组意思相反的词语各说一句话，注意要合情合理。

（1）矮小，高大；（2）爱护，损坏；

（3）爱惜，浪费；（4）安全，危险；

（5）保卫，侵犯；（6）保留，放弃；

（7）悲惨，幸福；（8）迟钝，灵敏。

3. 选词填空。

　　　　帮忙　　　　帮助

（1）幸亏有邻居（　　　　），我才能把柜子搬到楼上来。

（2）小军学习上遇到了困难，同学们应该（　　　　）他。

　　　　看见　　　　望见　　　　仰望

（1）在马路上，我（　　　　）你们单位的交通车过去了。

（2）我站在山顶，（　　　　）群山起伏，云雾袅绕，景色美极了。

（3）晚饭后，我站在平台上，（　　　　）天上的星星，一闪一闪的。

　　　　庄严　　　　严肃

（1）大家（　　　　）地批评他不爱惜公共财物的行为。

（2）星期一的早晨，全体同学参加了（　　　　）的升旗仪式。

　　　　珍惜　　　　　珍贵

外国朋友送给我校一件（　　　　）的礼物。

　　　　采用　　　　　利用

（1）我们（　　　　）课余时间到校外去种树。

（2）这台设备（　　　　）了外国进口的材料。

4. 用下面的多音字组词。

挨 { āi
　　ái

骨 { gū
　　gǔ

乐 { yuè
　　lè

觉 { jiào
　　jué

剥 { bāo
　　bō

薄 { báo
　　bó

背 { bēi
　　bèi

扁 { biǎn
　　piān

便 { biàn
　　pián

5. 照样子写词语。

赤裸裸　　_____　　_____　　_____

商量商量　_____　　_____　　_____

慌慌张张　_____　　_____　　_____

6. 补充成语。

（　）（　）绝口　　窃窃（　）（　）　　（　）色奇（　）

（　）（　）面出　　（　）有金（　）　　争先（　）（　）

喜气（　）（　）　　兴高（　）烈　　（　）（　）有味

一本正（　）　　　　惊（　）之鸟　　　亡羊（　）（　）

掩耳（　）（　）　　坐（　）观（　）　自（　）自（　）

7. 成语接龙比赛。

成语中的第一个字分别是"一"到"十"的成语接龙。

一马当先　一干二净　一本正经　一心一意

二三其德　二姓之好　二竖为虐

三三两两　三长两短　三心二意　三十六行

四面八方　四海为家　四通八达　四分五裂

五光十色　五彩缤纷　五湖四海　五花八门

六亲不认　六亲无靠　六神无主

七上八下　七手八脚　七拼八凑　七嘴八舌

八方呼应　八仙过海，各显神通　八面威风

九牛一毛　九死一生　九霄云外　九牛二虎之力

十全十美　十拿九稳
十万火急　十年树木，百年树人

8. 成语连环。

请在下列括号里填上一个词语，使前后又能分别连成一个四字成语。

满城（　　）共济　　　　　　赤胆（　　）于怀
名满（　　）盛世　　　　　　横扫（　　）奔腾
网罗（　　）糊涂　　　　　　万众（　　）孤行
在所（　　）功高　　　　　　日复（　　）迢迢

9. "一"字成语。

请写出表达下列意思的"一"字成语。

例：

"最短的季节——一日三秋""最吝啬的人——一毛不拔"

最昂贵的字——　　　　　　　最有分量的话——
最无作为的人——　　　　　　最快的流水——
最大的巴掌——　　　　　　　最宽的视野——

10. "然"字成语。

你能在下列（　　）里填上恰当的字，并解释这些成语的意思吗？

（　　）然无声　　　　　　　　（　　）然自若
（　　）然起敬　　　　　　　　（　　）然而生
（　　）然有序　　　　　　　　（　　）然不动
（　　）然挺立　　　　　　　　（　　）然无恙
（　　）然成风　　　　　　　　（　　）然不顾
（　　）然大悟　　　　　　　　（　　）然一新

11. 生肖成语。

请在下列括号里填上恰当的字，使它们分别与十二属相组成成语。

（　　）鼠　　　　　（　　）龙　　　　　（　　）猴
（　　）牛　　　　　（　　）蛇　　　　　（　　）鸡
（　　）虎　　　　　（　　）马　　　　　（　　）狗
（　　）兔　　　　　（　　）羊　　　　　猪（　　）

12. 地名成语。

下面各成语都缺少两个字，请你分别填上一个地名，并注明属于我国哪个省市、自治区。

（　　）小异　　　　　（　　）纸贵　　　　　（　　）日久
（　　）风雨　　　　　（　　）再起　　　　　（　　）不雨
（　　）白雪　　　世外（　　）　　　　　（　　）八稳
（　　）土木　　　　　（　　）鼎鼎　　　　　价值（　　）

第六课
古诗快乐营

【活动目的】

1. 通过积累、揣摩、领悟、运用古诗，使学生受到语言和文化滋养，夯实文化功底。

2. 了解古代诗人的奇闻轶事，感受古人的文化内涵及人格魅力。

3. 培养学生观察能力、分析能力、动手能力以及团结协作的精神。

【活动准备】

1. 多媒体课件。

2. 复习学过的古诗。

3. 收集古代诗人的奇闻轶事，可用 VCD、图片、小故事、小品、课本剧等形式表现。

4. 将学生分成红、黄、蓝、绿四个方阵，每组选出一名学生扮演李白、杜甫、杜牧、王维等著名诗人做评委。

【活动过程】

一、 创设情境

师：同学们，古诗快乐营今天正式启动了。红、黄、蓝、绿四个方阵的同学们，你们准备好了吗？

生：准备好了。（学生高呼口号：古诗快乐营，欢乐大家庭！）

师：今天我们请来了四位著名的大诗人，他们将担当我们的特邀嘉宾及裁判，欢迎他们！（扮演李白、杜甫、杜牧、王维的四位同学一起上场，抱拳鞠躬，并自我介绍，红、黄、蓝、绿四个小组各背诵一首他们所写的古诗，之后嘉宾落座）

师：我们现在开始较量——感诗情悟画意。看看四个组谁能顺利地闯关成功。

二、 闯关比拼

（一）第一关——画中有诗（必答题）

1. 播放课件：瀑布飞流直下，水光四溢……

"李白"：请红组的同学说说，这些画面表现的是哪首诗的内容？

生：李白的《望庐山瀑布》。（学生背诵，"李白"抚须做赞许状，同意过关）

2. 播放课件：春雨渐渐沥沥，滋润着大地……

"杜甫"：请黄组的同学说一说，这些画面表现的是哪首诗的内容？

生：杜甫的《春夜喜雨》。（集体背诵，"杜甫"竖起大拇指做赞许状，同意过关）

3. 播放课件：秋天枫叶红得似火，游人云集，停车停轿观看美景。

"杜牧"：请蓝组的同学说一说，这些画面表现的是哪首诗的内容？

生：杜牧的《山行》。（集体背诵，"杜牧"点头称赞，同意过关）

4. 播放课件：空谷幽山，人闲月静，山鸟时鸣。

"王维"：请绿组的同学说一说，这些画面表现的是哪首诗的内容？

生：王维的《鸟鸣涧》。（集体背诵，"王维"抱拳称赞，同意过关）

（二）第二关——画中有诗，诗中有画（抢答题）

说说这些画表现了哪首诗的诗意？答对者上台背诵古诗全文，相应组加10分。

1. 课件出示图片：烈日炎炎，农民在酷暑之下耕作，汗流浃背。请学生抢答。（李绅的《悯农》1、2 均可）

2. 课件出示图片：蓝天白云倒映在清波碧水之中，一群白鹅引颈长歌。请学生抢答。（骆宾王的《咏鹅》）

3. 课件出示图片：黄鹂、翠柳、白鹭、雪山、大船等。请学生抢答。（杜甫的《绝句》）

4. 课件出示图片：一名古代的女子在相思树下低头抚豆沉思。请学生抢答。（王维的《相思》）

5. 课件再出示一幅图片，配上音乐，让学生在情景交融之中吟诵诗句。

（1）深秋的夜晚，银白色的月光洒落在床上，就好像地上落了一层薄薄的冰霜。抬头望着天空中的明月，低头思念故乡。

李白《静夜思》：床前明月光，疑是地上霜。举头望明月，低头思故乡。

（2）原野上的草长得很茂盛，春天繁茂，秋天干枯。野火烧不尽枯草，来年春风一吹，新草又萌生了。

白居易《赋得古原草送别》：离离原上草，一岁一枯荣。野火烧不尽，春风吹又生。

（三）第三关——古诗接龙

1. 全体同学按座位进行"蛇"形古诗接龙。

2. 吟诵的诗句，可以是学过的，也可以是没学过的，要求情感真切，韵味十足，承接流畅。

3. 师：刚才同学们朗诵得真好，相信每一组的同学都充分地理解了古诗。现在请每一组的同学根据抽到的古诗内容合作完成一幅画。看哪一组的画最能充分地表现诗句。

4. 用视频展示仪展示学生作品，请四位裁判进行评分，分别给各组打分。

（四）第四关——触景生情（视听题）

1. 请每一小组派一个代表上台抽签。

2. 根据抽签内容播放课件：春天的景色。

师：春天的美景使你想起了哪些古诗？（学生背有关春天的古诗，如《春草》《春夜喜雨》《春思》《春怨》等，可一人背一首，也可一人背多首，3 分钟内完成）

3. 根据抽签内容播放课件：好友分别。

师：好友分别使你想起了哪些古诗？请你们组的同学背出来。（学生背与好友分别有关的古诗，如《赠汪伦》《易水送别》《送孟浩然之广陵》等，可一人背一首，也可一人背多首，3 分钟内完成）

4. 根据抽签内容播放课件：大漠战场。

师：大漠、孤烟、沙场、战死的白骨使你想起了哪些古诗？请你们组的同学背出来。（学生背与大漠战场有关的古诗，如《浪淘沙》《马》《从军行》等，可一人背一首，也可一人背多首，3 分钟内完成）

5. 根据抽签内容播放课件：思乡曲。

师：思乡曲使你想起了哪些古诗？请你们组的同学背出来。（学生背与思乡有关的古诗，如《忆江南》《渡桑干》《春夜洛城闻笛》等，可一人背一首，也可一人背多首，3 分钟内完成）

6. 请裁判们分别打分，每背诵一首加 10 分，并祝贺各组同学。

（五）第五关——心有灵犀（抢答题）

1. 教师讲解闯关规则：抢答每对一条加 10 分。

2. 方案一：课件出示古诗题目，学生抢答背诵诗句。（如《过零丁洋》《寻隐者不遇》《晓出净慈寺送林子方》《嫦娥》《赠内人》等）

3. 方案二：课件出示古诗诗句，学生朗读并说出下一句。（九曲黄河万里沙，_____。菱透浮萍绿锦池，_____。莫以今时宠，_____。江雨霏霏江草齐，_____。宫女如花满春殿，_____。昨夜秋风入汉关，_____。）

4. 方案三：课件出示诗句，学生说出这首诗的作者和题目。（如"三春白雪归青冢，万里黄河绕黑山"出自柳中庸的《征人怨》）

（六）第六关——新朋老友（发散题）

1. 每组派同学上台讲一个古代诗人的奇闻轶事，每个小故事10分，多讲多加。并请当场的四位裁判验证是否有此事并给予加分。

2. 请每组派几位同学上台演一个古代诗人的小故事，看谁演得好，给予加分。

3. 请每组抽签，抽到某位诗人就背诵这位诗人的诗句，背得越多加分越多。

（七）第七关——好词佳句齐声唱

1. 师：今天我们的最后一场较量——好词佳句齐声唱。

2. 课件播放《金缕衣》《清明》《登乐游源》《暮江吟》《滁州西涧》《枫桥夜泊》《大林寺桃花》《早发白帝城》《山居秋暝》……学生边读边唱。

3. 配乐诗朗诵《将进酒》，由学生激情演绎。

三、 激励总结

师：今天的古诗欢乐营充分体现了同学们团结互助的合作精神，相信通过今天的活动，同学们一定更加喜爱古诗了。希望大家认真学习，积累更多的优秀古诗。

第七课
趣编童话

【活动目的】

1. 通过对喜爱的小物件的描绘，展开丰富的联想，趣编一个生动形象的故事，创设一个美丽的童话王国，并从中说明一个道理。

2. 激发学生畅想小物件美好的人生和未来，使文章内容显得丰厚生动感人，提高学生的想象力和口头作文的能力。

【活动准备】

1. 请每组同学带上自己喜欢的小物件，并仔细观察。

2. 制作多媒体课件。

3. 制定评分标准，准备记分牌和奖品。

【活动过程】

一、 忆童话， 领悟特点

1. 师：同学们，你们喜欢童话故事吗？你们都听过哪些童话故事呢？

2. 师：读了这么多童话故事，你发现这些童话故事都有些什么特点了吗？

（①拟人化；②讲述道理；③富有幻想性；④大部分结局是美好的）

二、 编童话， 学会方法

1. 教师引导学生一起为手中的小物件编童话，请其他同学补充。

2. 学生编童话，具体要求如下：

（1）活动以小组为单位，编述小物件的童话故事，个人编童话的时间不得超过两分钟；

（2）物件童话叙述，要求语言精练，用词准确，主题鲜明，中心突出或说明一个道理；

（3）在个人创编的基础上，小组内生生交流，相互补充，相互评价，提出修改建议，相互完善。

3. 小组选派代表，全班展示。

4. 相机指导，升华立意。

三、 写童话， 启发想象

1. 请学生根据自己的想象来创编童话。

2. 教师根据学生汇报相机提高立意：通过这个童话故事想告诉大家一个什么道理？

四、 评童话， 体验成功

小组合作，点评童话。

第一项：根据抽签序号上台，叙述自己喜爱的物件。

第二项：根据幻灯片给予的物件名称，即兴编述物件童话。

（在学生表述过程中，生生、师生互动评价，各抒己见，再度完善童话的创编）

第三项：设立优秀童话创编奖项。

五、 总结活动， 升华立意

通过给物件编童话的活动，使学生畅想物件美妙的人生和未来，要求用词准确，提醒学生在今后的学习生活中，留心观察身边的事物，把物件想象成有灵性的生命，发现物件价值，使其更好地为自己服务，为社会服务。

备用材料

评分标准表

标　准	编号	编述童话	即兴编述	总分	名次
1. 生动、形象地描绘自己所喜爱的小物件，语言精练，用词准确	1				
	2				
	3				
2. 根据小物件展开丰富的联想，中心突出，在故事中渗透并说明一个道理	4				
	5				
	6				
3. 即兴编述一个童话，语言流畅，故事情节生动、感染力强	7				
	8				
	9				

第八课 和大自然说悄悄话

【活动目的】

1. 激发学生对大自然的喜爱之情。
2. 培养学生的口头表达能力。
3. 积累好词好句，培养学生语言运用能力。

【活动准备】

1. 活动前要求学生观察四季景物的不同特征。
2. 阅读一些有关描写四季景物特征的文章或书籍。
3. 制定评分标准，印发说话材料。
4. 全班同学分为四组，每组选两人准备参加课堂上将要举行的说话比赛，参赛同学还可自备说话材料或在准备的材料中选取。每组各选一名同学和老师组成评委。全班选一名同学做主持。

【活动过程】

一、 角色导入

同学们，今天老师将让你们在一节课内经历一年四季，大家信不信？有请春姑娘、夏叔叔、秋婶婶、冬爷爷出场。

二、 规则简介

评委坐前排，由主持人宣布本节语文活动课的目的、各活动环节及评分、评奖方法。

第一环节：个人对抗赛。

各组参赛同学上台说印发材料中的一个内容（每人说话时间以3分钟为宜），评委打分，计入各组成绩。

第二环节：分组抽签题，各组选一人上台抽签，按签上的题目说话比赛，评委打分，计入各组成绩。

第三环节：主持人出题，各组学生抢答，分数计入各组成绩。

通过三个环节的比赛最后统计分数，评出优胜组一个，表现突出个人奖2~3名。

三、"四季" 独白

1. 个人对抗赛。

各组选一代表分别扮演："春姑娘、夏叔叔、秋婶婶、冬爷爷"，要求各自表演一段开场白。评委根据说话标准评分，并计入小组分。

春姑娘的问候：

小朋友，我是春姑娘。很久没见你们，我是多么想念大家呀！你们想念我吗？现在正是初春，所以你们还感觉不到春天的热闹，可是，我已经把春天带进了你们的校园，那里到处都有我的踪迹，你们看一看，听一听，看谁能找到我？

夏叔叔的热情拥抱：

孩子们，我是夏叔叔。欢迎你们光临夏季！来吧，来吧，到我的花坛里去，那里有热情好客的花仙子在等待着你们；来吧，来吧，到我的树荫下休息和玩耍，到我的草地上尽情地游戏……说说你们在夏天里所见到的、听到的、想到的和做过的事！

秋婶婶的慷慨大方：

亲爱的小朋友们，快到秋婶婶家来做客吧！这是瓜果园，你看这冬瓜怎么变得又大又长，这南瓜变成了一个大车轮，这辣椒像一个个红灯笼，还有这穿紫袍的茄子……快看！那葡萄架上挂满了多么可爱的葡萄呀，柿子树上也是硕果累累，还有那黄澄澄的梨，红彤彤的枣……大家快来看一看，大家快来尝一尝。你尝了什么瓜果？它是什么样子、什么滋味？说给大家听一听！

冬爷爷的神奇美妙：

孩子们，你们猜我是谁？我在天上种了许多许多洁白无瑕的花儿，到了冬天就把它们撒向人间，让大地穿上银色的时装；我送来了寒风小子跟你们较量，比一比你们谁最勇敢。说说你是怎样认识寒风小子，又怎样跟它较量的故事吧！

2. 分组抽签。

各组选一人上台抽签按要求说话比赛，评委打分，计入小组分。

春风的自述：……

花仙子的自述：……

葡萄的自述：……

雪花的自述：……

3. 自由抢答。

在抽签说话比赛后，由主持人出题，各组在3秒内抢到发言权者可说一次话，达到要求者计1分，最后计入小组分。

主持人根据春姑娘、夏叔叔、秋婶婶、冬爷爷提出的话题，指定抢答者与它们对话。

计算各组分数，宣布优胜小组和个人的名单。

四、 活动总结

师：这次活动让我们经历了春、夏、秋、冬四季，通过同学们的说、演，使我们与大自然的关系更加融洽。希望大家在以后的生活中用行动来歌唱大自然。

备用材料

说话比赛评分标准

得分 / 参赛者编号 / 评分标准	1	2	3	4	5	6	7	8	备注
说话有条理，语音准确（1~4分）									
说话有条理，熟练流畅，有表情，节奏明显（5~7分）									
语调抑扬顿挫，语意明确，感情投入，表情适当，有感染力（1~10分）									

第九课
为自己"画像"

【活动目的】

1. 激活学生自我表现的欲望及竞争意识。

2. 指导学生条理清楚、声音洪亮、口齿伶俐、大方自然地当众说话的良好习惯。

3. 培养学生仔细观察的习惯，提高学生抓住特征进行外貌描写的能力。

【活动准备】

1. 要求学生课前在家对照镜子或照片对自己的外貌进行仔细的观察，用一段话描写自己的外貌，抓住自己的外貌特征向同学展示自己，并完成自画像一幅。

2. 每个学生自备白纸一张、水彩笔一套，全班同学全程参与。教师准备录音机一部、磁带一盒、幻灯片一张。

【活动过程】

一、 激趣导入

师：暑假到了，你要到外面的亲戚家玩。临行前与亲戚约好到车站接你，可是你的亲戚从来没见过你，不知你长得什么样，怎么办呢？办法终于有了，你在电话中把你的外貌描述给你的亲戚听。下面请大家听录音，看录音中的这个同学是怎样描述自己的外貌的。

二、 听录音， 完成人物画像

1. 请学生认真听录音，一边听一边想，在头脑中浮现录音中的"我"的形象。

（播放录音，材料附后，学生听录音）

2. 听完录音后，要求学生把录音中的人物画出来，看谁画得最符合录音中的描述。

3. 同学们画好之后，同桌互相比较，看哪个地方画得最像录音中描述的人物。

4. 学生讨论作者抓住了人物的哪些外貌特点来写的？总的来说，这个人物给你什么样的印象？

过渡：当我们听录音时，头脑中不由自主地浮现出一个同学的形象，这个同学仿佛活生生地站在我们面前。这是因为作者抓住了人物的外貌特征进行描绘。现在请你向你的亲戚做一个自我介绍，让他也能在熙熙攘攘的车站一眼就认出你。

三、 提出说话要求

再听录音，体会"我"说话的音调、语速等。

提问：我们对人说话应注意什么？

（幻灯片展示）说话要求，齐读：

1. 说话条理要清楚，声音要洪亮，口齿要清晰，态度要自然大方；

2. 与人面对面地说话时，眼睛要注视对方，目光要亲切。

四、 对照画像， 自我介绍

每人时间不超 1 分钟。

五、 集体评议

谁介绍得好，好在哪里？

六、 延伸性活动总结

回家把我们班的一位同学介绍给你的爸爸妈妈。

备用材料

1. 录音材料。

我个头不高，瘦长的脸蛋，浓密的头发，眼睛不大，却炯炯有神，笔直的鼻梁下面有张能说会道的嘴巴。我思考难题时，两手托腮，眉头紧皱，眼睛在眼眶里骨碌直转，时而摇头，时而用笔顶住脑门。当我思考出来时，便猛地从椅子上跳起来手舞足蹈，脸上浮现出喜悦的神情。这时的我呀，站在那里，两手叉腰，嘴巴翘得老高，还真有几分傲气哩！

2. 说话材料。

（1）站在你面前的是一个文静的姑娘。她梳着两条长长的辫子，穿着一件白底蓝花的衬衫。那衬衫上的花，小小的，淡淡的，穿在她身上，更显得秀气了。她长着一副瓜子脸，很爱笑。一笑起来，脸上就露出两个深深的小酒窝。她的一双眼睛虽然不太大，不是双眼皮，却也算得上眉清目秀。噢，对了，在她右边那道细细的眉毛底下，还长着一颗小黑痣呢！你知道，这小姑娘是谁？她就是我。

（2）我长得虎头虎脑，圆嘟嘟的小脸儿，胖乎乎的。圆圆的小嘴巴，金鱼似的，纯真可爱。一双圆溜溜的大眼睛旁，镶了一圈乌黑闪亮的长睫毛，眨动之间，透出一股聪明伶俐劲儿。我穿着一套夏装校服，白底蓝边。脖子上那鲜艳的红领巾在校服的衬托下，格外耀眼。露在校服外面的胳膊和腿显得粗壮有力。

第十课
普通话朗读

【活动目的】

1. 巩固汉语拼音知识，引导学生克服方言语音的影响，说好普通话。

2. 培养学生的朗读能力，能正确、清晰地进行朗读，语调自然生动。

【活动准备】

1. 由教师准备必读材料，学生自备选读材料。

2. 投影片一张（绕口令）。

3. 培训主持人；选出评委并进行指导；学生分组训练（每组 6 ~ 7 人，共八组）。

4. 准备记分牌和奖品。

【活动过程】

一、 提问激趣

1. 抢答：哪种语言是我国教师课堂教学通用的语言？（汉语言文字）；《中华人民共和国宪法》规定国家推广全国通用的语言和文字是什么？（普通话和规范字）

2. 既然普通话这么重要，同学们有没有信心学好普通话？能不能用普通话来有感情地朗读呢？

二、 活动开始

第一项：读绕口令比赛（放幻灯片）。

每组选一人参赛，评委打分。分值为 1 ~ 8 分，本项为朗读教师出示的课内必读材料。

（一）

珠珠养小兔，

小兔住土屋，

土屋旁边种葫芦，

珠珠把小兔赶进土屋护葫芦。

（二）

小思有十个柿子，

小石有四个柿子，

小思比小石多十个柿子，

小石比小思少两个柿子。

第二项：抢答题。

本项每题分值均为2分，按得分由高到低的顺序选。

抢答题读词：

反复——欢呼　　　　　　方法——谎话

发挥——化肥　　　　　　凤凰——混纺

恼怒——老路　　　　　　留恋——留念

烈日——锐利　　　　　　农奴——熔炉

甘心——艰辛　　　　　　阻止——举止

此事——启示　　　　　　丝瓜——西瓜

辨别——偏僻　　　　　　懂事——同事

桂花——葵花　　　　　　奠定——调停

你的——女的　　　　　　滑倒——发抖

瓜分——刮风　　　　　　鲜花——香花

第三项：选答题。

各组可自选分值为1~8分的题目。回答正确按所选分值加分，回答错误则按所选的分值扣分。本项共两组题，第一组题依次进行回答，第二组题按得分从高到低回答。可讨论后由一人回答。

第一组：

（1）默写并读出九个鼻韵母。（8分）

（2）默写并读出四个翘舌、三个平舌音声母。（7分）

（3）读一读：b-d　p-q　m-n　n-l　k-h　t-j　k-g（6分）

（4）读一读：iu-ui　ei-ie　ou-ao　ai-an　ue-er（5分）

（5）写出正确读音：鲜花——香花　瓜分——刮风（4分）

（6）朗读句子：我们的家乡在长沙。

（7）改错：

xiàn　shēn　cáng　zēn

相　　声　　长　　征　（2分）

（8）读句子：班干部管班干部。（1分）

第二组：

（1）读出下列句子的不同语境：我知道他会唱歌。（8分）

教师总结：强调"我"，排除别人；强调"知道"，含有辩驳的语气；强调"他"，以区别其他人；重音"会"，语气肯定无疑；肯定"唱歌"，也并不完全否定其他。

（2）用1分钟时间说一个短小的童话故事。（7分）

（3）对话练习：打电话。（6分）（要求：注意礼貌用语；语言简洁、明白）

（4）转达一件事情：自设情境（如一个通知、一则消息等）。（5分）

（5）背诵一首古诗。（4分）

（6）读词：北京、天津、辽宁、福建、广东、湖南、西藏。（3分）

（7）说象声词（3个以上）。（2分）

（8）听录音，辨别文中的不同的语气。（如悲伤、赞美、愉快、愤怒等）（1分）

悲伤：灵车四周挂着黑色和黄色的挽幛，上面佩着大白花，庄严、肃穆。人们心情沉痛，目光随着灵车移动。

赞美：樱花是日本的骄傲。到日本去的人，来到之前，首先要想起樱花。

悲愤：妈妈，这个仇我一定要报！

愉快：我高兴地跑到爸爸面前，把那张纸条儿交给爸爸，并且大声地说："从今天起我就是中学生了！"

第四项：必答题。

每组队员抽签决定一人参赛，评委按1~8分的分值打分，本项为朗读老师出示的课内必读材料。

必读材料参考：人教版小学语文第五册课文选段。

（1）《秋天的雨》第二自然段；

（2）《花钟》第一自然段；

（3）《富饶的西沙群岛》第二、第三自然段；

（4）《赵州桥》第二自然段；

（5）《美丽的小兴安岭》第三自然段；

（6）《我不能失信》第三至八自然段；

（7）《金色的草地》第三、第四自然段；

（8）《我们的民族小学》第三、第四自然段。

第五项：每位参赛队员朗读自备的选读材料（课外材料），每人不超过1分钟。

课外材料举例

（1）题目：春

盼望着，盼望着，东风来了，春天的脚步近了。

一切都像刚睡醒的样子，欣欣然张开了眼。山朗润起来了，水涨起来了，太阳的脸红起来了。小草偷偷地从土里钻出来，嫩嫩的，绿绿的。园子里、田野里，瞧去，一大片一大片满是的。坐着，躺着，打两个滚，踢几脚球，赛几趟跑，捉几回迷藏。风轻悄悄的，草软绵绵的。

桃树、杏树、梨树，你不让我，我不让你，都开满了花赶趟儿。红的像火，粉的像霞，白的像雪。花里带着甜味儿；闭了眼，树上仿佛已经满是桃儿、杏儿、梨儿。花下成千成百的蜜蜂嗡嗡地闹着，大小的蝴蝶飞来飞去。野花遍地是：杂样儿，有名字的，没名字的，散在草丛里像眼睛，像星星，还眨呀眨的。

（2）题目：星星与萤火虫

是星星落到地上，

变成了一只只萤火虫，

还是萤火虫飞到天上，

变成了一颗颗星星？

逮了一只萤火虫，问它：

"小星星的梦里，

可是你点亮了灯笼？"

（评委按1~6分的分值打分，各组算全体队员所得的总分）

三、 总结颁奖

师：学好普通话，用标准的普通话朗读并不是一件难事，只要大家注意细节和窍门，敢说、常说，老师相信大家的普通话会越说越好，朗读水平也一定会越来越高！

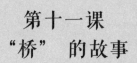

第十一课
"桥" 的故事

【活动目的】

1. 比较全面地了解、介绍桥，如结构、功能、建筑材料等。

2. 培养学生的学习自主性与创新性，激发学生学习兴趣，丰富桥文化，提升人文素养。

3. 寓思想教育、审美教育以及语言的开发训练（听故事、说故事、读课文、写总结）为一体，使学生的观察能力、动手能力得到提高。

【活动准备】

1. 学生准备。

（1）每位学生在家长的帮助下，上网收集有关桥的图片、照片或影像资料等。

（2）要求所收集的"桥"要比较有名，在建筑史上有一定的价值，并且有一些典故或传说。

2. 教师准备。

（1）自制有关"桥"的课件。

（2）准备画纸、彩笔。

（3）对学生收集的各种资料进行筛选、分类。

【活动过程】

找桥—说桥—赏桥—画桥—造桥

一、忆"桥"

师：我们一起回忆一下，在小学语文课本中学到的许多桥，有独具匠心、构思巧妙的——赵州桥（学生答）；有雄伟壮观、气势磅礴的南京——长江大桥（学生答）；有充满神奇色彩的各种新型桥。

这些桥有的体现了我国古代劳动人民的创造才能；有的记录着坚贞不屈的民族精神；有的是中国人民自力更生、艰苦奋斗的结晶；有的是桥梁工程师的伟大发明创造……

二、 说"桥"

1. 分小组朗读《赵州桥》《南京长江大桥》《兰兰过桥》等课文，根据文中词句或者收集到的资料介绍课文中的桥。

2. 引导学生图文结合介绍自己收集的各类名桥。

3. 学生介绍有关桥的精彩典故、传说和新鲜事。

三、 赏"桥"

1. 分学习小组讨论：你喜欢什么样的桥？为什么喜欢这样的桥？

2. 学生汇报。

3. 教师总结：

（1）拱形桥犹如一道五光十色的彩虹挂在天边；斜拉桥如同美丽动感的五线谱，飞驰的汽车就是那跳动的音符，唱出那美妙动听的"桥之歌"……

（2）从审美角度看，桥是对称的美、力的美，与周围环境产生和谐的美。

四、 画"桥"

1. 选择自己喜欢的桥作画。

（1）画出桥的框架。

①测量图片资料中桥的长、高，拱的跨度等基本数据；

②按照一定比例放大或缩小；

③探索数据的科学道理。

（2）给桥着色。

①色彩搭配和谐，做到既美观，又实用，不影响司机的行驶；

②和周围环境相称（桥在城市中，注意搞好城市整体规划）。

2. 评价（学生自评为主）。

3. 展览、交流。

五、 造"桥"

1. 讨论：你觉得我们家乡还有什么地方需要造桥？造什么样的桥呢？

2. 学生设计图纸（分学习小组）。

3. 根据图纸，做简单文字说明：

（1）属于什么类型的桥梁？

（2）有何用途？

（3）主要特点是什么？

（4）为自己设计的"新桥"命名，并说出理由。

4. 评比：颁发"小小鲁班奖"和"小小建筑师奖"。

六、 作业

师：同学们，通过以"桥"为主题的这堂活动课，相信大家都会有很多收获！让我们牢记历史，展望未来，在平时的学习和生活中，收集、了解和学习更多有关桥的知识吧！

教师出示（课件），屏幕上有三项作业，学生可任意选择一项完成。

（1）利用假期去著名的大桥参观（如南京长江大桥、卢沟桥、赵州桥等），写一篇有关桥的习作。

（2）和同学合作制作自己设计的新桥模型（可用泡沫、木条、纸盒等材料）。

（3）利用课余时间，和你的好朋友不断设计新桥，出版"桥册"，把自己锻炼成"小小桥梁专家"。

第十二课
观察与描述

【活动目的】

1. 培养学生观察事物的兴趣和能力，使之初步学会细致观察事物的方法。

2. 指导学生比较准确、生动、具体、形象地描述事物，并掌握描述的一些基本方法，初步学会应用这些知识。

【活动准备】

1. 成立活动领导小组（评委），全班分四个组，每组选两名学生（共 8 人）组成评委，另选一名学生担任主持人，在活动前一天集中学习，掌握好这次评比的评分标准，熟悉有关要填写的表格以及评选程序等事宜。

2. 预先议定评分标准（附后），制作记分表格（附后）。

3. 适当布置活动室，准备一幅风景画，购置有关奖品。

【活动过程】

一、故事导入

师：我给大家讲一个故事，名字叫"胸有成竹"，说的是宋朝画家文与可画竹子的事。一个三伏天的晌午，很热，人们都在摇扇纳凉。文与可却一个人在山坡上的一片竹林里踱来踱去，专心致志地观察竹子。他一会儿摇楠竹，一会儿摸摸水竹，一会儿拂拂干枯的竹叶……汗水湿透了他的衣衫，他好像丝毫没有察觉。突然，乌云密布，狂风大作。文与可没有想到要避雨，却撩起袍襟，登上山顶，琢磨起狂风里竹林的姿态来了。一声雷响，大雨下了起来。这会儿，竹叶上晶莹的水珠，又把文与可吸引住了。天长日久，竹子的千姿百态都融入了文与可的胸中。他画竹时，挥洒自如。当时的诗人晁补之，写诗称赞道："与可画竹时，胸中有成竹。"现在同学们都知道文与可的竹子为什么会画得那么挥洒自如，千姿百态了吧。一是因为他有目的地重点观察了竹子，抓住了竹子的特征，在未画之前心里早已有了各种各样的竹子的形象；其二是因为他掌握了绘画的技巧，巧妙地运用笔墨把竹子的形象生动地表现出来。下面我们就来向文与可学习，进行观察与描述的练习。不过我们的描叙不是用笔来画，而是用心来画，用笔来写，比一比，看谁观察得更仔细，描述得更生动。

二、 学习、分析、借鉴

1. 全班分成四个大组，一起快速阅读教师提供的"观察提纲与习作例文"。

2. 讨论，回答后面四个问题，每组回答一题（主持人负责将问题分配给各组），问题回答正确的组得 10 分。

"我爱家乡那会变色的'地毯'"的观察提纲

时间：一年四季

地点：家乡

观察要点：

1. 观察"草地"四季变化的特征；

2. 了解草地与人的关系。

例文

我爱家乡那会变色的"地毯"

在我家住的村子的大北边，有一个大草海。它一年四季都是那么美。在那里留下我许多儿时的欢笑，童年的足迹。那儿是孩子们的乐园，孩子们爱它，给它起个美妙的名字，叫"会变色的'地毯'"。

春天，春姑娘披着绿纱衣悄悄地走来了，她把温暖抛向了大地，抛向"会变色的'地毯'"。小草从地下钻出来，在春雨的滋润下长高，在阳光的照耀下长壮。没过几天，这草地就变成了一块绿色的"地毯"。此时，草地上到处充满了生机。小草只有一分米高，绿得可爱，踩在脚下，像是一块大海绵。孩子们可高兴了，有的跳皮筋，有的踢足球，还有的男孩子拉开架式，要进行一次摔跤比赛，可带劲了。

夏天，一个炎热、喧闹的季节到了。小草都变成了一尺多高的野草。在一望无际的绿草中，朵朵野花时隐时现，它们就像一群穿着各色衣裙的仙女，在碧海中游戏。蜻蜓和蝴蝶结对而来，在草地上盘旋，在花间歇脚。蜻蜓落在草尖上，就像睡在摇篮里的娃娃，随着微风摇来晃去。蝴蝶在花间翩翩起舞，像是和野花比美。在这花园般的大草地上，一群一群的孩子们在捉蜻蜓，套蝴蝶，采野花……一阵阵开心的笑声回荡在草地上，使草地更加喧闹。一眼望去，这又是块点缀着蓝、红、黄、粉各种色彩的多彩"地毯"。这时的"地毯"图案在不断变化，令人陶醉。

秋天，野草被风吹得渐渐变黄，草地变成了金色的海洋。虽然蜻蜓和蝴蝶不再飞来，五颜六色的野花不再开放，但这金色的美景使我仿佛看到了庄稼丰收的情景……秋风吹来，野草随风起伏，不断播下饱满的种子，待第二年，再破土生长。抬眼望去，秋天的草地真像一块金黄色的"地毯"。

冬天的草地是又一番美丽的景象。白雪覆盖了草地，好像调皮的仙女故意把洗手盆中的肥皂沫抹在野草上，在阳光照耀下，草地闪着刺眼的光芒。一眼望去，仿佛一块洁白的"大地毯"，一尘不染。

根据观察提纲和例文，请各组成员抽签、思考和回答下面的问题：

1. 小作者根据提纲能观察到哪些事物？是按什么顺序观察的？

2. 小作者是怎样描述草地在春、夏两季节的变化的？

3. 草地在秋、冬季节里有哪些变化？作者是怎样描述的？

4. 作者这样写有什么好处？表达了他对家乡的一种什么感情？

三、 观察、 描述、 实践阶段

1. 提供"一幅风景画"，让学生自由观察并在小组内轻声描述、交流。

2. 通过观察、描述，要求学生20分钟内完成一篇短文。

提示：观察时，既要看画面的整体，又要看画面的各个局部。

描述时，要突出重点，要有顺序，语句要通顺。

3. 写作完毕后，主持人出示评分标准，学生将各自的作文在小组中对照评分标准进行评比交流，然后各组评选出 2 篇优秀文章给主持人。主持人迅速收齐文章，编号，并准备评选。

4. 8 位评委在前排就座，主持人朗读各篇文章，每读完一篇后，评委依据标准迅速打分，然后评委亮分，记分员当即将该号文的 8 个分数记下，然后去掉一个最高分和一个最低分，取其平均分为该文章得分，最后以总得分的高低评出一、二、三等奖文章若干篇。

四、 总结评比

以各组 2 篇文章总得分的平均分，再加第一阶段的得分，评出优胜组并颁奖。

五、 拓展开放

1. 将此次评出的作品再修改后，在班内出一期墙报。

2. 以《校园的一角》为题，写一篇短文。

备用材料

1. 评分标准

（1）内容合乎题意，叙述条理通顺，具体，生动形象，语句通顺，记90~100分。

（2）内容合乎题意，叙述有条理，语句比较通顺，并有适当描写，记70~89分。

（3）内容不太切题，叙述条理性不强，有些语句欠通顺，描写成分少，记60~69分。

（4）内容不切题，层次紊乱，语病多，没有描写或描写不当，中心不明确，记60分以下。

2. 活动记分表格

表　一

组别	文章题目	评委评分								得分	名次
		1	2	3	4	5	6	7	8		
1											
2											
3											
4											

表　二

组别	第一阶段得分	文章得分	总分	名次
1				
2				
3				
4				

第十三课
课文主人公
大聚会

【活动目的】

1. 让学生感受课文主人公可贵品质的同时，感悟其人格魅力，从而受到美好品德的熏陶和感染。

2. 让学生从小培养良好美德，树立正确的价值观，严格要求自己，从而获得道德实践的勇气和力量。

3. 培养学生的创编能力和表演能力，激发学生的表现欲，让学生内在的潜质得以发展。

【活动准备】

1. 学生以个人或小组为单位，按教师要求探讨一篇课文，用心体味，把握主人公的特点，教师根据活动安排进行排练指导。

2. 在力所能及的范围内，做好塑造主人公的准备（包括服装、化妆、道具等）。

3. 制作一本道具书，主持人（教师）扮作一位知识老人，对该同学进行培训，并培训小记者。

4. 教师准备音乐、影碟《黄继光》。

【活动过程】

一、 创设情境， 展现人物

主持人：亲爱的同学们，今天我们又见面了，我是知识老人，认识所有故事中的人物，比如，白雪公主、七个小矮人，等等。今天，同我一起来到你们中间的是你们课文中的人物，他们要与大家见面，你们欢迎吗？现在就请他们一个一个地同大家见面。（打开道具书，让人物出场）

二、 课文主人公出场

1.（音效：狂风大作、大雨瓢泼、一个拿着斧头的农民出场）同学们，我曾经生活在一个美丽的小村庄，那里山清水秀，风景优美；我曾经靠着手里的斧头生活得非常幸福，家庭富裕，不缺吃喝。但，就是这把斧头，却让

我失去了我的家，失去了我的亲人，失去了我所拥有的一切……（哭泣）

"西门豹"出场，告诫小村庄的农民破坏环境、砍伐树木的危害，农民无限懊恼，深深悔恨。

"小贝蒂"出场，告诫农民不但要保护植物，还要保护动物，这样生态才会平衡。

三人共同商量治理大水、重建家园的计策。

2. 《争吵》中的"安利柯"和"克莱谛"出场，"克莱谛"因为一件平常小事跟"安利柯"吵起来，"安利柯"却心平气和地说明事情的原因，并向他讲了上次父亲的劝告。

"阮恒"出场，与两位探讨友情的宝贵。

背诵关于友谊的格言：

（1）患难见真情。——伊索

（2）朋友丰富人生。——林肯

（3）友谊是心灵的结合。——伏尔泰

（4）友谊永远是美德的辅佐。——西塞罗

（5）友谊使欢乐倍增，悲痛锐减。——培根

3. 《给予树》中的"金吉亚"出场，讲述自己给予的快乐。

《掌声》中的"小英"出场，讲述同学互相鼓励的故事。

《妈妈的账单》中的"小彼得"出场，讲述自己曾经的不对，告诉同学们要懂得孝顺父母。

"宋庆龄"出场，赞赏几位小朋友的做法，给孩子们讲自己小时候的故事，告诉同学们在少年时期要养成良好品质。

4. "孔子"出场，带着同学们背诵格言。

（1）关于学习：

学而时习之，不亦说乎？

温故而知新，可以为师矣。

敏而好学，不耻下问。

学而不思则罔，思而不学则殆。

（2）关于做人：

不学礼，无以立。

己所不欲，勿施于人。

己欲立而立人，己欲达而达人。

见贤思齐焉，见不贤而内自省也。

三人行，必有我师焉，择其善者而从之，其不善者而改之。

（3）关于诚信：

人而无信，不知其可也。

君子不重，则不威。学则不固。主忠信。无友不如己者。过则勿惮改。

言必信，行必果，硁硁然小人哉！

君子耻其言而过其行。

与朋友交，言而有信。

5. 小记者上场，采访"孔子"。

6. 故事《新编陶罐和铁罐》。

7. 智慧大讨论。

"更赢"、"柯里亚"相聚在一起争论：谁是最有智慧的人？智慧是怎么来的？（同学们也参与在讨论之中）

三、 课文主人公大聚会

1. 由学生对自己所喜欢的主人公说一句话，说出喜欢的理由，可以赠送小礼物。

2. 每一位主人公对学生说一句寄语。

3. 知识老人总结，并把各位主人公"装"回书里"带"走。

四、 活动总结， 布置延伸性习作

师：在同学们眼里，课文中的人物有血有肉，有情有义，展现的是活生生的形象。请拿起我们手中的笔去书写最感兴趣的人物。

布置延伸性习作：

我最喜欢的×××（课文的主人公）

评析×××（课文的主人公）

第十四课
我是家乡小导游

【活动目的】

1. 引导学生了解家乡的人文自然景观和民俗、民风。

2. 通过感受家乡的变化和发展，培养学生爱家乡、爱祖国的思想感情。

3. 引导学生正确使用礼貌用语，形成良好的文明习惯，培养开放性思维能力和流利的表达能力。

【活动准备】

1. 游览家乡名胜古迹，收集有关的图片、文字资料。
2. 阅读乡土教材。

【活动过程】

一、 情境激趣

师：同学们，今天我们这节课很特别，因为这节课会有几位客人来。他们到我们家乡来旅游，可是没有导游，怎么办？有同学提出了好建议，让我们当小导游。（板书：我是家乡小导游）

二、 活动热身

现在趁客人还没来，咱们先想想怎样做好小导游，好吗？

1. 学生讨论、交流当好"导游"的基本要求。
2. 教师根据学生发言进行归纳（投影）。
（1）要抓住特点，用完整、流畅的语言向客人介绍家乡的景点、特产。
（2）言行要文明礼貌，仪态要自然大方。
（3）要掌握与景点相关的历史文化知识，如文化名人、历史传说、故事等。
3. 大家先说说我们的家乡有哪些景点？（可以相互补充）
（1）选出有代表性的几个景点；
（2）全班同学按景点分成不同的导游小组；
（3）各组组长抽签，确定各组要介绍的景点。
4. 学生分组准备导游词，教师巡回指导。
5. 学生分小组进行交流、练习。

三、 汇报展演

1. 教师宣布客人已到，各组派出小导游。
2. 播放景点 VCD，这一环节很重要，小导游在介绍时，扮演客人的同学要向小导游发问，旨在让小导游把话说清楚、说到位。教师在一旁评价，从导游的举止、言谈、导游词等方面进行指导，但评价应以激励为主。
3. 导游结束，评议选出最佳导游三人。

四、 总结激励

师：同学们，这节课大家的表现很投入，发挥了自己的聪明才智，出色地完成了小导游的任务，体现了同学们的良好素质。我相信，我们当中一定会有小朋友长大后成为出色的大导游的，让我们共同为家乡的旅游事业多做贡献。

教学实录（一）

执教教师： 张艳

执教年级： 三年级

教学流程：

（多媒体画面1）

师： 同学们，马上就要上课了，老师想问问你们，这几天你们分小组进行的广告收集活动，有收获吗？

生： 有。

师： 好极了！老师希望大家能在今天的活动中来个智力大冲浪，各显身手！你们有信心吗？

生： 有！

师： 为我们自己加油鼓劲吧！

（多媒体画面1：鼓掌）

师： 好吧，下面就跟随我们的老朋友米老鼠先生一起出发吧！

（多媒体画面2）创意无限广告速递专列第一站：摩登舞台　展现广告风采。

（多媒体画面3）第一站活动要求：各组汇报收集到的广告并出示该广告品名称。

师： 请将你们收集的作品搬上摩登舞台，展示展示吧！

（第一组学生发言）

生1： 我们组主要负责收集饮料广告，我收集的是：娃哈哈果奶——妈妈我要喝！

生2： 我收集的广告是：爱的就是你 不用再怀疑——娃哈哈纯净水。

生3： 我收集的广告是：喜之郎吸吸果冻——可以吸的果冻。

生4： 我收集的广告是：可口可乐——挡不住的冰爽感觉。

生5： 我收集的广告是：雪碧——全新包装 清爽如一。

生6： 我收集的广告是：健力宝——运动饮料 随时随地掌握超凡动力。

生7： 我收集的广告是：百事可乐——渴望无限 精彩足球。

（第二组学生发言）

生1： 我们组主要负责收集家电广告，我收集的是：格力空调——好空调 格力造。

生2： 我收集的广告是：新鲜感受 触手可及——新飞电器。

生3： 我收集的广告是：原来生活可以更美的——美的电风扇。

生4： 我收集的广告是：美菱冷柜——冰贵神速。

生5： 我收集的广告是：飞利浦——让我们做到更好。

生6： 我收集的广告是：TCL 王牌电视机——新概念彩电 感受到未来 将"芯"比"芯" 品质更新。

生7： 我收集的广告是：除油烟 用方太——方太抽油烟机。

（第三组学生发言）

生1： 我们组主要负责收集食品广告，我收集的是：金龙鱼食用调和油——1：1：1。

生2： 我收集的广告是：德芙巧克力——牛奶香浓 丝般感受。

生3： 我收集的广告是：旺仔QQ糖——有弹性的果汁软糖 颗颗好口味 入口好滋味。

生4： 我收集的广告是：康师傅红烧牛肉面——香喷喷 好吃看得见。

生5： 我收集的广告是：烹鸡美味——尽在肯德基。

生6： 我收集的广告是：常常欢笑——尝尝麦当劳。

生7： 我收集的广告是：刀麦花生油——始终都是妈妈好。

（第四组学生发言）

生1： 我们组主要负责收集汽车广告，我收集的是：一汽大众 奥迪A6——突破科技 启迪未来。

生2： 我收集的广告是：威驰——领先科技的全球轿车。

生3： 我收集的广告是：别克——心静思远 志在千里。

生4： 我收集的广告是：赛欧——优质新生活。

生5： 我收集的广告是：超越未来——风度汽车。

生6： 我收集的广告是：雅阁——激活新力量。

生7： 我收集的广告是：雷诺汽车——离常规越远 离自由越近。

（第五组学生发言）

生1： 我们组主要负责收集医药及日用品广告，我收集的是：滋采珍珠沐浴露——皮肤靓靓 心情靓靓。

生2： 我收集的广告是：胃——你好吗？

生3： 我收集的广告是：舒肤佳香皂——有效除菌护全家。

生4： 我收集的广告是：高露洁牙膏——连牙医都用的牙膏。

生5： 我收集的广告是：只买对的 不选贵的——雕牌洗衣粉。

生6： 我收集的广告是：今年过节不收礼——收礼只收脑白金。

生7： 我收集的广告是：感冒？用白加黑呀！

生8： 我收集的广告是：新碧浪洗衣粉——真真正正 干干净净。

（第六组学生发言）

生1： 我们组主要负责收集手机广告，我收集的是：海尔天智星 来电防火墙 不想听的电话打不进来 海尔移动电话——真诚到永远。

生2： 我收集的广告是：东信——创造无线世界。

生3： 我收集的广告是：阿尔卡特——秀新意 炫自己。

生4： 我收集的广告是：夏新A6游龙——无须争辩的锋芒 相信自己你是最棒的。

生5： 我收集的广告是：摩托罗拉——智慧演绎 无处不在。

生6： 我收集的广告是：诺基亚——科技以人为本。

师： 想不到你们收集了这么多广告，更让老师吃惊的是你们竟然能边说边演，真了不起！老师也收集了几则广告，不知道你是否听过或看过呢？

（多媒体画面4、5、6、7：教师收集的四则广告）

师： 接下来米老鼠先生会带我们去哪儿呢？

（多媒体画面8）创意无限广告速递专列第二站：高手点评 透析广告奥秘。

（多媒体画面9）第二站活动要求：请各小组推荐一则自己最欣赏的广告，并说明理由。（时间2分钟）

师： 谁是点评高手呢？

生1： 我！饮料广告我们推荐：喜之郎吸吸果冻——可以吸的果冻。因为这是一种吸着吃的果冻，别的果冻都不可以吸着吃，这个广告突出了吸吸果冻可以吸的特点。

师： 特点突出。

生2： 家电广告我们推荐：格力空调——好空调 格力造。直接告诉我们好空调就是格力造的，而且只有六个字，很容易让人记住。

师： 字数少，语言简洁。

生3： 我们有两个同学家里买的都是赛欧汽车，爸爸妈妈说，赛欧会给我们带来全新的感觉，全新的生活。所以我们这一组推荐的汽车广告是：赛欧——优质新生活。

生4： 我们这一组推荐的食品广告是：刀麦花生油——始终都是妈妈好。我们觉得妈妈煮的饭菜最好吃，煮菜时用广告推荐的刀麦花生油准没错。

师： 用刀麦花生油体现妈妈的爱，真有创意。

生5： 我爸爸是牙科教授，他指导牙医，牙医是做什么的？他保护我们的牙齿，那牙医又怎么保护牙齿的呢？他们用高露洁。高露洁——连牙医都用的牙膏。

师： 每个人总会把医生和身体健康联系在一块，高露洁牙膏广告就是从产品实际情况出发，让牙医从医学的角度给牙膏一个专业的认可。当然，高露洁必须达到一定的标准才能打这样一则广告，不然就属于虚假广告了。

生6： 手机广告我们推荐：诺基亚——科技以人为本，我们都知道手机是给人用的，诺基亚手机是为人服务的。它虽然是一种高科技产品，但是它的每一种功能都是为了让用手机的人更方便，所以我们觉得诺基亚手机打出的"科技以人为本"的广告很好。

师： 说得真好！你们推荐出了本组认为最有特色、最有创意的广告，而且你们也都知道，好的产品就一定要有好广告；一个产品有了一个好的广告创意或者一句出色的广告词，它才能迅速地打动顾客也就是消费者的心。谢谢你们精彩的推荐，其实你们刚才在推荐广告时基本上已经概括出了广告词的特点：

（多媒体画面10）特点突出　内容真实　语言简洁　创意无限

师： 现在你就是广告设计师，大名鼎鼎的广告设计师，你敢接受挑战吗？

生： 敢！

师： 那就跟着米老鼠先生走吧！

（多媒体画面11）创意无限广告速递专列第三站：创意车间　尽显广告魅力。

（多媒体画面12）第三站活动要求：根据教师提供的内容，分组创作一到两个精彩广告，并请简单讲述创作感想。

师： 请创作一则伞的广告，抓住它最突出的一个或两个特点来构思和创作，可以小组合作，也可以独立完成。（时间4分钟）

（多媒体画面13：伞）

师： 时间到，开始吧！我们请大家来说说，如果你觉得发言同学的广告设计得不错，你可以用掌声表示表示。

（教师用投影仪展示学生设计的作品，设计者分别讲解创作意图和感想）

生1： 爱心雨伞——时时刻刻感受妈妈的关怀

二年级我们学过一首儿歌《妈妈的爱》，一个很凉很凉的雨天，妈妈到学校接我，一把雨伞遮在我的头顶，雨水打在妈妈的身上。啊！妈妈的爱是遮雨的伞。妈妈用伞为我们遮风挡雨，所以我们设计"爱心雨伞"，时时刻刻都能感受到妈妈的关怀。

生2： 蓝色代表雨雪；红色代表太阳；黄色代表休息。晴雨预报伞——藏不住的秘密。

我们要介绍的是一种可以预告天气的伞，要下雨了，伞会提前变成蓝色；要出太阳了，伞会提前变成红色；伞是黄色的时候，表示可以让它留在家里休息休息了。有了我们设计的"晴雨预报伞"，天气预报再也不是藏得住的秘密了。

生3： 下雨了，请用学儿乐雨伞。学生都用学儿乐，乐呵呵！

生4： 一打开金龙牌雨伞，就可以看见妈妈的关怀。因为我们都是龙的传人，金龙牌雨伞代表吉祥如意，幸福安康。所以我们隆重推荐金龙牌雨伞，用金龙牌雨伞，想起妈妈对我们的祝福。

生5： 大众雨伞，服务大众。不怕苦不怕累，也不要夸奖的雨伞，就是大众牌雨伞。

生6： 虎豹伞，无论刮风下雨，虎豹还是那么坚强；不管天气多么炎热，虎豹都会为我们挡住太阳，所以我们推荐：（本组学生齐）不用想，用伞就用虎豹伞。

师： 三（1）班的孩子真聪明，广告创作得顶呱呱。不知道你们仔细观察过没有，大街上、广播里、电视中、互联网上经常出现一些具有特殊意义的广告。

（多媒体画面14、15、16、17，播放四则公益广告）

师： 展开你的想象，用你自己独特的语言，为我们的校园设计一些以宣传公民道德为主题的公益广告吧！可自己独立完成，也可与人合作。（时间2分钟）

（多媒体画面18）创意无限广告速递专列第四站：新秀剧场　精彩广告速递。

（多媒体画面19）第四站活动要求：将创作好的公益广告速递给校长或大队部，同时号召全体少先队员争做"校园合格小公民"。

（教师先用投影仪展示学生设计的作品，学生做简介，然后将作品张贴在黑板上）

生1： "请手下留情！"——请不要摘花。

生2： "大地需要绿色，人类心灵需要绿色。"——植物说。

生3： "我的盛开需要您的关怀。"——植物说。

生4： "不要让我流泪。"——水龙头说。

生5： "不要让我白亮。"——电灯说。

生6： "不要在我的脸上乱写乱画。"——墙壁说。

生7: "我最爱清洁干净。"——门窗玻璃说。

生8: "请珍爱我的生命。"——小树小草说。

师: 只要你勤于思考，善于动脑，创意将会永远跟你走。还记得老师布置收集广告时留的一个思考题吗？为今天的语文活动课设计一个课题，你有好的创意吗？

（教师将个别学生制作的课题贴在黑板上）

生1: 和广告做朋友；

生2: 一堂特殊的语文课；

生3: 广告速递；

生4: 语文活动课；

生5: 亲亲广告，亲近生活；

生6: 进军广告；

生7: 广告广告我爱你，就像老鼠爱大米。

师: 生活中广告无时不有，无处不在，从广告中我们也能体会到语文学习的乐趣。让我们走进生活，在生活中学语文，在生活中用语文。（教师用投影仪展示学生现场设计的作品，设计者分别讲解创作意图和感想）

点 评

《义务教育语文课程标准（2011年版）》指出：语文综合学习有利于学生在感兴趣的自主活动中全面提高语文素养，是培养学生主动探究、团结合作、勇于创新精神的重要途径，应该积极提倡。

遵循课标中的指导思想，我们进行了尝试，设计了《和广告做朋友》这一综合实践活动课，这是一篇成功的语文综合实践活动课的教学实录，实录至少体现了以下三个特点。

一是通过综合性的实践学习，改变学生单一知识接受性的学习活动方式，强调书本知识的学习不是学生获得知识的唯一途径。

二是采用小组合作学习的形式，真正体现了学生是教育的主体和自我发展的主体。实录中，通过学生找广告、说广告、编广告等系列活动，培养了学生的综合实践能力、探究与创新精神。尤其是编公益广告这一段，不仅有助于学生树立正确的价值观，而且培养了学生的创新精神。

三是强调了信息技术与语文教学的整合。实录中恰到好处地运用了多媒体，优化了教学结构，激发了学生的学习兴趣，激活了课堂，使学生学有所获，真正体现了"以人为本"的课程理念。

（点评人：季玉群）

教学实录（二）

儿童诗创作

执教教师： 雪野（儿童诗诗人）

执教年级： 三年级

教学流程：

（教师出示谜语：你有我有他也有，黑身黑腿黑黑头，灯前月下跟你走，就是从来不开口。）

师： 这个谜面的谜底是什么呢？

生： 这个谜底是蚂蚁。

师： 同意的举手。我喜欢你们高高举着双手，这是最棒的上课姿态。

生： 谜底是影子。

师（出示谜底：影子）：为你刚刚的正确答案鼓掌！还有说谜底是蚂蚁的同学，也请你为自己鼓鼓掌，因为你思考了，尽管答案不准确，现在你获得了谜底，获得了知识。

师： 下一个问题，看你们能不能迅速地举起手。

师（出示课件：你的、我的、他的、它的影子，他们的影子在——）：如果你的答案跟我说的一样，请你把手放下。师示范说（桌子的影子在地上，大树的影子在地上，红旗的影子在操场上）这些答案太简单了，叔叔不喜欢这样的答案。

师： 如果你想成为作家，想成为像叔叔一样的诗人，首先要做到的就是，想别人想不到的。别人这样想，我绝不这样想，我从另一个方向想。还有一半的同学手举着，我们来听听，他嘴里会说出谁的影子在哪里。

生： 手的影子在墙上。

师： 可以玩皮影戏。（板书：手→影子→墙上）

生： 树的影子在诗里。

师： 她的想法太神奇了！（板书：树→影子→诗）

生： 人的影子在脚下。

师： 这个答案太简单了，虽然回答正确，但是简单的答案叔叔不怎么赞同。你要想别人想不到的。

生： 动物的影子在大森林里。

师： 具体是什么动物？

生： 狮子的影子在森林里。

师： 狮子的影子在森林里，这个大有文章可做。（板书：狮子→影子→森林）

生： 鸟的影子在树上。

师（板书：鸟儿→影子→树）： 有没有人的答案可以让我感到非常惊奇的？我就可以送出我的第一个礼物了。

生： 骏马奔腾的影子在草原上。

师： 好不好？谁来评价一下？

生： 我觉得好。

师： 为什么好？

生： 因为这些马蹄声奔跑在草原上。

师： 你的"马蹄声奔跑"比他说的"影子"还要好！我让你当评论家，结果你自己成了诗人。马蹄声在草原上奔跑，比影子在草原上奔跑更棒。我先送你一个小礼物。（送礼物给学生）

生： 谢谢！

师： 我听见了一句"谢谢"，好温暖的两个字！谁还来当评委？

生： 我觉得不好，马的影子本来就在草原上。

师： 如果马走了以后，影子是不是也在跑？马的影子在草原上掠过，在起起伏伏的草上掠过，在风中，影子在跳跃地向前跑去，跑出了草原，我听到了一声马的长嘶——这是草原上最雄阔的一个景象。还有不同意见吗？

生： 作家的影子在书里。

师： 这跟"树的影子在诗里"差不多。请更加大胆地想象。

生： 白云的影子在天空上。

开放式活动课程（第二版）

师: 很大胆，但是换一个角度应该更好，白云的影子在小河里。

生: 月亮的影子在湖里。

师: 很棒！

生: 蜜蜂的影子在粉色的花瓣上。

师: 形容词不要！写诗不需要形容词。

生: 蜜蜂的影子在花瓣上。

师（板书：蜜蜂→花瓣）：目前为止最棒的一个答案。

师: 如果接下来的这个问题出现，你依然能够回答，你才是最棒的小诗人。

师（出示课件：想一想——影子的心情）：鸟儿的影子在树上，在树上的鸟儿的影子有怎样一种心情？手的影子在墙上，墙上的影子会想些什么？狮子的影子在森林里，庞大的、穿不透的森林里，狮子的影子在想些什么？挑你有感受的句子，表达你对影子的感受。如果这个问题你能回答，你就几乎能成为诗人了。

生: 蜜蜂的影子在花瓣上，影子的心情是非常开心的。

师: 为什么非常开心？

生: 它在高高兴兴地采蜜。

师: 蜜蜂会采蜜，蜜蜂的影子也会采蜜。花瓣有被采蜜的感受吗？花瓣会怎么想？

生: 花瓣上也有影子。

师: 花瓣有味道吗？

生: 没有味道。

师: 你赞同吗？

生: 花瓣有蜜，花瓣的影子也有蜜。

师: 真好。当我把这些句子写在黑板上，同学们，你们就会发现，这是一首诗。来，请刚刚这位同学来到讲台。（生走上来）

师: 我问你答，注意我们的对话是诗，不是在聊天。

什么样的花瓣——红色的（师板书：红色的花瓣）

什么样的影子——黑色的（师板书：黑色的影子）

什么样的蜜蜂——黄色的（师板书：黄色的蜜蜂）

师（一边与生对话，一边板书）：红色的花瓣/黑黑的影子/黄色的蜜蜂/黄色的影子/黄色的蜜蜂/采红色的花瓣/黄色的影子/采黑黑的影子/甜甜的花瓣/甜甜的影子/春天/甜甜的季节。（板书诗歌标题：花·蜜·影子）请你将你的班级、姓名写上。

师: 谁能来读一读？请其他人边听边朗读出来。注意这是诗，不是记叙文，不是故事，阅读方法是不一样的。写作文是一个材料加一个材料，是加法，诗歌是减法，减掉才是诗。

生1： 红色的花瓣/黑黑的影子/黄色的蜜蜂/黄色的影子/黄色的蜜蜂/采红色的花瓣/黄色的影子/采黑黑的影子/甜甜的花瓣/甜甜的影子/春天/甜甜的季节。

师： 谁来评价一下他朗读得怎么样？

生： 没有感情。

师： 你认为有感情是怎么样？

生： 有节奏。

师： 你能不能有节奏地朗读一遍？诗歌是必须要通过读才能懂，即使能倒背如流，但是不会读，你还是没有读懂诗歌。

（生有点紧张不敢读）

师： 耐心等待是一种美德，学会聆听是一种智慧。

（生2读诗）

师： 读得非常铿锵有力，但是铿锵有力是不是就是读对了呢？应该把你的感受读出来，不见得读得铿锵有力、读得大声就读对了。

师： 你对自己的朗读满意吗？

生： 还行。

师： 那就是不太满意？哪里不满意？

生： 该大声、热情的地方没有大声、热情地读，该小声一点的没有小声一点读。

师： 对，该大声的时候大声一点，该轻声的时候轻声一点。（指另一学生）你来试试看。

（生3读诗）

师： 越读越棒了，但是同时我发现有一个最关键的问题没有解决，就是朗读诗歌的时候，每一行读完，必须有一拍的停顿，每两行是一节，每一节结束至少空两拍以上，表示"换节"。讲花的影子，讲蜜蜂的影子，讲红色的影子，讲黄色的影子，讲甜的影子，讲甜的季节，显然味道都应该不一样，不一样怎么体现？用朗读的方式体现。请所有同学闭起你的眼睛，用聆听的方式来读懂这首诗。

师（范读）： 红色的花瓣/黑黑的影子/黄色的蜜蜂/黄色的影子/黄色的蜜蜂/采红色的花瓣/黄色的影子/采黑黑的影子/甜甜的花瓣/甜甜的影子/春天/甜甜的季节。

师： 打开你的眼睛，像打开一扇窗，这是色彩缤纷的花朵与蜜蜂之间的关系。本来在我的脑海里，从来没有像这首诗歌表达得这么色彩缤纷，而且影子应该是黑的，但是在金色的阳光下，在花朵里穿梭的蜜蜂，它的影子可能真的是黄色的，再回想前面小作者第一次的假设，蜜蜂的影子是白色的，可能也没错，因为它刚刚从白色的花朵中出来，身上可能就带着那一缕白色的花，多么美！

（生齐鼓掌）

师： 广州市的《孩子》杂志今天截稿，这首诗今天就出来了，六月份的《孩子》杂志将会发表这首诗。

（生热烈鼓掌）

师： 我们班的同学很棒，没有一个人把诗歌抄在本子上，这是我最高兴的。永远养成一个习惯，不要轻易抄黑板上的东西。抄在纸上，纸被风卷走了，知识也卷走了，把知识放在自己的脑海里，才是真正的知识。

师（将黑板上的诗擦掉）：接下来，请你们从这里再找一找影子的心情，学会像叔叔一样，诗意地诉说。有了刚才的经验，相信你们的表达方式一定有所长进了。

生： 狮子在森林里的影子是生气的。

师： 为什么？

生： 有可能狮子没抓到自己想要的东西就生气了，连影子也生气了。

师： 这是一只爱生气的狮子，狮子本来不想要捕捉一只兔子来吃，只是想跟它玩，但是兔子窜进洞穴里去了，狮子怎么也抓不住，狮子张大了嘴巴生气，狮子的影子也张大了嘴巴生气。这是一个你所知道的生气的狮子的影子。可以，但还不是让叔叔感到惊叹的答案。

师： 想成为一个诗人，首先做到的第一步，就是想别人想不到的；真正想要有叔叔这样的想象，就要想别人不敢想的。谁都想不到，全国就我一个人想得到，这才叫高妙之作。

生： 我想补充，狮子不能跟兔子的影子玩，也会生气。

师： 对呀！这比刚刚狮子和兔子的单一的想象更丰富了，狮子的影子也抓不到兔子的影子，所以狮子的影子也在生气。

生： 鸟儿在树上的影子是兴奋的。

师： 为什么是兴奋的？

生： 鸟妈妈正在找虫子喂小鸟。

师： 我应该给你一个提示，鸟妈妈在树上，小鸟也在树上，鸟妈妈和小鸟的影子都在树上。但是当鸟妈妈出去捕食的时候，鸟妈妈飞走了，她的影子是一起飞走了，还是留在树上呢？

生： 还留在树上，因为影子要照顾小鸟宝宝。

师： 聪明的孩子！叔叔一点就破。（邀请这位同学上讲台）鸟妈妈的影子不能飞走，因为要照顾她的孩子。

师： 鸟妈妈飞走了/小鸟在家里/静静地等待/因为/有妈妈的影子，小鸟们/欢快地等待着。

（板书诗歌及标题）

师： 请小作者把你的班级、姓名写在黑板上，请其他同学来读一读这首诗，小作者听一听，别人读的是不是跟你的心情一样。

生： 鸟妈妈飞走了/小鸟在家里/静静地等待/因为/有妈妈的影子，小鸟们/欢快地等待着。

（师与生齐鼓掌）

师： 刚刚这位女生读得有一种天然的妈妈的感觉，再请一个男生读一读。

（生读得有点结巴）

师： 上半部分读得有点快，下半部分有点结巴。诗歌只有短短的这几个字词，一个字也不能改，不能多一个字，不能少一个字。

（生流畅、深情地读）

师： 他对速度的控制力很不错。我们再来听听小诗人读，她写诗时的感情，跟现在变成诗的句子之后，有什么不同？感受诗人的感受，才是读懂一首诗的方法。叔叔不看黑板，希望你们也不看黑板，只用听的方式来感受。

生： 鸟妈妈飞走了/小鸟在家里/静静地等待/因为/有妈妈的影子，小鸟们/欢快地等待着。

师： 你可以去当节目主持人了！你的童音真的像小鸟在欢快地等待。

（师范读，生齐鼓掌）

师： 今天的家庭作业就是写一首诗——《影子》。除了黑板上写的，还有太多的影子在我们的自然界之中。可是在写诗的时候，一定要注意叔叔刚刚说的话，想别人想不到的，想别人不敢想的。什么才是别人不敢想的？请看看叔叔的一首诗。

师（课件出示雪野的诗《影子》）：

影子好懒！有脚却不会自己走，躺在地上，让我拖着走。

影子好胖！好像没长骨头？贴着墙壁，靠它扶着走。

影子好胆小！这么大的个子，从不一个人待着，睡觉，还要我抱。

师： 第一二节我很轻松就写出来了，第一二节好多人都想得到，如果一首诗歌在结尾的时候没有让人怦然心动，那这不是一首最精彩的诗，所以最精彩的诗歌要在结尾的地方下大力气。我在写好第一二节的时候，一直在想，结尾怎么办？结尾怎么办？没办法，一直想不出来。可是，当我钻进被窝的时候，我想到了！当我钻进被窝，影子也钻进被窝了。这就是想别人不敢想的，影子好像也很胆小，不敢一个人睡觉，还要我抱。

师： 想别人想不到的，想别人不敢想的，拥有了这种思维方式，我们的作文也同样会别有天地。影子是我们的朋友，我们要好好呵护它。我是你们的影子，我会好好呵护你们。想要影子笔直地站立，我们也要笔直地站立。

师： 今天这节课就上到这里，谢谢大家！下课！

点 评

"海阔凭鱼跃，天高任鸟飞。"雪野老师站在一个诗人的高度，以开放的情怀，引导孩子们展开想象的翅膀，叩开诗歌的大门。他没有异彩纷呈的课件，没有高山流水的音乐，有的是平易近人、朴实无华的交流，有的是循循善诱、尊重生命的引导。雪野老师仅用一支粉笔、一块黑板就在孩子们的心中播撒了诗意的种子。

诗，栖居在孩子们心灵的沃土之中。课堂上，雪野老师由猜谜入手，以影子为谜底激发孩子的思维，引发孩子的兴趣，引导他们从生活随处可见的剪影（手影、树影、花影、蝶影……）中寻找诗情，品味诗趣，感悟诗意。雪野老师用自己深厚的诗学修养，让诗歌在孩子们心灵的沃土上扎根生长、破土萌芽，开出一朵朵灿烂的小花。可谓"逢山开路，遇水搭桥"，在不经意间，把孩子引向诗者的角色，帮助孩子惊喜地发现：原来我们每个人都可以成为小诗人。

诗，来源于生活而高于生活。雪野老师巧妙地把这种理念渗透到"想别人想不到的"这样一句产生诗意灵感的话语中。当孩子重复着他人的语言时，他总是微笑着说："答案正确，但不够有诗意，不是最特别的。"在这样的启迪下，孩子心领神会"诗境诗情"的美。正如"影子"一样，诗意伴随着整个课堂，散发着开放的芬芳，浸润着孩子的心田。

（点评人：敏芳）

三年级

第一课
老师，您好！

【活动目的】

1. 练习当众说话，培养学生的语言表达能力。
2. 培养学生留心观察的好习惯。
3. 沟通师生情感，激发学生对老师的尊敬和热爱。

【活动准备】

1. 学生按口语表达能力层次不同分成若干小组，各组推荐一名组长和两名裁判。

2. 围绕"老师，您好！"这一主题内容，各小组按下列讨论提纲要求交流讨论。

（1）描绘一位老师的外貌。

（2）说一件真实感人的小事。

（3）说两三个比喻老师的句子。

（4）摘录或创作一首供集体朗诵的诗歌。

3. 明确说话要求，讨论评分标准，培训小主持人。

4. 学唱歌曲《长大后我就成了你》。

【活动过程】

一、 激情导入，营造氛围

1. 师：9月10日"教师节"快到了，我们学校和全国各地一样，正在用多种方式庆祝这一节日。今天的语文活动课，我们围绕"老师，您好!"这一主题，举行说话竞赛，要求是：能主动积极地参与表达，当众用普通话表达自己的意思，语句通顺，有礼貌。你们准备好了吗?

2. 主诗人：今天活动的内容有四项：说赞语、拍照片、讲故事、朗诵诗。分组竞赛，每项25分，请总裁判（老师）和小裁判（同学们）就座。在此祝愿大家都以满分的优异成绩向"教师节"献礼。

二、 开展活动， 增强实效

1. 说深情赞语。

（1）小主持人宣布要求：各小组长上台抽签领取一组词卡，听"开始"口令后，和组员讨论，快速组成词语、句子，再仿照比喻句式，围绕主题内容，说一句深情的赞语。

（2）各小组表达赞语。

（3）裁判评分，掌声鼓励。

2. 拍清晰照片。

（1）小主持人（拿出照相机做拍照的姿势，亮几下闪光灯）：下面请各组派出自己的小小摄影师，描绘一位大家熟悉的教师外貌，组中可以补充，要在1分半钟内完成，其他同学评判像不像。

（2）裁判评分，掌声鼓励。

3. 讲感人故事。

（1）小主持人：每一刻，我们都被老师那份敬业爱生的真情感动着。下面请每组派代表给大家讲一个发生在你身边的真实感人的小故事，组员可以补充，时间在2分钟内。

（2）裁判评分，掌声鼓励。

4. 咏祝福诗歌。

（1）小主持人（手捧鲜花）：献上多彩的诗篇，表达我们真诚的祝福!请欣赏诗朗诵《老师，您辛苦了》《红烛赞歌》《老师的目光》《老师，我们永远爱您》。

（2）裁判评分，自创诗歌的加10分。

三、 总结表彰， 巩固效果

播放歌曲《长大后我就成了你》，全体同学起立向老师敬礼：亲爱的老师，节日好!

第二课
谜语大厦

【活动目的】

1. 通过猜谜语，扩大学生的语文知识面，加深对汉字文化的了解。

2. 促进学生学会思考，提高思维能力，锻炼才智，增强创造与竞争意识。

3. 丰富校园文化生活，培养学生想象力，增趣添雅，陶冶思想情操。

【活动准备】

1. 准备谜语相关的知识。

2. 人员安排：分配学生进入角色：一个担任主持人，四个担任谜面和谜底的保管与展示工作，其余担任"大厦"观众。

3. 道具准备：利用教室外墙、内墙、后黑板、影视屏幕张贴或出示谜语，播放一些活跃气氛的音乐。

4. 明确比赛细则，公布竞赛条件和注意事项。

【活动过程】

一、 谈话导入， 谜语大厦开业

主持人发言：同学们，今天我们学校的"谜语大厦"正式开业了！欢迎各位光临，也愿各位在"大厦"里各取所需，心想事成，一猜就中！

二、 趣味猜谜， 登堂入室

1. "谜语大厅"征答，猜出乐趣。

（1）只走一半（打一字）

（2）一加一不是二（打一字）

（3）斌（打一成语）

（4）没有脚，没有手，背起房子就会走（打一动物）

（5）向大洋告别（打一工具书）

（6）轻声细语（打一文学体裁）

（7）有个小姑娘，穿件黄衣裳，你要欺负她，她就戳一枪（打一昆虫）

（8）黄布袋，包珍珠，秋天一到满地铺（打一植物）

2."谜语长廊"，活跃思维。

主持人发言：同学们，欢迎各位来到"谜语长廊"，在这里，我们将会带你到另一个世界，（按电钮）让你在这五彩缤纷的灯谜长廊中领略谜语的乐趣，你还可以听到"谜语爷爷"讲谜语源远流长的发展故事，你还可知道大千世界里的种种轶闻和新鲜的知识。

（1）听"谜语爷爷"讲故事。

（2）赏灯猜谜。

例：重逢（打一字）

（3）倾心长谈。

可由学生自由组合讨论，畅谈对谜语的看法和心得体会。

3."谜语顶层"，激发才智。

主持人发言：同学们，欢迎你们从"谜语大厅"勇敢穿过"谜语长廊"，最终登上了我们的"谜语顶层"，我们为大家准备了两项活动。

（1）谜语对抗赛，甲、乙两组若干名学生，甲组一代表任意出示一个谜语，乙组不能直接说出谜底，而是同样编一个谜面来回答。

示例：

甲组：黄布袋，包珍珠，秋天一到满地铺（打一农作物）

乙组：小时包包扎扎，里面兄弟百八，长大个个黄脸相向，披头散发

谜底：玉米

（2）猜哑谜。

将一只塑料小老虎放在一座假山边，猜一成语。（谜底：放虎归山）

一条板凳（打一《红楼梦》人名），再做一个动作（做打人状）（打一《红楼梦》人名）。（谜底：板儿，袭人）

将小袋中的苹果取出来，打一成语。（谜底：囊中取物）

三、 活动总结， 奖励优胜

举行"谜语大厦"活动优胜者颁奖大会，评选"谜语大王"奖和"思维旋风"奖。

备选材料

（一）下列谜语各打一字

1. 吹灯
2. 昨日之日不可留
3. 草木之中有人来
4. 皇袍
5. 会少离多
6. 闭着嘴却在笑
7. 去一撇，就没了
8. 有穿有吃生活好
9. 多心就是不好
10. 一边有水，一边干
11. 宋字去宝盖，不当木字猜

（二）下列谜语各打一成语

1. 秤

2. 井

3. 枕头

4. 泣别

5. 预约

6. 又是星期一

7. 将军回乡当农民

8. 民航局开业

（三）下列谜语各打一地名

1. 银河渡口（中国地名）

2. 金银铜铁（中国地名）

3. 双喜临门（中国地名）

4. 相会在早上（亚洲国家）

5. 码头宝贝多（美国地名）

第三课
新编《渔夫的故事》

【活动目的】

1. 新编故事陶冶学生情操，培养学生对国内外经典作品的热爱之情。

2. 加深对课文内容的理解，培养学生的联想和想象能力。

3. 通过课本剧的表演，培养学生的表达、表演能力。

【活动准备】

1. 挑选擅长表演的学生，在教师指导下排演课本剧《渔夫的故事》。

2. 准备好假船、船桨、渔网、小瓶子等道具。

【活动过程】

一、 谈话激趣， 引入活动

师： 今天，老师给大家带来了几位演员，想见一见吗？

二、 剧本表演， 精彩纷呈

在优美的轻音乐中，渔夫、魔鬼的扮演者和一名解说同学上场，根据课文所述情节进行表演。

三、 分组讨论， 设想结果， 续演课文

师： 《渔夫的故事》选自古代阿拉伯著名的民间故事集《一千零一

夜》，这本书又叫《天方夜谭》，是由 264 个小故事组成的。《渔夫的故事》中，渔夫用自己的智慧战胜了恶魔，真了不起！故事中，渔夫将魔鬼骗进胆瓶，并投回海里。请同学们根据课文内容，充分发挥自己的想象力，议一议：如果后来又有人捞到这个胆瓶，故事情节又将如何发展呢？如果在魔鬼被装进胆瓶的 100 年、200 年或 300 年时，有人捞到这个胆瓶，魔鬼是否就会履行他的诺言呢？

1. 小组讨论，设想结果，派代表简要叙述情节的发展。

生 1：渔夫回到家后，头疼得失去知觉，醒来时已经忘了当天所发生的一切，所以世人并不知情。100 年过去了，渔夫的孙子在一次潜水探险中得到了这个胆瓶，魔鬼出来后，许诺要给他一艘豪华的轮船，但又发现这是"仇人"的孙子，一场争辩之后，他们决定展开一次公平的竞争。魔鬼又一次被人类的智慧打败。

生 2：第三个世纪开始的时候，魔鬼说："谁要是在这个世纪救了我，我一定报答他，满足他的三种愿望。"不久，一个小男孩就捡到了这个被冲上岸的胆瓶。魔鬼高兴地告诉小男孩他的承诺。小男孩思考一番，提出三个愿望：一是想听听魔鬼的人生经历——从而知道这是一个无恶不作的凶神。二是让自己生病的妈妈恢复健康——这是小男孩最大的心愿。三是看看魔鬼庞大的身躯是如何钻进小小的胆瓶——借此机会把恶魔送回大海，不让他危害人间。

生 3：一个贪心的商人无意中偷听到渔夫和魔鬼的对话，顿时心生贪念，在渔夫离开之后又雇人将胆瓶捞起，他和胆瓶里的魔鬼展开一场谈判，希望魔鬼用一座金山、一座银山作为获取自由的报答。但是魔鬼一出来，就将这贪心的商人一口吞进肚中。

生 4：渔夫回到家里，把当天的遭遇讲给妻子听，他们一起在海边竖起一块牌子，上面写着："告广大渔民朋友：当你捞到一个瓶口用锡封着、盖着所罗门印的黄铜胆瓶时，千万不要打开它。因为里面有一个言而无信的大恶魔。——险些丧命的渔夫。"

生 5：……

2. 学生准备续演。

各小组长当导演，模仿课本剧的表演形式，根据自己小组设计的故事情节进行准备。

3. 分组表演。

教师要当场指导，并在每组表演后进行激励性简评，营造积极的氛围。

四、 评价性总结

根据各组表演的情况，评议哪一组设想合理，表演出色。可以是小组意见，也可以是个人看法，最后评出一个优秀表演小组和四位最佳小演员。

第四课
成语小竞赛

【活动目的】

1. 培养学生学习、运用成语的能力和自主学习的精神。

2. 巩固、积累成语，提高学生的语言表达能力。

3. 培养学生的竞争意识与协作精神。

【活动准备】

1. 课前布置学生大量收集、积累成语，且分类整理（成语故事、数字成语、动物成语等）。

2. 自制"小博士"头饰若干，制作小金星若干枚，多媒体课件等。

3. 培训主持人。

【活动过程】

一、 谈话导入

师：成语属于熟语的一种，是习用的固定词组。成语类型多样，在汉语中多数由四字组成，结构固定，用字不可随意更换或增减。它在实际应用上相当于词，是汉语词汇的重要组成部分。今天的语文活动课，我们就来开展一次成语比赛活动。

1. 成语接龙。

主持人宣布规则：参加者按顺序坐好，由第一个同学开始任意说一个成语，以下同学按"蛇"型顺序，接下去说成语，下一个成语必须以上一个成语的最后字开头。比赛中接不上者（限时 3 秒钟）即被淘汰。进行三个回合比赛，如三个回合均通过，可获一颗金星。

如：鼠目寸（光）天化（日）新月（异）口同（声）势浩（大）……

2. 成语乐园。

（1）填出带有十二生肖的成语。

以十二生肖为每句成语的最后一个字［如（　　）（　　）（　　）鼠］，填出 12 个成语。

（2）带有动物名的成语填空。

如：惊弓之鸟＿＿＿＿＿象＿＿＿＿＿兔

　　＿＿＿＿＿羊＿＿＿＿＿鸡

　　＿＿＿＿＿龙＿＿＿＿＿虎

　　＿＿＿＿＿马

二、 巧填人体部位

1. 焦头烂（　　）　　　画龙点（　　）　　　扬（　　）吐气

2. 千钧一（　　）　　　掩（　　）盗铃　　　唇（　　）相依

3. 一（　　）遮天　　　三头六（　　）　　　了如指（　　）

4. 铁石心（　　）　　　（　　）胆相照　　　感人（　　）腑

三、 成语对句

1. 不入虎穴，＿＿＿＿＿

2. 金玉其外，＿＿＿＿＿

3. 千里之行，＿＿＿＿＿

4. 十年树木，＿＿＿＿＿

5. 韩信点兵，＿＿＿＿＿

6. 塞翁失马，＿＿＿＿＿

7. 眉头一皱，＿＿＿＿＿

8. 出其不意，＿＿＿＿＿

四、 聆听成语故事

1. 听成语说故事。

2. 听故事说成语。

五、 评比颁奖

由教师和主持人总结金星数，评出优胜者，给优胜者戴上"成语小博士"帽。

第五课
我学"造段"

【活动目的】

1. 根据儿童形象思维占优势的特点，从整体着眼，选取词和句作为切入点，进行分项训练。

2. 培养学生说话的能力，练习把话说连贯、说具体、说完整。

3. 开拓学生的想象空间，培养初步的联想和想象能力。

【活动准备】

1. 制定评分标准。

（1）所述合情合理、语言连贯占 3 分；

（2）想象丰富，新颖独特，具体生动，情节感人占 4 分；

（3）结构完整占 3 分。

个人加分值为 10 分。根据评分标准分：优（9~10 分）；中（7~8 分）；及格（6 分）三等。小组加分值为 1 分，凡组内有同学发言即获加 1 分。

2. 推选学生评委。

3. 制作卡片、课件，收集实物。

【活动过程】

一、 活动开始

1. 教师导言：为了使本节活动课开展得丰富多彩，激发大家的参与欲望，请同学们不要约束自己的思维，展示运用造句的多种方法，注意词和句的选择、排列要尽量做到精当。

2. 按学生水平、人数比例分若干组，并按组就座。

3. 分小组按要求开始活动，教师出示以下活动内容。

（1）句子

春天来了，

各式各样的风筝在天空盘旋、飞舞。

一个男孩突然摔倒了，受了伤。

（2）图片

一片茂密的原始森林

一柄雪亮的斧子

一泻千里、席卷万物的洪水

（3）实物

苹果、一角硬币

（4）关联词

……好……也好……更好

（5）图片

一座木桥

一座水泥石桥

一座现代化的钢筋混凝土斜拉桥

（6）选词造段（选词并创造性地描述自己所见过或所想象的雪后情景）

粉妆玉砌、毛茸茸、亮晶晶、沉甸甸、摇晃、簌簌抖落像玉屑似的、随风飘扬、五光十色

二、 展示评说

1. 每组推选一人来展示根据提示的内容创作的"段"。

2. 教师与评委按评分标准点评，为相应的小组加分。

三、 活动延伸

学生个人按所出示的材料造段，要求内容形象生动，有适当的联想和想象。

1. 词：闷热、冷饮、青蛙。

（1）用这三个词各说一句话。

（2）把这三句话连起来扩成一段话。

2. 图形：◯。

提示：根据圆想象，也可加画，再编话造段。（可以个人，可以小组合作）

3. 赏析。（学生自由评讲，可评自己的，也可评他人，教师适当引导）

四、 精彩回放

学生各抒己见：这节课最喜欢哪一个同学造的"段"？为什么？

五、 评价性活动总结

1. 由评委宣布活动优胜个人和优胜小组。

2. 播放轻音乐，让活动在欢快的音乐声中结束。

第六课
标点符号联欢会

【活动目的】

1. 使学生在愉快的氛围中接受语文基本功的训练，激发学生学习语文的兴趣。

2. 提高正确使用标点符号的能力，培养学生思维的求异性。

【活动准备】

1. 课前让学生自由组合成四个小组，制作标点符号头饰。

2. 准备四个记分牌。

3. 准备一盒《找朋友》的歌曲磁带。

4. 课前培训几名同学表演唱《标点符号歌》。

【活动过程】

一、 激趣导入

师：同学们，从一年级开始，我们就同标点符号打交道了。小小的标点符号，它们的奥妙可多啦!

据说，明朝的祝枝山，有一次曾同人开过这样一个玩笑。新春佳节的时候，祝枝山路过一户富人家的门前，见到朱漆的大门上贴着一张红纸。他想了想，就叫人拿来笔墨，在上面写了十二个大字：今年真好晦气全无财帛进门。那家主人出来一看，念道，"今年真好晦气，全无财帛进门"，顿时脸色铁青。他想，这不分明是触我的霉头吗？于是，他就要动手打祝枝山。而祝枝山却对他笑笑，不慌不忙地说："我明明写的是好话，你自己看不懂嘛!"说完，他就用笔点了几下，便成为"今年真好，晦气全无，财帛进门"。那主人见了，不由转怒为喜，连声称好。

从这个故事我们可以看出，标点符号如何点是大有讲究的，今天我们上一节"标点符号联欢会"的语文活动课，帮助同学们提高使用标点符号的能力。

二、 标点猜谜

1. 小主持人宣布竞猜规则并出示谜面，以小组为单位竞猜，戴上标点符号的头饰对号入座，最快猜出为胜者，得 10 分。

谜面：

（1）长得像个小蝌蚪，可是不在水中游；

（2）有人说我像瓜子，有人说我像芝麻，有人说我像只手，牵着并列的词语走；

（3）远看像架望远镜，近看却是两个小圆点，要是有谁要说话，说话后面点两点；

（4）形状像个大耳朵，爱向别人提问题；

（5）喜、怒、哀、乐喊口号，有时哭来有时笑，有时闹来有时叫，脾气就数它最大；

（6）长得又长又瘦像线一条；

（7）我像六颗滚圆滚圆的弹珠，多惹人喜爱!

2. 小结第一轮竞赛各组得分。

三、 标点作用

1. 投影显示：标点符号歌。

标点符号很重要，组成文章不可少。

该用哪种小符号，都要认真来思考。

意思未完用逗号，一句完了用句号。

喜怒哀乐感叹号，提出问题用问号。

并列词语用顿号，并列分句用分号。

提示下文用冒号，对话引用加引号。

书文名称要标明，前后加上书名号。

有些意思要省掉，可以加个省略号。

转折解释破折号，表示注释加括号。

标点符号用准确，文章清楚都称好。

2. 宣布答题规则：读一读《标点符号歌》，说一说常用标点符号各有什么作用，分组讨论完成下表，填写正确者得 10 分。

编　　号	名　　称	符　　号	作　　用
1	句号	。	表示一句话说完之后的停顿
2			
3			
4			
5			
6			
7			
8			
9			
10			
11			
12			

3. 小组讨论，全班汇报交流，评议。

4. 小结第二轮各组得分。

四、 标点运用

1. 播放《找朋友》歌曲，齐唱儿歌，活跃气氛。

2. 小主持人宣布抢答赛规则：谁先抢答，并且答案正确，就可得 10 分，答错则扣 10 分。

① 书包这么小　装得下这么多书吗

② 小鸟在蓝蓝的天空中　自由自在地飞啊　飞啊

③ 老红军费劲地说　咱们两个不能都牺牲　要记住革命

④ 唱支山歌给党听　的嘹亮歌声久久地在空中回荡　回荡

⑤ 这就是中国最大的肥沃平原　华北大平原

⑥ 哪里有剥削　哪里就有反抗　哪里有压迫　哪里就有斗争

⑦ 哎呀　火烧到他身上了

⑧ 草地上盛开着各种各样的野花　红的　白的　黄的　紫的　真像个美丽的大花坛

⑨ 那个人捏着六根火柴　以微弱的声音在数着　一　二　三　四

⑩ 我们班上报刊很多　老师给大家订了　少年报　儿童时代　少年文艺　故事大王　等

3. 小结第三轮各组得分。

五、 标点趣题

1. 古时候，有个秀才要招收学生，他对穷人子弟不收费，对富豪子弟却要很多报酬。他出一则告示，在说明索取报酬的地方这样写道：

"无米面也可无鸡鸭也可无鱼肉也可无钱银也可"

穷人子弟来，他用一种读法；富人子弟来，他又用另一种读法。同学们，你们能用不同的加标点的方法，指出他的这两种读法吗？（小组讨论、汇报）

2. 从前，有一个饭店老板，替一位客人包饭，写了一个契约：

"没有鸡鸭也可以没有鱼肉也可以青菜豆腐不可少。"

不料，客人出了很多钱，天天吃的是青菜豆腐，既没有鸡、鱼，也没有鸭、肉。客人对老板说："你怎么不守约啊！"老板回答说："我怎么不守约呢？"于是，双方就争论起来。同学们，你们能用标点来表明他们各自的理由吗？（小组讨论、汇报）

六、 标点趣演

12 名学生戴着标点符号头饰上台表演。

七、 总结表彰

总结活动目标完成情况，排出名次颁奖。

第七课
"小剪报" 设计

【活动目的】

1. 激发学生阅读报刊、保留资料的兴趣。

2. 学习收集资料、设计剪报的一般方法。

3. 培养学生收集信息和处理信息的能力，养成良好的学习习惯。

【活动准备】

1. 收集剪报资料，在报纸、杂志、书籍上收集自己认为有用的、感兴趣的文章或资料。

2. 制作工具准备：剪刀、固体胶、笔等。

【活动过程】

一、 激发兴趣， 明确目的

让学生观摩高年级同学制作的剪贴本，让学生谈一谈观后的感受，从而激发学生的兴趣，教师在学生情绪高涨时，介绍制作剪报的方法及其意义。

二、 讨论做法， 明确步骤

1. 收集资料。

2. 剪辑资料。

3. 资料归类。

4. 编辑粘贴。

5. 设计装饰。

（设计时充分发挥个性特长，注意版面设计要美观、合理，插图与资料主题要吻合）

三、 人人动手， 自制剪报

比比谁做得好，可以互相帮助。教师巡视，做个别的辅导。

1. 学生拿出课前收集的资料按步骤制作剪报。

2. 制作过程中，教师巡视，时时点拨、指导。

3. 学生在小组中展示自己的剪报，相互点评后，再修改完善。

4. 优秀剪报评选、展示。

四、 展示剪报， 评议总结

师：这是我们同学第一次动手设计制作剪报，希望同学们今后阅读报刊、书籍时，如果要保留资料，就随时剪贴下来，逐步养成制作剪报的习惯。这样，日久天长，会给我们带来许多收获。同时，也希望同学间互相交流，共同提高我们办剪报的水平。

第八课
语言"美容院"

【活动目的】

1. 让学生认识修辞犹如语言的"美容师"，可以帮助我们锤炼、修饰语言。

2. 通过学习修辞，提高学生鉴赏语言的能力，熟练掌握几种常用修辞手法并能有效运用。

【活动准备】

1. 以班级为单位将学生分成四个组，每组抽4人组成代表队参赛，分别以红、黄、蓝、绿队冠名。

2. 布置会场。

① 悬挂"语言美容院大赛"横幅；

② 各代表队分坐在主席台的前方两侧呈弧形；

③ 准备抢答器和记分牌。

【活动过程】

语言美容的程序与方法

程序	方法
第一阶段：基础性美容；	（1）单项知识必答赛；
第二阶段：提高性美容；	（2）多项修饰抢答赛；

第三阶段：发展性美容。　　　　　　（3）综合提高，举办故事会。

一、 激发兴趣， 引入活动

你知道美容师是干什么的吗？那语言美容师又是谁呢？今天，老师将带大家去认识他们。

二、语言美容知识必答（基础性美容）

1. 主持人首先宣布比赛规则。必答题每队共 8 道，答对加 10 分，答错不得分，也不扣分。代表队答不出的题目可由观众举手回答。必答题各代表队交叉进行。

主持人出示的必答题示例如下。

（1）下列句子运用了比喻、拟人、夸张、排比四种修辞手法中的哪一种或哪几种？

① 满天星星像无数珍珠撒在碧玉盘里。

② 激光是最快的刀。

③ 朝阳柔和地抚摸着一望无际的土地。

④ 巴掌大一块地方，怎么容得下这么多人！

⑤ 漓江的水真静啊，静得让你感觉不到它在流动；漓江的水真清啊，清得可以看见江底的沙石；漓江的水真绿啊，绿得仿佛那是一块无瑕的翡翠。

（2）说出下列诗句加横线的词运用的修辞方法。

① 桃花潭水<u>深千尺</u>　　　　② 二月春风<u>似剪刀</u>。

③ 不知细叶<u>谁裁出</u>？　　　　④ <u>岂</u>在多杀伤？

（3）选择恰当的词填空。

① 停车（　　）爱枫林晚，霜叶红（　　）二月花。

A. 停　 B. 泊　 C. 坐　 D. 靠　 E. 于

② 老麻雀用自己的身躯（　　）着小麻雀。

A. 保护　 B. 遮挡　 C. 掩护　 D. 保卫

（4）请根据主持人提供的上一名句，对出下一名句。

① 飞流直下三千尺，_____

② 碧玉妆成一树高，_____

③ 少壮不努力，_____

2. 第一阶段活动结束后统计各队的得分，再进入第二阶段活动。

三、 语言美容知识抢答 （ 提高性美容 ）

1. 抢答设计 20 分题，主持人依次出示每一道题，代表队抢答错误后不能再抢答，可由观众举手抢答。

主持人出示的抢答题示例如下。

（1）"人们像鱼儿在惊涛骇浪中挣扎。"请仿照这一比喻句用下面的词语分别各说一句比喻句。

  A. 似——   B. 仿佛——

  （2）"不劳动，连棵花也养不活，这难道不是真理吗？"这句话用了什么修辞手法？

  （3）下面诗句各包含了什么修辞方法？

  ① 两个黄鹂鸣翠柳，一行白鹭上青天。

  ② 飞流直下三千尺，疑是银河落九天。

  ③ 不知细叶谁裁出，二月春风似剪刀。

  （4）"没有那人两只手，这里还不是一片荒坡吗？"将这句话改成陈述句。

  （5）"要学好语文，得下苦功夫。"将这一句改成双重否定句。

  （6）"他把好些衣服放在草地上。"将这一句改成"被"字句。

  （7）"歇后语"由前面的比喻部分和后面的解说部分组成，说出下列歇后语的后一部分。

  ① 黄鼠狼给鸡拜年——

  ② 擀面杖吹火——

  ③ 茶壶里装汤圆——

  2. 第二阶段抢答结束后，主持人公布各队得分，活动随即进入第三阶段。

四、 语言美容故事会（ 发展性美容）

1. 宣布故事会竞赛规则。

  每个代表队四人均上台讲一个语言美容小故事，讲完故事后要提出故事中包含有关语言美容的一个小问题，由其他代表队抢答。以上讲故事、提问题、抢答为一个程序。在安排时各代表队可交叉进行。评议组按 10 分制给讲故事者评分，主要标准是：讲的是否为语言美容故事，所提问题是否妥当，讲述是否流畅。

  语言美容故事及提问示例如下。

（1） 优伶的智慧

  古代的优伶，即以乐舞戏谑为业的艺人，其中的"俳优"相当于今天的滑稽演员。他们诙谐的语言、戏谑的神情常常逗得人捧腹大笑。《史记·滑稽列传》中记载了这么一段趣闻。

  楚庄王有养马癖好，对马爱护备至，用枣仁肉做饲料，还为马做衣、盖房、造床，结果马却"肥死"。楚庄王如丧考妣，备了棺木，要群臣以大夫的礼节为马吊丧，下葬。群臣个个极力劝阻。不料楚庄王一意孤行，声称：谁再敢为葬马的事上谏，一律杀头！正在这节骨眼上，一个优伶听说此事，赶紧冲进大殿，二话不说，仰天号啕大哭，向楚庄王说："大王啊，这是您宠爱的马呀！凭着我们堂堂楚国，您要做什么事情都能办到，现在，这么尊贵的马，您只用大夫的礼节来埋葬，太轻了。我请求您用国王的礼节举行隆重的丧仪吧！"一番话，使全场的人瞠目结舌，紧接着大殿内便发出一阵笑声，连楚庄王也笑得前俯后仰。当然，葬马一事也就此被制止了。

提问：上面优伶的劝谏主要用了什么修辞方法？

（2）初三的月牙

黄婉，东汉桓帝的大臣黄琼的孙子。

有一年的正月初一，东汉的京都洛阳发生日食，大白天突然天色昏暗。过后，当权的皇太后要大臣黄琼禀报日食的情况，黄琼写道："京城洛阳一带，日食得厉害……"皇太后看了非常生气，责备黄琼对日食的情况写得不明确，要他重写。

黄琼见太后非常生气，心里就很焦急。当时还没有偏食、环食、全食等记录日食的科学用语，如何写清楚日食厉害的程度，黄琼感到为难。

孙子黄婉，年纪虽小，却很聪明，就对爷爷说，我记得这天日食最厉害的时候，剩下的日头像初三、初四的月牙一样。您这样写不就清楚了吗？

黄琼一听，顿时脸露笑容，他将小孙子的话写了上去，送给皇太后，皇太后果真满意了。

提问：黄婉是用什么方法把日食最厉害的情形说清楚的？

2. 语言美容知识系列大赛在经过这个阶段的比赛后宣布结束，根据评议组统计各队的得分，按由高到低的顺序发冠、亚、季军奖，可以特别给冠军得主颁发"语言美容院一级美容师"证书。

五、 延伸性总结

师：同学们可在课外继续收集整理语言美容方面的例句，可以是课本中的，也可以是课外阅读物中的，还可以收集语言美容故事，条件许可时，把这些故事编写成一本《语言美容故事集》。

备用材料

1. 说出下列句子运用的修辞手法。

（1）东风来了，春天的脚步近了。

（2）四周很静，清新的空气充满整个大地，皎洁的月光普照着辽阔的原野。天空中闪闪发光的星星，陪伴着月亮妈妈。

（3）那艳丽的映山红，粉红色的野玫瑰，黄白相间的金银花，紫色的刺槐花……一串串，一丛丛，花色耀眼，香气扑鼻。

（4）一团团枫叶在微风中摇摆着，像一朵朵红霞，又像一堆堆烈火，把雨后的山村装点得分外妖娆。

2. 要求用修辞的方法把下面的句子说得更富感染力（不改变原意）。

（1）小鸟在树上鸣叫，声音很动听。（用拟人法）

（2）师傅讲的声音很大。（用夸张法）

（3）山峰矗立在面前。（用比喻法）

（4）没有那两只手，这里是一片荒坡。（用反问法）

（5）寒风吹在脸上很痛。（用夸张法）

3. 按要求变换句式。

（1）我们打败了敌人。

改成"把字句"：＿＿＿＿＿＿＿＿＿＿＿＿

改成"被字句"：＿＿＿＿＿＿＿＿＿＿＿＿

（2）他会不会讲故事？

改成肯定句：＿＿＿＿＿＿＿＿＿＿＿＿

改成否定句：＿＿＿＿＿＿＿＿＿＿＿＿

（3）请你把钢笔借给我用一下。

改祈使句：＿＿＿＿＿＿＿＿＿＿＿＿

4. 说出歇后语的后一半。

（1）周瑜打黄盖：＿＿＿＿＿＿＿＿＿＿

（2）老鼠过街：＿＿＿＿＿＿＿＿＿＿＿

（3）哑巴吃黄连：＿＿＿＿＿＿＿＿＿＿

第九课
展开想象的翅膀

【活动目的】

1. 培养学生的观察、想象、表达能力，使学生养成认真观察具体的事物并善于想象的习惯。

2. 激发学生学习语文的兴趣，培养学生的口头表达能力。

3. 培养学生热爱校园的思想感情和审美情趣。

【活动准备】

1. 复习课文《趵突泉》第三段，《可爱的草塘》第五段。

2. 准备小音箱、记分牌、小黑版，剪辑轻音乐和颁奖音乐。

3. 准备金杯、银杯、铜杯，"最优组合奖"、"最佳口才奖"、"最佳勇气奖"、"最佳表演奖"绶带。

【活动过程】

组织学生到校园观察、现场上课。让学生自由选取最喜爱的景物，抓住特点联想，引导学生从实践活动中学会联想。

一、创设氛围，谈话激趣

1. 师：同学们，我们大家都非常热爱我们美丽的校园，那么，今天我们就在学校的植物园里上一节语文活动课，题目是《展开想象的翅膀》。（老师指课题，同学齐读）

2. 复习《趵突泉》第三段、《可爱的草塘》第五段内容，以及学生所收集到的句段。让学生找出写实实在在的事物的句子和展开联想的句子，再让学生说说这段话加上联想的句子后，能起到什么作用。

3. 教师小结：每段话加上联想的句子后，不但更加形象、生动，还使读者印象更深刻。

二、明确要求，游园观察

师：今天，我们置身美丽的植物园中，园中的花草树木以及主体艺术建筑物都使我们赏心悦目、心旷神怡。同学们，你们最喜爱植物园中的什么景物呢？看到它，你又会想到什么呢？

师：现在请同学们游园观察，选取园中自己最感兴趣的景物进行丰富的想象，最后用语言描述一番。看谁的想象既丰富又合理。

三、巧设奖项，人人参与

特设四项大奖，人人参与，人人评议，这四项奖分别如下。

1. 最佳口才奖：说话有条理、流利、清晰，有适当的表情。

2. 最佳表达奖：有最合适的表演方式，有形象或夸张且得体语言。

3. 最佳勇气奖：大胆，反应快，最有应变能力。

4. 最优组合奖：全组能团结合作，讨论气氛热烈，有最合适的分工。

四、游园观景，乐在其中

学生自由组成4个兴趣小组，边观察边联想，大家各抒己见，互相取长补短。（播放轻音乐，教师巡视参与、指导）

五、展示汇报，精彩纷呈

1. 师：同学们，请大家按兴趣小组坐好。下面让我们用最佳的口才、最好的表演形式把刚才观察到和联想到的表现出来。大家要留心听、用心听，评出"最佳口才奖"、"最佳表达奖"、"最佳勇气奖"、"最优组合奖"得主。

2. 由组长主持，分小组练说。

3. 各组派代表发言。

提示点拨：可以把植物园的景物比喻成各种事物，也可以设计植物园的美丽实景，不拘一格，还可以表现对校园的喜爱之情。

4. 评比、颁奖（音乐声中颁奖）。

六、 活动总结， 激励想象

师：刚才同学们的表演和评议都很好。大家看到园中的景物，展开了想象的翅膀。同学们的联想主要有下面两种形式。

1. 比喻。把校园的各种植物比喻成各种事物。

2. 遐想。想象更美好更灿烂的校园未来。

师：通过今天的语文活动课，我们都知道，为一事物加上恰当的想象，会使文章更形象生动，使读者的印象更深刻。希望同学们在以后的写作过程当中能更多地展开想象的翅膀，把需要描写的事物描绘得更动人。

第十课
照片的故事

【活动目的】

1. 通过照片回忆生活中美好的瞬间，从而感受生活的美好。

2. 回忆照片中的故事，师生共同分享生活的快乐，唤起对美好生活的憧憬。

3. 陶冶学生的性情，培养其高雅情趣，从中体味美，提升表现美的能力。

【活动准备】

1. 教师在上课前布置学生在自己保存的照片中，找有意义的家庭照及充满情趣的生活照、纪念照等。

2. 围绕着照片，想想其中所发生的故事，有不清楚的地方，要向父母或相关的人询问清楚。

3. 在小组展示中，评出最佳解说员、优秀展示员。

【活动过程】

一、 激情导入， 切入主题

师：同学们，生活是美好的！一张张照片就是一个个美好的故事，记录了我们生活中的美好瞬间。我们珍藏的每一张照片，都唤起了我们对美好生活的回忆，让我们时时感受美、体味美。今天，大家带来的照片，都是你们的珍爱。看着它，你的心在澎湃，情在涌动，现在就把你的照片展示给大家，让我们共同分享，好不好？

二、 明确要求， 活而有序

1. 为每个同学创设展示的氛围和机会，分小组展示照片，组内照片互相传看。

2. 每位同学在组内展示照片时，要做好小解说员，除了要把照片拍摄的时间和地点介绍清楚外，还要把照片内容或拍照时的事介绍得具体点。如用生动的语言描绘一下在什么样情景下拍摄的照片，人物的神情、动作，及拍照时发生的相关的事（怎样发生、发展、结果）。总之，尽量介绍得详细、生动、有趣些。

3. 在交流中，评选最佳解说员的照片，在全班展示交流。

三、 介绍照片， 分享故事

1. 每位同学在小组内展示自己的照片，先互相传看，然后再展示介绍。

2. 学生之间在展示、介绍照片的时候，教师巡视并因势利导地点拨引导，开拓学生的思路。

3. 在小组内展示中评出最佳解说员。

4. 在交流中，生生、师生评价、互动，肯定中诚恳地提出修改建议。

5. 在此基础上，学生再次分组交流，把照片中的故事描述得更加绘声绘色，相互点评，共同完善。

6. 在此基础上，再次选出组内优秀展示员，请其在全班绘声绘色地讲述照片中的故事。

四、 畅谈体会， 延伸习作

1. 让学生自己畅谈在此次活动中的体会。

2. 鼓励学生动手将照片里的故事写出来，在下期学生创作园地中展出。

第十一课
想象七彩虹

【活动目的】

1. 认识想象力在写作中的重要作用，认识想象是智能发展的一种重要思维活动。

2. 了解想象能力培养的一般途径，培养学生自我发展的能力。

3. 学会把想象力运用于写作中，有效地把想象与创作结合起来。

【活动准备】

1. 制作命题卡片。

2. 将学生进行分组。

3. 制作指定讲演者的签条。

4. 组织评议小组。（评议小组的成员来自不同的参赛小组且语文水平较高者）

5. 培训主持人。（也可由教师主持）

6. 购置奖品。

【活动过程】

本活动采取以小组为单位（6~8人）、人人参与的竞赛形式进行，小组人员搭配合理，每组都安排语文水平较高者2~3人。

一、 巧设情境， 激趣导入

1. 主持人在黑板上画出图形。

提问：对着这个图形，你们能想到一种什么事物？

按学生的回答板书，如，由图形"⌣"可以想到：半圆、月亮、嘴巴、金色的鱼钩……

再问：由这些事物你们又会想到与之相关的什么东西？

半圆→量角器、数学老师、陈景润……

月亮→行星、天体、宇宙……

嘴巴→笑口常开、笑里藏刀……

金色的鱼钩→老红军、二万五千里长征……

2. 提问思考。

上课了，"报告"——一位平日里都按时到校的同学站在教室门口。今天，他为什么迟到了？请大家推测一下原因。

（昨天睡晚了；他家人生病了，要送医院；在路上帮助遇到困难的人；闹钟坏了，没叫醒他……）

3. 小结。

师：刚才同学们回答问题时，都运用了一种思维方式——想象。今天这节活动课，就来测试一下同学们的想象能力。（板书活动主题：想象七彩虹）

二、 了解想象， 寻求方法

1. 想象的类型。

想象 { 无意想象
　　　有意想象 { 再造想象
　　　　　　　　创造想象
　　　　　　　　幻想

无意想象：是没有特定目的、不自觉的、初级形式的想象，其极端状态是梦。

有意想象：是根据一定的目的，自觉地进行的想象。

再造想象：是根据语言的描述或图样的示意，在头脑中形成相应的新形象的过程。

创造想象：是独立地创造出新形象的心理过程。

幻想：以社会或个人的理想和愿望为依据……

2. 想象的方式。

想象的方式有象形想象、象征想象、类比想象、推测想象、综合想象、观察想象、比喻想象、拟人想象和夸张想象等。

三、 活动开始， 明确程序

（一）活动程序

1. 小组命题确定。

2. 小组内部练习。

3. 小组代表展示。

4. 评议小组打分。

（二）活动规则

活而有序，服从组长安排。

（三）评分标准

评分可取百分制，其中想象的合理性、新颖性、独创性占50%，语言的运用占30%，口头表达效果占20%。分设一等奖、二等奖、三等奖，并取团体总分前三名。

四、 小组竞赛， 展现风采

1. 各小组抽取命题卡片。

2. 分小组活动。先共同研究卡片中的练习、提示和范例，然后各人选取一道题目做练习再在组内集中，各自口头讲述练习的结果。接着，组间互相帮助，对每人的想象及用以表达的语言进行评议、整理、补充，使想象更合理、更丰富，使语言更准确、更生动。

3. 全班集中各小组抽签，按签上指定的方法选出本组的代表。

（1） 每组代表上讲台演讲。

（2） 演讲者必须先读出该组所抽卡片上指定的训练项目、名称、训练提示，再讲自己负责的题目，讲述自己想象构思的结果。

（3） 在各组代表演讲的同时，评议小组依据评分标准开始对每位演讲者评分。

五、 评价总结， 颁发奖品

师：想象是一种重要的思维活动，望同学们利用想象的"魅力"培养自己的各种综合能力。

备用材料

命题卡片

1. 象形想象。

练习题目：

（1） 根据图形想象事物：□△○

（2） 把下列诗句扩展成画面。

① 儿童急走追黄蝶，飞入菜花无处寻。

② 飞流直下三千尺，疑是银河落九天。

（3） 把下列词语扩展成生动的画面。

狐假虎威、鹤立鸡群

提示：象形想象，即扩展性描述，把某些精练、抽象的文字展开，详细描述成具体形象。注意一要可感，二要含蓄，使概念恢复本来的面目。

范例：□

看到这个图形，我就想到了长方形，由长方形我想到了制图仪器，想到我的数学老师，想到了伟大的数学家陈景润……

2. 象征想象。

（1） 发掘下列事物的品格或象征意义：小草、蜡烛、煤、树根、镜子、灯。

（2） 发掘一种自己熟悉的事物的品格、精神或象征意义。

提示：象征想象即根据事物外在内在的某种具体特征，想象出某种与之相应的品格、精神含义。要对事物做精细的观察，深入挖掘，找准象征意义，托物寄意，用具体事实表现某种抽象道理。

范例：

我提着这灵巧的小桔灯，慢慢地在黑暗潮湿的山路上走着。这朦胧的桔红的光，实在照不了多远；但这小姑娘的镇定、勇敢、乐观的精神鼓舞了我，我似乎觉得眼前有无限的光明！

3. 推测想象。

练习题目：

（1）我在公元2100年

（2）二十年后返回母校

（3）我当上宇航员

（4）接待外星人

（5）小马过河续篇

（6）猪八戒吃西瓜新传

提示：推测想象，是通过已知推测未知，根据事物的过去、现在，推测总的未来，根据熟悉的事物，推测生疏事物的心理。推测想象可以弥补人们直接经验的不足，但不能违背生活的逻辑。

4. 综合想象。

塑造典型形象：教师。

塑造典型的环境：校园的早晨、城市之夜。

描写典型人物的对话：爸爸与妈妈、医生与病人。

提示：根据平时积累的资料，按照写作的需要，通过想象合众为一，糅成一体，创造出新的典型形象。

一个男孩走过来，他身上只穿着一件又薄又破的单衣，瘦瘦的小脸冻得发青，一双赤着的脚冻得通红。他对我们说："先生，请买盒火柴吧！"（《小珊迪》）

5. 观察想象。

（1）妈妈和你的班主任在雨中相遇，他们在谈些什么呢？

（2）我仔细打量着我面前的这位教师，他的皱纹里藏着……

（3）雨过天晴，天空出现了一道彩虹……

提示：想象是以观察为基础的，观察和想象结合在一起，观察的同时就展开想象。

每个兵马俑都是极为精美的艺术珍品。仔细端详，神态各异：有的领首低眉，若有所思，好像在考虑如何相互配合，战胜敌手；有的目光炯炯，神态庄重，好像在暗下决心，誓为秦国统一天下做殊死拼搏；有的紧握双拳，好像在听候号角，待命出征；有的凝视远方，好像在思念家乡的亲人……走近它们的身旁，似乎能感受到轻微的呼吸声。(《秦兵马俑》)

6. 比喻想象。

(1) 运用想象，根据某一事物不同的特征，连用3~5个比喻，每个比喻针对本体的一种特征。

(2) 运用想象，根据事物的同一特征，连用两个以上的比喻。

提示：比喻想象，是运用想象在文中设喻，能加强语言的形象性、生动性，启发读者想象，加强读者印象。运用比喻想象，要注意感情色彩，要周密、通俗、贴切、创新，尤其是创新，才有生命力。

在轻轻荡漾着的溪流的两岸，满是高过马头的野花，五彩缤纷，像织不完的锦缎那么绵延，像天边的霞光那么耀眼，像高空的彩虹那么绚烂。(《七月的天山》)

7. 拟人想象。

(1) 写一篇科学小品，运用拟人想象，把生物、非生物人格化，化静为动，化虚为实。

(2) 写一段描写家乡景色的文章，运用拟人想象，根据景物特征，用适合于人的词语描写它。

(3) 运用拟人想象，设想自己对物呼唤，与物交谈，并与之共同活动。

提示：拟人想象，通过想象生物、非生物和抽象概念拟作人，要注意思想性和感情色彩，要有真情实感，做到情景交融，要根据事物的特点进行比拟。

范例：

一切都像刚睡醒的样子，欣欣然张开了眼。山朗润起来了，水涨来了，太阳的脸红起来了。

第十二课
自办手抄报

【活动目的】

1. 让学生初步认识"编辑"这项工作，掌握一定的编辑知识，学办手抄报。
2. 训练学生动手、动脑能力，培养学生的审美情趣。

【活动准备】

1. 备好一张 8 开的厚白纸及钢笔、铅笔、毛笔、橡皮擦、直尺、胶水、水彩笔等。

2. 在活动前让学生准备好有关手抄报的资料。

3. 活动两课时。

【活动过程】

活动采取先集中后分组的形式，先由教师讲解有关知识，然后每四人一组办好一份手抄报。（活动需要两课时）

一、 引言导入， 激发兴趣

师：一份好手抄报，往往给人赏心悦目之感，它不但要吸引读者，还应更具有知识性、艺术性、趣味性、广泛性，并深深地揪住读者的心，在视觉上给人一种强有力的震撼效果，在内容上给人以一种知识的启示，那么，怎样才能办好手抄报呢？

二、 准备编辑， 了解要点

（用课件展示具体内容）

1. 手抄报的基本组成部分。

一份手抄报无论大小都大致分为四个部分：报头部分、版面部分、文章部分和插图与修饰部分。

2. 各部分的基本内容及操作方法。

（1）报头部分：主要包括"报名"、"具体日期"、"第几期"、"主办单位"、"责任编辑"。像《尖尖角》《绿芽芽》《小螺号》《星星火炬》《小溪流》《丫丫报》等均带有少年儿童气息的特点，故很适合小学生一类的报名。总之，根据自己的特点和想要表达的主题思想、办报方向来选择好报名。

（2）版面部分：一张报纸，一个版面提供给读者的文字内容、插图和版面形式，三者都应成为读者的阅读内容。

（3）文章部分：主要文章的思想内容及文章的标题。文章的内容在编辑之前就应广泛收集各类文章资料，以便在编辑中可从中选择所需要的文章。

（4）插图与修饰部分：在制作插图时，需根据手抄报的宣传主题思想和文章表达的内容紧密结合，做到形式与内容的一致，起到图文并茂的作用。对于可有可无的插图尽量不用。插图与修饰应该考虑读者对象，特别是小学生的手抄报应少用线条色彩复杂的图案，多用简洁明快、对比强烈的图案。

3. 精心编辑制作。

手抄报酷似报纸，与报纸有许多共同点，如报名、版面设计、插图与修饰、标题制作、文章文字走向等相同之处。与其不同的就是手抄报靠自己动手绘制编排的手写体、手画稿的"原汁原味"的"写真"效果。

4. 严格校对，保证质量。

校对是手抄报的最后一道工序，也是最重要的一个环节，它直接关系到出炉的成品的质量问题。具体的校对方法如下。

（1）原稿放在左方（或校样上方），校样放在右方（或原稿下方）。先看原稿，后看校样，逐字逐句对下去。

（2）校对时双目与两手并用，左手指原稿，右手执笔点着校样，随着双目所视不断移动。

（3）在校对时，原稿应尽量接近校样，以免头部长时间左右摇晃而感到疲劳。

（4）在校对时，眼睛要均匀地、有节奏地在每一字上停留，并默读文句。默读时一般以读五、六个字或一、二个词为宜，遇有较长句子，在分次读完后，再在校样上复阅一遍。

（5）原稿要看得准，记得清，这样再看校样就能心中有数，及时发现错误。

（6）最后检查一次报名、编者、主办单位、年月日、星期几是否遗漏和一致。

5. 办手抄报的八忌。

要使手抄报取得成功，还得记住以下几句话：一忌字迹潦草，二忌标点混乱，三忌改错过脏，四忌生造汉字，五忌抄写不校，六忌制作粗糙，七忌版面呆板，八忌主题不明。

三、 自主编辑， 学以致用

每四人一组，教师巡视辅导。

四、 总结评比， 展示精彩

活动延伸：

1. 将手抄报全部展出，让学生相互学习、传阅。

2. 每个学生自己再办一份手抄报，评出最佳小编辑。

第十三课
巧猜趣题

【活动目的】

1. 激发学生学习语文的兴趣，培养学生动口、动手的能力。

2. 培养并丰富学生的想象力。

【活动准备】

1. 制作多媒体课件、题板。

2. 准备水彩笔、醋、油、瓶子。

【活动过程】

一、 巧猜成语， 激趣导入

师：同学们平时一定积累了很多成语，你们能根据下面这些材料猜成语吗？

1. 这一题共有两小题，请同学看题板一，分组讨论写答案。（发题板，每组一块）

下面每一小题都代表一个成语，你能猜出来吗？答案写在括号中。

(1) 1 2 3 4 5 6 7 （　　　　　）

(2) 5 6 7 8 9 10 （　　　　　）

(3) 3 3 3 5 5 5 （　　　　）

(4) 1 2 4 5 7 8 （　　　　）

(5) $1000^2 = 100 \times 100 \times 100$ （　　　　　）

(6) $1 = 2 \times 10$ （　　　　）

（学生讨论，教师巡视指导）

2. 每一组派一人读题板。（评议、打分、改错）

3. 谁来说说你是怎样猜出这些成语的？（学生口头叙述猜题方法）

4. 教师小结：同学们说得很好，这些数字的组合形式蕴含着成语，如"三五成群"、"千方百计"、"以一当十"等。猜题时要巧想巧猜，同时也要有一定的成语积累。

其实，像这种有趣的成语还有很多，希望同学间也能互相出题猜一猜，以便掌握更多的成语。

5. 请看题板二。（每组发题板一块）

请学生先把图中的数字和图形翻译成相应的汉字，然后按线条把图分成六等份，使每个等份都成为一个成语。

6. 交题板，各组说答案："七嘴八舌"、"五花八门"、"七手八脚"、"三头六臂"、"九牛一毛"、"一板一眼"。（打分）

7. 教师小结：说说你们是怎样猜出这些成语的。

（先猜常用的一两个，再按相同等份一画，其他成语就不猜自明了）

8. 通过"巧猜成语"的活动，同学们有何收获？（指名说一说，教师归纳板书）

二、 巧猜字谜， 妙趣横生

1. 师：刚才同学们猜成语表现得不错，现在我们猜字谜，看哪一组同学表现得最好。请看题板三。

① 四张嘴有头有尾，四张嘴没头没尾，四张嘴有头没尾，四张嘴没头有尾。（打四字）

② 一字十八口，一字口十八，十八中有口，口中有十八。（打四字）

2. 学生讨论，教师巡视，略做指点。

3. 交题板、打分改错。（答案：①申、田、由、甲；②杏、呆、束、困）

4. 说说你们是怎样猜出的。

5. 教师小结：从今天的猜字谜游戏中，归纳起来只有一个字"巧"。（板书巧猜字谜→巧看谜面、细想意思、巧猜意思、巧猜谜）

三、 巧猜趣题， 奇思妙想

1. 请同学们看题板四：这两个小题比前面的题略有难度，但只要大家真正开动脑筋，巧思、巧想，一定能解开谜底。（发题板）

（1）星期天，两个爸爸和两个儿子一同到商店去买帽子，每人一顶，到家一数共三顶，这是怎么回事？

（2）五年级要去野炊，老师让小华带调味品，为了少拿些瓶子，小华把醋和油装在一个大瓶子里，野炊时，小华却能按各人的需要倒醋和油，你们知道他是怎么倒的吗？

2. 分组讨论，老师略做提示，讨论第二题时可让学生亲自倒一倒。

3. 指名说一说解题思路。（打分）

4. 教师小结：解第一小题要以"三顶帽子"为突破口，三顶帽子说明只有三个人，然后再想想三人的关系就明白了。解第二小题可让学生先倒一倒，再想想油醋的密度，怎样才能使醋流到瓶口就行了。

四、 激励总结， 延伸拓展

1. 通过这节活动课，你们有什么体会？（评比，发奖）

2. 这节活动课同学们充分展现了自己的聪明才智，希望同学们再接再厉，多积累知识，使自己变得更聪明。

第十四课
我来改作文

【活动目的】

1. 通过评议作文的活动形式，让学生初步养成修改文章的习惯，提高习作兴趣，掌握基本的作文知识及要求。

2. 采用课堂活动的形式，达到培养学生口头表达能力和自信心的目的。

3. 增强学生的阅读理解能力及语言概括能力。

【活动准备】

1. 要求学生认真复习有关记叙文的写作知识，力求在活动中能理论联系实际，使评改有一定的高度，做到有理有据。

2. 要求学生认真回顾老师的作文指导课；明确写好段落的要求，使评改有的放矢。

3. 收集有关例段复印出来，复印数量可比参赛活动人数略多几份。

4. 设计评议项目表。

围绕中心句写

项　目	分　值	评　议　意　见	得　　分
中心	10分		
要素	20分		
结构	15分		
语言	20分		
表达方式	15分		
详略	10分		
文面	7分		
题目	3分		

5. 活动课可以由教师亲自主持，也可以指定语文科代表主持。

【活动过程】

一、谈话激趣，明确目的

宣布主持人，教师简要交代这节活动课的活动形式，内容安排，然后将印好的典型作文及评议项目表，人手一份发给学生。（材料尽量选本班学生作文，下面的例段供参考）

1. 下面这两段习作都有问题，请把它修改好，并说说为什么要这样改。

阳光下的鲁迅铜像

鲁迅先生的铜像在初升的阳光照耀下，巍然屹立。"鲁迅先生之墓"六个金光闪闪的大字，闪耀着灿烂的光辉。鲁迅那宽阔的前额，顶着时代的风雨；那炯炯有神的目光，投向狄克之流的丑恶嘴脸；那脚下的胶鞋，曾踏过荆棘丛生的道路；那手中的马列著作，燃烧起熊熊的革命烈火。啊，鲁迅先生的形象，高大庄严，令人肃然起敬。

锻炼身体

张老师不但对学习抓得十分紧，而且对体育锻炼也是十分重视的。他为了把我们培养成德、智、体全面发展的人才，经常鼓励我们好好锻炼身体，早日通过"体锻标准"。他还安排我们每天下午跑步。在老师的带领下，同学们锻炼身体的劲头更足了。这学期，大家正在努力学习，争取评上"三好"学生。

2. 阅读下面习作，想一想，作者记的事情写清楚了吗？把错乱排列的句子调整过来。

我不喜欢吃蔬菜，尤其是青菜。我小时候有个坏习惯，吃饭要拣食。只要菜碟子里有青菜，就会觉得恶心，不想吃。一天，妈妈给我一碟子菜，有红烧肉和青菜。我把红烧肉"消灭干净"了。剩下的饭怎么吃呢？我看看旁边的姐姐，她正大口大口地吃着饭菜，我想吃一口青菜试试看，可又不敢。这时，妈妈走过来，"你不喜欢吃青菜吧？"我点点头，不好意思出声。"蔬菜是人体所需要的营养。你吃吃看吧！"妈妈夹起菜，往我嘴里送。我把菜咽了下去。"好吃吗？""好吃。"妈妈看了我一眼，高兴地笑了。

3. 下面这段话，写得比较概括，你能根据自己的生活经验，把它改写得具体些吗？

学　游　泳

下午，我到游泳池去学游泳。我的身体浸在水里，站不稳。划水的时候，手和脚老不配合。有时候，用鼻子吸，呛了水。我看到别人来去自由，我想，不下苦功，是学不会的。我就不怕苦、不怕累，练习划水。哈，我终于游起来了，也能在水里划上几下。我真高兴呀！

4. 阅读下面一段习作，指出它在表达上的缺点。如果你看不出它的缺点，可以按照它的描写画一张平面图，或许会帮助你发现缺点。

一座乡村别墅

这是一座乡村别墅。四周是一丈多高的围墙。进入装有四个大门环的朱漆大门，正中是佛堂。佛堂西侧是卧房，卧房的南面是左右厢房，左厢房的南面是中式客厅，右厢房的南面是西式客厅。天井里的地面全部是用磨光砖铺的，中央垒起一座假山，点缀着姹紫嫣红的花草，是一个庭心小花园。

5. 阅读下面的一段习作，分析作者抓住了"扑满"的哪些特点来写的。

扑　满

我十岁生日那天，妈妈送我一件奇特的礼物，一个用泥坯烧成的空罐，远看像只小砂锅，可是有盖不能打开；近看像茶壶，可是没有嘴，也没有把。圆鼓鼓的大肚子上端，还开着一道一寸左右的口子。我眯起眼睛朝口子张望，黑乎乎的，什么也看不见。我捧在手里，使劲摇了几下，里面空空的，一点声音也没有。我问奶奶："这是啥东西呀？"奶奶告诉我："它叫储蓄罐。老年人管它叫'扑满'，让你把节约的零用钱存放在里面，储满了再把它打开。"

二、　学生动手，　评议作文
三、　小组评议，　集思广益

通过议论，综合大家的意见，由小组长执笔写出评议结果，并议定好一位同学代表小组在课堂上发言，其他同学做好补充发言的准备。

四、　集体评议，　代表发言

1. 由教师指定其中的一篇典型作文，学生采用抢答式发言评议作文。第一个发言的学生可以按议定意见阐述，主持人摘要式地板书在黑板上。在第一组发言后，其他组的发言要注意结合同学的发言及时调整发言的内容，避免重复相同的意见，着重提出不同意见。

2. 在各小组发言结束之后，其他同学补充发言，特别是针对一些意见分歧较大的问题提出自己的见解，通过议论，力求对问题取得统一的意见。

3. 第2、3、4、5篇作文的方法同上。

在整个过程中，教师尽量不要表态，只在关键处适当地做些点拨，在活动课结束时才由教师出面小结，针对未获统一的分歧意见阐述自己的看法。如果所有评议项目没有较大分歧评议意见也基本正确，则教师只需要鼓励，布置活动课后的作业即可。

五、 激励总结， 延伸拓展

1. 教师在选择典型作文的同时，挑出优秀作文一两篇复印出来，在活动课上发给学生，让学生课外阅读，从中进一步体会评改的方法。

2. 利用"评议项目表"对自己的作文进行书面评议，进一步拓展，加深对评议课的认识，加深对本次作文要求的理解，明确自己作文的优缺点。

教学实录（一）

一句话推销　语言有技巧

执教教师： 陈玉文

执教年级： 四年级

教学流程：

师： 知道我是做什么工作的吗？

生： 老师。

师： 不对，我是公司的一名推销员。（众笑）知道推销员是干什么的吗？

生： 卖东西的。

师： 要让别人愿意并且抢着买我的产品，该怎么办？

生： 做广告。

师： 说得好！想看看我们公司的广告吗？

生： 想！

师： （播放"脑白金"广告）带钱来了的，请赶快掏钱买啊！（众笑）为什么不买？

生： 因为我不喜欢您的广告。

师： 那么就请你先来评评我这个广告，为什么不好？怎样才是一个好广告？

生： 您这广告没有新意，不能吸引人。

师： 你的意思是说一则好广告应该有"新意"，对吗？

生： 对。（板书：新意）

师： 大家注意到这则广告语了吗？

生（齐声）：今年过节不收礼，收礼只收脑白金。

师： 评价一下。

生： 这则广告语没有说脑白金的作用。

师： 所以你今天带了钱也不买，对吧？（笑）你是说一则好的广告语要反映产品的特点和功能，是吗？（板书：特点功能）谁再评一评？

生： 这则广告语前后矛盾。前面说"不收礼"，后面又说"收脑白金"。

师： 如果这句话是某一个人当着面对你说的，你会觉得这个人怎么样？

生： 我会觉得他很虚伪。

师： 同样的道理，一则广告语应该讲究"真诚"，让人觉得可靠、放心。因"真诚"而动人。（板书：真诚）我们学过一篇课文叫《万年牢》，里面有一段话，父亲教导我做万年牢，就是要做个可靠的人，实实在在的人……（学生背诵）

师： 所谓"一千个读者，就有一千个哈姆雷特"，说的是对同一则广告不同的人有不同的看法。我觉得这个广告有可取的地方，比如它的短小和对称。这是广告语很应该注意的地方。（板书：短小）

师： 感谢大家对我带来的产品广告提出这么多宝贵意见。我记性不大好，还想请你帮我总结总结，告诉我达到怎样的标准才是一则好的广告语。

生： 有创意，要反映特点和功能，要给人真诚的感觉，要短小，讲究对称。

师： 谢谢大家。看来一则小小的广告里包含着大学问。（板书：小广告大学问）说说看，你知道哪些广告，这些广告你觉得好在哪儿，不好在哪儿？

生： "怡宝"矿泉水的广告语是"滴滴清凉，桶桶纯净"。我觉得它短小精练地把矿泉水的特点说了出来，还很对称。

师： 所以你记住了。（学生点头）天天喝吗？

生： 基本上吧。

师： 其他也常喝"怡宝"矿泉水的同学请举手。（很多学生举手）你看，小小的一则广告语，为怡宝公司创造多大的价值。怡宝的老总这会儿肯定脸上笑成了一朵花。（众笑）

生： 我要说的广告语是"你的平安，我的承诺"，这是平安保险的广告。我喜欢它是因为我从这则广告语中感受到了真诚。

师： 尤其是"承诺"这两个字，掷地有声。

生： 我想说的是一则公益广告："种下一棵树，收获一片绿荫；付出一份爱，收获一种希望。"这则广告先从种树的例子说起，打了一个比方，再号召大家付出爱心。

师： 很生动对吧？你刚才说得很好，这是一则公益广告。广告分为公益广告和商业广告。公益广告以提升公民的道德素养为目的。商业广告则主要以营销为目的。公益广告在一定程度上体现了社会的一种诉求，一种展望，我们尤其要多给予关注并积极提倡。

生： 我要说的是一则很讨厌的广告，"小孩小便黄，大便干，吃不下，怎么办？快用三精双黄连口服液"。（众笑）这则广告太直白了，而且在吃饭的时候播，叫人还怎么吃啊？（众笑）

师： 这确实是不雅。回头你想个文雅点的，给这个公司寄去。同时也给电视台提个醒，别在吃饭的时间段播放类似的这些广告。

师： 听了大家带来的这么多广告语，老师也回赠一下各位。以下是这些年来最受大众认可的几则经典广告语，如果要你编创广告语，你会从中受到什么启发？

（多媒体演示）

"好人有好报"——《法制文萃报》

"如果我有一辆时速300公里的红色法拉利，我就带着我心爱的姑娘在晚霞中奔驰"——法拉利跑车

"默默无蚊"——榄菊蚊香

"车到山前必有路，有路就有丰田车"——丰田汽车

"舒肤佳，爱心妈妈，呵护全家"——舒肤佳香皂

生： 我来说说最后一则广告语，它就像一个顺口溜。

师： 这是创作的一种技巧，叫"尾字押韵"。（板书：尾字押韵）这则广告语中还有值得推敲的地方。

生： 它把"舒肤佳"比作了"爱心妈妈"，让人觉得很亲切。

师： 多好！买一盒"舒肤佳"，等于买了一个"爱心妈妈"，谁不心动？

生： 我觉得"丰田汽车"的广告语很好，它出自一句诗，叫"车到山前必有路，船到桥头自然直"。而且它说出了"丰田汽车"的特点，什么路都不怕走。

师： 你品出了它的味道。其实这也是一种创作技巧，叫"改编诗句"。（板书：改编诗句）

生： 我喜欢蚊香的广告。它把成语"默默无闻"的"闻"字，换成了

"蚊子"的"蚊"，意思是说，用它就会没有蚊子。

师： 你知道没有换字之前，"默默无闻"是什么意思吗？

生： 是说一个人做事没声没响。

师： 做事没声没响的有两种不同境界的人，一种是不张扬，不管多累，不管多难，都坚持做，不跟他人计较名利。另一种是做贼。（众笑）你认为是哪一种。

生： 第一种。

师： 结合蚊香的特点，说说这则广告语的妙处。

生： 是说这种蚊香没有声响地、默默地为我们服务。

师： 这不但道出了它的境界，而且还道出了它的特点，没有声音。一个词，包含这两个方面的意思，这叫"一语双关"。（板书：一语双关）在这些广告语中，还有一则用了同样的方法。

生（齐）：好人有好报。

师： 我最喜欢第二则广告语。（众笑）知道为什么吗？

生： 您做梦都想有辆法拉利。

师： 我不敢做这样的梦。（众笑）

生： 您是想要有一个心爱的姑娘。（众笑）

师： 我已经成家了。

生： 您是觉得这则广告很浪漫。

师（上前和学生握手）： 知我者你也。（众笑）孩子们闭上眼睛，想象这样一个画面，驾驶着一辆崭新的红色法拉利，以 300 公里的时速迎着晚霞奔驰，车里响着音乐，坐着爱人。啊——

师生： 多——美——啊！

师： 一则广告语，让人产生美好的遐想，这是要技巧的。（板书：遐想）你从以上几则广告语中，学到了哪些创作技巧？

生： 可以改编诗词，可以一语双关，可以押韵，可以让广告语充满遐想。

师： 广告创作的技巧不仅仅这些。不过，学会这些就已经不错了。咱们来试一试？

品　　名	广　告　语
康佳手机	
世界之窗	
水彩笔	
……	

（出示题卡，学生创作 10 分钟）

师： 来展示一下你的创作，简要说说你的创作意图。

生： 我为"康佳手机"创作的广告语是：手上有康佳，天下一个家。首先我想用押韵的方法，由康佳的"佳"字想到了家庭的"家"。而且，这是手机的广告，不管你在什么地方，你都能听到它的声音。

师： 所以你想到了"天下一个家"。你的眼界很开阔，天下之大，一下子变成了一个家，温暖，温情。（掌声）

生： 我为"世界之窗"创作的广告语是：春风得意马蹄疾，一日看尽全世界。我是从"春风得意马蹄疾，一日看尽长安花"这句诗改编来的。意思是说，你的时间很宝贵，所以你只需要用一天的时间就可以看遍全世界。

师： 知道诗句的出处吗？

生：（思考半晌）是孟郊写的《登科后》。

师： 不错。是作者考中进士之后，无比欣喜之余写下的。从这个意思上说开去，你这句广告语还让人充满遐想。成功之日，别忘了到"世界之窗"来。

生： 我给水彩笔做的广告是：用我的身体，成就你的美丽。我觉得笔总有一天会把水用光的，也就是身体会没有。但是把美丽留在了世界上。

师： 这是无私奉献的精神！孩子们，精彩啊！（鼓掌）

生： 我的公益广告语是：礼让一小步，文明一大步。贴在公交车站上，让大家遵守秩序。

师： 孩子们，你们都成了广告大王了。其实，设计好一则广告语，离不开深厚的语文功底。所以，要学好语文。到这儿，我们这次的语文活动课就要结束了，请你用一句话或者一个词来概括一下自己的学习体会。

生： 回味无穷。

生： 小小的广告，大大的学问。

生： 我知道了做好广告不是一件容易的事情。

生： 语文是广告的根。

师： 我很喜欢你这句话。好的，同学们，谢谢你们！我也要向你们学习！

板书：

小广告　大学问

好广告：新意　特点（功能）　真诚　短小

巧创作：尾字押韵　一语双关　改编诗词　无限遐想

广告作为一种现代的营销手段，已经成为一种时尚的文化，悄然融入我们的生活。短小、精辟，为人们津津乐道的广告语更是一种极具评赏价值的语文学习资源。综观本次活动教学，在诸多方面还是很值得欣赏和借鉴的。

首先，教师将广告引进课堂，这是"在生活中学语文"的新理念在具体教学中的有价值的实践，为我们的教学走向开放提供了天然的语言环境。

其次，在本活动课教学中，教师用敏锐的眼光，捕捉到"广告"这一颇具语文价值的资源，并能用语文的视角去审视这一资源，使得原本简简单单的广告语因为有了语文的元素而变得生动起来、鲜活起来、灵动起来。

最后，在本活动课教学中，教师自然引入了语文教材中《万年牢》中的经典句段，看到了教师把孟郊《登科后》如自然之水流进课堂。这种引入，加之教师颇具语文味的教学语言，使得这一活动课的全过程，满是语文的味道。

尤其值得赞赏的是，教师始终没有抛开语言文字，所以教学不但有味，而且生情。淡淡的语文味，悠悠的语文情，这就使得这个教学有了深度，有了温度。于是，在整个教学中，我们看到了学生流露出来的对语文的热爱之情、迸发出来的思维的热情以及对教师的喜爱之情，这些情感自然、真切、感人。

作为语文教师，我们要时刻牢记自己的使命，那就是传播语言，传承精神。脱离语言文字谈语文教学，只能断送语文教学的美好初衷。

（点评人：忄嫣）

教学实录（二）

标点符号联欢会

执教教师： 梁敏瑜
执教年级： 四年级
教学流程：

一、导入：听一听，标点趣事多

师： 同学们，从一年级开始，我们就和标点符号打交道了。别看标点小，作用可大啦！明朝的祝枝山是个大才子，据说有一回他就用标点和别人开了一个玩笑，大家想听不？

生： 想！

师： 快过年了，家家户户都开始贴对联。一天，祝枝山经过一户富人家门前，见到朱漆大门上贴着红纸。他想了想，拿来笔墨，挥笔在上面写了十二个大字（多媒体画面1：今年真好晦气全无财帛入门）。那家主人回来一看，念道：（多媒体画面2）："今年真好晦气，全无财帛入门。"顿时脸色铁青，这不诅咒我们家吗?! 于是，抓来祝枝山就要打。而祝枝山却对他笑笑，不慌不忙地说："我明明写的是好话，是你自己看不懂嘛！"说完，就用笔点了几下，便成为（多媒体画面3）：今年真好，晦气全无，财帛入门。那家主人看了，转怒为喜，连声称好。从这则小故事看来，标点重不重要？

生： 重要！同样的句子，用不同的标点，意思都不一样了！

师： 是啊，小标点，大作用！今天，我们就上一节活动课：标点符号联欢会，一起探索标点符号的奥秘吧！昨天布置了每一组同学负责了解一个标点符号，并制作标点头饰，都准备好了吗？

生： 准备好了！

师： 请同学们戴上头饰。接下来，就以小组为单位进行比赛，每答对一题，得一星。首先，进入第一关（多媒体画面4）猜一猜：标点"捉迷藏"。请同学们根据谜语，猜出标点符号。你们戴的头饰是什么，你就代表什么。如果谜底是你所戴的符号，你就站起来，大声告诉大家。看哪一组反应最快！第一位回答正确的同学，就作为代表上黑板写出符号和名称。明白了吗？

生： 明白！

二、猜一猜：标点"捉迷藏"

师： 比赛正式开始——请听第一题（多媒体画面5，分别出示谜语）：远看像架望远镜，近看却是俩圆点；要是有谁要说话，它就冲到对话前！

生1： 这是冒号！（上讲台书写符号与名称，把"冒"的上半部写成了"目"）

师： 同学们，请看这位同学写对了吗？

生2： "冒"写得不对！

师： 那请你来纠正。

（生2上台纠正）

师： 不错，"冒"这个字在书写时要注意：上面不是"目"，是一个半框里，加两横，不封口。你写得很标准，说明你昨天的功课做得很细。我们进入第二题：又瘦又长一条线——

生3： 这是破折号！（上台书写符号与名称）

师： 喜、怒、哀、乐、喊口号，有时哭来有时笑，有时闹来，有时叫，脾气可真不好。

生4： 感叹号！喜怒哀乐都用它！

师： 形状像个大耳朵，爱向别人提问题——

生5： 问号！

师： 六颗圆滚滚弹珠，含义丰富说不尽——

生6： 省略号！用来省略说不完的内容。

师： 说像瓜子，又像芝麻，牵着并列词语走——

生7： 逗号！

师： 再想想。听听这句话：商店里应有尽有，零食、玩具、家具、蔬菜、海鲜……这些词之间都用什么号呢？

生8： 顿号！

师： 对了。逗号一般是用来表示一句话没说完。而顿号，是用来隔开并列的词语的。

生9： 逗号也不像瓜子啊，像蝌蚪！

师： 确实，看来接下这道题难不倒你——虽然像只小蝌蚪，但是不在水里游。

生9： 逗号！

师： 我有一个好兄弟，说像也不像。一有人物对话来，咱俩一起上！

生10： 双引号！

师： 双引号不光用在对话里，当引用名称、诗句等，都可以用上。看来八道谜语难不倒大家，一起看黑板，回顾一下这些标点吧。

生： 冒号、破折号、感叹号、问号、省略号、顿号、逗号、双引号。

师： 你还知道哪些标点？说说有哪些作用？

生1： 书名号！用来表示书籍的名称。

师： 不错，请你在黑板上写。顾名思义。书名号不仅用来表示书籍名称，还可以表示——

生2： 电影、歌名、诗题、文题！

师： 对，宏观来说，可以表示文艺作品的名称。

生3： 单引号！

师： 这号怎么用？

生3： 当在双引号中需要引用什么的时候，就用单引号，不能和双引号重复了。

师： 你解释得很到位！请你上台写。

生4： 还有括号！作用是——

师： 想想，在哪里见过括号？

生5： 括号是用来说明什么。比如在做题的时候，说明题目要求时，有时会用到括号。

师： 不错，你观察得很细。请你上台写。

生5： 还有分号！用来隔开几段话的。

师： 你知道的可真多。前面提到，隔开并列词语的是顿号，而隔开并列句子，就用分号。具体用法，在后面的比赛中，我们会看到。请你把这两个符号都写上黑板吧！读书贵在仔细，学习在于积累。同学们能通过阅读认识这些标点，很了不起。老师送你们一首标点符号歌，能够帮助你们加深对标点符号的认识。

（多媒体画面6）：

标点符号很重要，组成文章不可少。

该用哪种小符号，都要认真来思考。

意思未完用逗号，一句完了用句号。

喜怒哀乐感叹号，提出问题用句号。

并列词语用顿号，并列分句用分号。

提示下文用冒号，对话引用加引号。

书文名称要标明，前后加上书名号。

有些意思要省掉，可以加个省略号。

解释延续破折号，表示注释加括号。

标点符号用准确，文章清楚都称好。

（生齐读）

师： 课前给同学们发了一张表格，请大家小组讨论合作，根据这首儿歌，说一说常用标点的作用，填一填。（多媒体画面7：议一议：标点本领大）

（学生合作填写表格，老师巡视指导）

三、议一议：标点本领大

师： 时间到，请各小组汇报。

生1： 逗号，表示一句话意思还没完。

生2： 句号，表示一句话结束。

生3： 感叹号，表示情绪激动，语气加重。

生4： 问号，表示疑问。

生5： 顿号，用来隔开并列词语。

生6： 分号，并列分句用分号。

生7： 冒号，提示下文。比如写人物对话的时候，写有什么什么的时候，是什么什么的时候——

师： 你的意思是，有，冒号，后面跟有什么，是，冒号，后面跟是什么。对吗？

生7： 对！

师： 这样说多别扭，我帮你总结一下，这就是"提示下文"的作用。

生8： 引号，引用对话、诗词、歌词等，都用引号。

生9： 书名号，表示书名、歌曲名、诗歌名等。

生10： 省略号，表示省略的话。

师： 省略号，除了省略作用，还有其他用法吗？

生10： 有！比如一个人说话，结结巴巴，也可以用省略号！

师： 对！还可以表示说话不连贯。

生11： 括号，表示注释加括号。

生12： 破折号，表示延续和解释。"解释"我懂，"延续"是什么意思？

师： 破折号其中一个作用，可以表达说话语气的拖延。我举个例子，你们读一读就明白了。（师在黑板上写：啊！啊——生读）

生12： 我明白了！"啊！"读起来比较短，"啊——"读起来比较长。

师： 很聪明，一点就通。那你说哪个摔得痛一点？

（生笑）

生13： 第二个，因为"啊——"呻吟得久一些。

师： 这也说明这声音传得比较远，全世界都听到了。（生笑）同学们，现在你们都学会这些标点符号的用法了吗？

生： 学会了！

师： 真会啦？

生： 真会了！

师： 口说无凭，考了才知道。马上进入第三关（多媒体画面8）填一填：标点"进家门"，抢答环节，开始！

（多媒体画面9：出示标点题）

生1： 书包这么小（逗号）装得下这么多书吗（问号）。

师： 这题简单，且看下一题。

生2： 小鸟在蓝蓝的天空中自由自在地飞啊（逗号）飞啊（句号）。

师： 有没有不同意见？

生3： 我觉得应该是：小鸟在蓝蓝的天空中自由自在地飞啊（逗号）飞啊（省略号）。

师： 能说说理由吗？省略了什么？

生4： 省略了"飞啊"，省略了小鸟在天空自由飞翔的动作。

师： 不错，那应该怎么读？

生4： 小鸟在蓝蓝的天空中自由自在地飞啊，飞啊……

师： 同学们，她读得很好。你读的时候，脑海里出现了什么画面？

生4： 仿佛看到了小鸟在天空中自由地飞翔，越飞越远，越飞越高。

师： 真好！看，在这里使用句号也可以，但是使用不同标点，能产生不同的效果，我们在写作中，要采用最恰当的标点。请同学们分别读一读两种填法，感受一下不同效果。（生自由读后，出示下一题）

生5： 老红军激动地说（冒号，双引号）咱们两个都不能牺牲（逗号）要记住革命（感叹号，双引号）

师： 符号填对了，可一字之差，差了千里。你仔细看看，再读读。

生5： 老红军激动地说：“咱们两个不能都牺牲，要记住革命！”

师： 怎么样？意思不一样吧？

生5： 是不一样。老红军的意思可能是，我牺牲了可以，你不能牺牲。

师： 对！你读到老红军心里去了，了不起。请你带着这种激动和期盼，再来读一读——

生5： 老红军激动地说：“咱们两个不能都牺牲，要记住革命！”

师： 下一题，大家都很熟悉。请看——

生6： 我们是起飞的雏鹰（逗号）飞翔（逗号）飞翔（省略号）校园里响起嘹亮的歌声（逗号）在孩子们心中回荡（逗号）回荡（省略号）

师： 挺好，省略号用对了！但是少了一个关键的符号。请问第一句是什么？

生： 校歌！

师： 这个大家都熟悉，既然是引用了校歌，应该——

生7： 用双引号！

师： 哪一句用双引号？

生7： 我们是起飞的雏鹰，飞翔，飞翔……这一句要用双引号，因为这一句是引用了校歌。

师： 是啊，别忘了，在句子中有引用诗歌、歌词、词语、名言等，都要用双引号。再看看这一题，也是大家熟悉的。

生8： 我们的校训是（冒号）蒙以养正（逗号）文明以健（句号）

生9： 还可以是，我们的校训是（冒号）蒙以养正（逗号）文明以健（感叹号）。感叹号，更能体现一种自豪感。

师： 可以用来描写每周一全校同学高呼校训的场景。

我们的校训是——

生： 蒙以养正，文明以健！

师： 下一题。

生10： 请问你是要可乐（问号）还是雪碧（问号）

师： 我觉得，这本应该是一句话，现在变成两句话了。

生11： 应该是：请问你是要可乐（逗号）还是雪碧（问号）

师： 这样填更简单明了。抢答环节结束，看看比分如何。胜者别骄傲，落后者别泄气。接下来是加分环节，答对一题加倍加分！准备——

生1： 草地上盛开着各种各样的野花（逗号）红的（顿号）白的（顿号）黄的（顿号）紫的（顿号）真像个美丽的大花坛（感叹号）

生2： 不对，“紫的”后面用逗号，因为后面已经没有颜色了。

师： 是的，你说得对。这里还能怎么填？

生3： 填省略号，表示花的颜色很多！

开放式活动课程（第二版）

师： 了不起，你们俩各得三分！

生4： 在学校的悦读节中（逗号）班上开展了同读一本书的读书活动（逗号）我们不仅读了儿童小说 童年（顿号）汤姆索亚历险记（顿号）夏洛的网（顿号）苹果树上的外婆（逗号）还读了报刊青少年报（顿号）红树林（逗号）让每一位同学都受益匪浅（句号）

生5： 还有书名号！儿童小说《童年》《汤姆索亚历险记》《夏洛的网》《苹果树上的外婆》，还读了报刊《青少年报》《红树林》，这些都要用书名号。

师： 还有吗？"悦读节"和"同读一本书"都是活动，一般来说，活动的名称应该用什么号？

生6： 用双引号。

师： 这样才算完成。（出示正确填法）请全班同学读一读，熟悉这句话的标点用法。

（生读）

师： 最后一道加分题，需要同学更仔细哦！

生7： 这是我做的开放式作业（冒号）中华之书（句号）她一边翻着自己的优秀作品（逗号）一边自豪地向朋友介绍（冒号、双引号）我喜欢这种作业（逗号）既有趣（逗号）又能学到丰富的知识（句号、双引号）

生8： 第一句话也是她说的，所以也要加上双引号！

师： 哪一句？

生8： "这是我做的开放式作业：中华之书。"

师： "开放式作业"后面除了用冒号，还能用什么号？哪个符号有解释的作用？

生9： 用破折号！

师： 对，在这里，用破折号更合适。了不起，在大家的共同努力下，都把标点符号送回了"家"。我们放松一下，我给同学们讲个笑话，好不？

生： 好！

（多媒体画面9：乐一乐：标点真"调皮"）

四、乐一乐：标点真"调皮"

师： 从前，有一个饭店老板，很吝啬，总想占客人便宜。有一回，他替一位客人包饭，写了一个契约（多媒体画面10）：

"没有鸡鸭也可以没有鱼肉也可以青菜豆腐不可少"

客人看了，挺满意，于是就交了一个月的钱。谁知道，这个月天天吃青菜豆腐。客人很生气，质问老板："你怎么不守约啊！你不是说：'没有鸡，鸭也可以；没有鱼，肉也可以；青菜豆腐不可少'吗？怎么我一点儿肉都没吃到？"只见这老板指了指契约说道："我可没这么说。我意思是：没有鸡鸭也可以，没有鱼肉也可以，青菜豆腐不可少。"这把客人气得直瞪眼，只怪自己当时太大意，上了老板的当。

生： 这老板太坏了，欺负人！

师： 是啊，用标点来占别人便宜实在不应该！但是，有位秀才不一样，他呀，利用标点做好事，帮助穷人，想知道怎么回事吗？

生： 想！

师： （出示多媒体画面11）古时候，有个秀才招收学生，他为了帮助穷人，只对富豪子弟收报酬，对穷人子弟则免费。于是出了一则告示，在说明报酬方面这样写道："无米面也可无鸡鸭也可无鱼肉也可无钱银也可"。穷人子弟来，他用一种念法；富人子弟来，他用另一种读法。到底这位秀才是怎么念的，老师卖个关子，由你们自己思考。谁想到了，就写在我们班的"常春藤论坛"上，看看谁最能成为"版主"！下课，同学们再见！

生： 老师再见！

点 评

　　"别看标点小小，作用可大了！"梁老师的一则标点趣事把学生带入了标点王国，让学生在轻松、开放的氛围中体会到标点的大作用。

　　纵观这节语文综合实践活动课，课前，老师布置学生分组做标点符号的头饰，既激发学生兴趣，又能巧妙地引导学生对标点符号进行汇总；课中，从"听一听，标点趣事多"导入，学生兴趣盎然，到"猜一猜，标点'捉迷藏'"、"议一议，标点本领大"引导学生认识标点，使用标点，感受标点的魅力；课后，留下悬念，开启学生继续探索标点的旅程。

　　学标点，离不开朗读，更离不开句子。比如，在认识"破折号"时，教师化抽象为具体："我举个例子，你们读一读就明白了。"教师通过让学生对比感受"啊！"和"啊——"的区别，感受破折号还有"表示语气拖延"的作用。再如，引导学生归纳标点特点和作用后，趁热打铁，通过标点填空设置不同情境，让学生练习使用标点。可贵的是，老师引导学生不是机械地填空，而是感受语境，在感情朗读中体会标点符号"此时无声胜有声"的境界。

（点评人：周笑）

开放式活动课程（第二版）

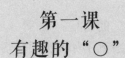

**第一课
有趣的"○"**

【活动目的】

1. 激发学生想象及创作欲望。
2. 培养学生认知自然事物和感知生活的能力。
3. 重点培养学生的观察和语言表达能力。

【活动准备】

1. 让学生准备相关以圆为主要元素的图片、饰品等。
2. 查阅有关"圆"的含义，课前试编一个跟"○"相关的有趣的故事。
3. 教师写一篇下水文"硬币的故事"。

【活动过程】

一、导入"○"的话题，猜一猜

1. 引言：今天我们来上一节——开放式语文活动课。你们想怎么上？你们就是这节课的设计师，课堂就是你们展示的舞台。

2. 首先请一位同学介绍一下这位老朋友，它是谁？（点击课件：出示一个"○"，不断放大）

①语文："a o e"中的"o"；②数学：零；③音乐：休止符。

3. 可是它还可以变形，会冲出了我们的屏幕，变得更大。屏幕装不下它，它还会是什么？

①太阳；②圆桌；③足球；④呼啦圈。

4. 圆在我们的生活当中就是这样变化多端。不管是太阳、圆桌，还是足球，这些都是"圆"的化身。在我们生活周围，只要你是个有心人，随处都可以找到它。

二、 观察"○" 的外表， 说一说

1. 今天你们桌面上摆放的，就有许许多多与圆有关的物品，谁愿意用简单的语言来描述一下？

（手电筒、圆柱体、钱币、苹果……）

2. 小结：同学们，从这个过程中，你有什么体会或者感悟呢？（掌握观察、描述的方法）通过观察、倾听、触摸、品尝等多种感官全方位地感受物品的形、色、味、质等。

请大家按四人小组介绍一下各自带来的有关"圆"的物品。

3. 同学们真是生活的有心人，从一个小小的圆就看到了如此无限广阔的世界。我们的生活，就是被这群大大小小的圆包围着、影响着。

三、 展示"○" 的作品， 赏一赏

出示品读几个描写"圆"的文体的例子。

1. 赏读一首儿歌：请大家边读边思考，我们能不能也写得像他们一样生动形象又富有想象力呢？

"荷叶圆圆水里浮，镜子圆圆墙上挂，

月亮圆圆天上嵌，脸蛋圆圆镜中显。"

学生仿创……

2. 赏读一首小诗。

当你变成了风扇，

清凉便常常陪伴我们的左右。

当你变成了头盔，

安全便走近了我们的身边。

当你变成了轮胎，人类便向前走了一大步。

你就是默默无闻，辛劳工作的圆。

这首小诗把圆写得有血有肉，有灵魂，还拥有了品格，拥有了美德。这是一种什么写法？拟人。拟人能使某种事物更加生动形象。

3. 赏读广告语。

"引领进步之道。——米其林轮胎"

猜一猜，这描述的是什么物品？轮胎，因为轮胎能够使车不停地向前。广告语简简单单但意境深远。

4. 文体学习：你是喜欢诗歌、儿歌，还是广告语？为什么？

四、挖掘"〇"的元素，写一写

1. 出示老师下水文片段——"一元硬币的故事"。

"这是一枚1元的人民币，铝合金材质，呈铝白色。用手一摸，它的正反两面除了图案部分外，显得十分光滑。硬币的正面写着'中国人民银行'和'1元'的字样。它的下方印着'2010'，我想，它应该是2010年诞生的第五套币种吧！硬币的反面上方刻有汉语拼音字母'ZHONGGUORENMINYINHANG'，中间有一朵盛开绽放的菊花，使我不由自主地想起陈毅元帅的一首诗《秋菊》：'秋菊能傲霜，风霜重重恶。本性能耐寒，风霜其奈何?'记得5角和1角硬币的背面是荷花和兰花。我拿起硬币轻轻一咬：哇，还挺坚韧的。你们知道吗？1元硬币的直径是25毫米，厚度是1.85毫米，重6.1克，掂一掂，还真是有点儿分量呢！"

这是运用说明的写法，描写了一元的人民币。它还可以怎么写？写它的声音、作用，还可以联想到古钱币等。

2. 学生习作。以"圆"为主题写一段话。文体形式不限。可以是诗歌，也可以是广告语，还可以是说明文。创作完之后，以四人小组为单位相互品读，再推选一位同学上台展示。

3. 分享作品，评价作品。

小结：事实上，不只台上的同学说得好，很多同学的想象力和创作力都很不错。我们下课后再一个个交流好吗？

五、拓展"〇"的内涵，品一品

1. 感受有趣可爱的"〇"。今天我们从一个圆形出发，联想到书本里的圆，生活中的圆，自然中的圆，还一起感受到了圆的变化多端。最难得的是，你们能够活学活用，为圆创作出了优美的诗篇。课上到这儿，你觉得这是一个怎样的圆呢？

2. 体会深刻内涵的"〇"。同学们，圆不仅有趣可爱，而且还被赋予了很多深刻的内涵（出示图片）。

（1）圆形的国徽。我们中国是一个大家庭，有56个民族。圆在这儿代表着——团结。

（2）奥运会五环会徽。体育是世界语言，五环就是世界体育语言符号。五环会徽象征全球五大洲各国人民，通过体育竞技构筑友谊，和睦相处。圆在这儿代表着——友谊。

（3）圆桌会议。国际上重大会议都以圆桌会议的形式举行，此举在于不分大国、小国，强国、弱国，国家之间一律平等，情同手足，亲如兄弟。圆在这儿代表着——平等。

六、透过"〇"的世界，练一练

1. 开放式作业：轻轻松松练一练——（1）查找资料，了解圆的其他寓意；（2）根据我们今天学的关于圆的知识，制作一份关于"×××的圆"的手抄报，介绍"圆"的趣味故事。

2. 总结：圆象征着团圆、和平、平等，寄托着人们美好的愿望。在中国古老的文字当中，圆还有很多丰富的含义。事实上，我们每个人都是一个圆，"○"内是已知，"○"外是未知。所以我们要阅读更多的书籍，了解更多的知识，不断地充实自己，使自己成为一个大大的圆。同时，希望同学们都能够拥有圆满的童年，圆满的人生！

第二课
聪 明 屋

【活动目的】

1. 通过进行"聪明屋"的活动，培养学生勤思考、善动脑的习惯。

2. 学会多角度分析问题，摆脱常规性思维。

3. 培养想象力和创造力，使学生变得更聪慧、更机敏。

【活动准备】

1. 根据实际情况把全班学生分成若干小组，以分组竞赛的形式开展活动。

2. 由教师指定或学生推荐组织能力强、口头表达能力强、做事认真负责的班干部或学生做活动主持人、评分员、计时员和记分员。

3. 开展本次活动前，系统重温已学过的几种谜语类型及猜谜的快速方法。

4. 准备一些有趣的智力竞赛题，并制成多媒体课件。

【活动过程】

一、导入活动，明确要求

1. 把参加竞赛活动的学生按照同组异质、异组同质原则，分成若干小组。

2. 题目和组别分别为 A、B、C、D……组，各组派代表抽取题目，每个小组设基本分为 100 分，一些题目还可以设扣分制，每答错一题扣 10 分，题目宜限时解答，答错或答不出来的宣布作废或让其他组答，答错扣分。

二、 趣味活动， 拓展思维

1. 谜语竞猜。

（1） 字谜。

①水法　②欠款　③闭嘴　④说得漂亮　⑤至尊无上　⑥人来洪水退　⑦镜中人　⑧出口国　⑨皇袍　⑩一同去　⑪错上加错　⑫凤冠　⑬没心思　⑭勿挂心上　⑮年过古稀　⑯主动一点　⑰缺一点良心　⑱一来就干　⑲厂商结合　⑳目的不明　㉑一尺一　㉒你一半，我一半　㉓扫除尘土　㉔万紫千红　㉕大到出奇　㉖灭火　㉗小人国　㉘空中飞人　㉙十二点　㉚早上好

（2） 地名谜（中国地名）。

①援助几国　②大话　③风平浪静　④一路平安

（3） 地名谜（外国地名）。

①高档饭碗　②天明再合　③水草丰茂　④蒙古节日活动

（4） 成语谜。

①美梦　②筛子　③四色　④嘴严　⑤伞兵　⑥客满　⑦拔河　⑧辞海　⑨标点符号　⑩游览指南　⑪鹤寿　⑫恐怖信　⑬合起来五句话　⑭独家见解　⑮导游　⑯选美　⑰打击假冒活动　⑱幸福的泪花　⑲南辕北辙　⑳新鲜话题

2. 善动脑筋。

（1） 祝你成功。

下面两式中“祝你成才”各代表什么数字，怎样才能使等式成立？

祝×你＝成＋才

祝＋你＝成×才

（2） 巧移硬币。

下面的“L”形是由 8 枚硬币摆成的，竖行有 5 枚，横行有 4 枚。请你移动其中一枚硬币，使横行和竖行各有 5 枚硬币。

①
②
③
④
⑤⑥⑦⑧

3. 智力抢答。

（1） 什么是属于你的但其他人比你更常用它？

（2） 什么打破了大家都好？

（3） 一个房间里有炭炉、煤油灯和蜡烛，火柴却只有一根，应该先点哪

一样？

（4）一天晚上，我叔叔在读一本有趣的书时，婶婶把电灯关了，尽管屋子里漆黑一片，他却继续在读书。他是如何能做到这一点的呢？

（5）天上没有星星，也没有月亮，一辆没有开车灯的汽车，疾驰在一条漆黑的公路上，突然，嘎的一声，汽车刹住了，司机跳下车，走到汽车前面，把路上的一块黑色的布匹拾上车，又开车驶去，请问，司机是怎么发现路上的那块黑布的呢？

三、 总结活动， 组织颁奖

师：今天，我们做了猜谜语的游戏，大家一定很开心。希望你们多读书，多思考，获得更多的知识，开阔更大的眼界，有机会去参加更多的游戏活动，相信大家一定会在成功的体验中感受更大的快乐与喜悦！

备用材料： 参考答案

1. 谜语竞猜。

（1）字谜。

①测　②钞　③哈　④诱　⑤寺　⑥供　⑦人　⑧玉　⑨袭　⑩司　⑪爻　⑫几　⑬田　⑭忽　⑮佬　⑯玉　⑰恳　⑱十　⑲产　⑳月　㉑寺　㉒伐　㉓小　㉔艳　㉕可　㉖一　㉗付　㉘会　㉙斗　㉚晏

（2）地名谜（中国地名）。

①济南　②海口　③宁波　④旅顺

（3）地名谜（外国地名）。

①金边　②约旦　③利马　④马赛

（4）成语谜。

①好景不长　②漏洞百出　③青红皂白　④守口如瓶　⑤一落千丈　⑥座无虚席　⑦齐心协力　⑧回头是岸　⑨字里行间　⑩引人入胜　⑪万古长青　⑫人言可畏　⑬三言两语　⑭与众不同　⑮引人入胜　⑯以貌取人　⑰去伪存真　⑱乐极生悲　⑲背道而驰　⑳前所未闻

2. 善动脑筋。

（1）祝你成才。

$1×5＝2+3$

$1+5＝2×3$

（2）巧移硬币。

把第 1 枚硬币叠放在第 5 枚硬币的上面。

3. 智力抢答。

（1）你的名字。

（2）世界纪录。

（3）先点燃火柴。

开放式活动课程（第二版）

（4）叔叔是个盲人，读的是盲文。

（5）这是白天，汽车行驶在漆黑的柏油路上。

第三课
漫游神州

【活动目的】

1. 通过本次假想的旅游活动，使学生了解祖国悠久的历史文化和名胜古迹，增加地理、历史知识，开阔眼界，增长见识。

2. 了解祖国大好河山，以培养学生的民族自豪感，激发其对祖国的热爱之情。

【活动准备】

1. 准备一张《中国地图》，以及有关的视频资料。

2. 收集一些有关的地理、历史知识。

3. 指导学生课外阅读一些有关我国的历史渊源和描写祖国大好河山的书籍。

【活动过程】

活动采取教师提问学生回答、学生之间相互问答的形式来进行。活动也可采取分组竞赛或集体讨论等形式，由教师视情况而定。

一、谈话导入，激发兴趣

师：同学们，随着我们生活水平的提高，很多同学都随父母到外地旅游过，今天我们就来开展一项"漫游神州"的活动。"神州"就是指我们中华大地，我们这节课就来漫游中华大地，了解祖国的历史文化和大好河山。

二、活动准备，宣布要求

1. 活动采取教师提问、学生回答的形式，不当之处由教师来纠正、补充，看谁了解的知识最多。

2. 由学生提出问题，学生回答。

五年级

三、 多元活动，精彩纷呈

（一）师生问答

回顾悠久历史

1. 我们中华民族最早发源于哪一流域？

2. 我们中国人被称为炎黄子孙，你知道为什么吗？

3. 许多中国人最崇拜的是龙，但"龙"不是现实生活中存在的，是由人民群众根据多种动物形象想象而成的，你能说出其中的四种吗？

4. 我们中国有座世界上最著名的建筑，你知道是什么吗？古人最初修筑它是用来干什么的？

（二）生生问答

领略壮丽山河

1. 中国第一大河是什么河，它有多长？

2. 为什么黄河被称为"悬河"呢？

3. 被称为"世界屋脊"的是我国哪个地方？

4. 我国的珠穆朗玛峰是世界最高峰，它有多高？

5. 我国的三大平原是哪三大平原？

6. 同学们都知道台湾是我国的宝岛，也是我国的第一大岛，你知道我国的第二大岛和第三大岛分别是哪两座岛吗？

7. 我国名山有五岳，你知道是哪五座山吗？

8. 我们经常把我国分为南方和北方，你知道我国的南北之分是以哪一区域为界吗？

游览风景名胜

1. 俗话说"不到长城非好汉"，你知道长城东起哪里，西至哪里，有多长吗？

2. 清朝时期，北京有座世界著名的皇家园林，后来被英法联军烧毁，你知道是哪座园林吗？

3. 俗话说"上有天堂，下有苏杭"，你知道"苏杭"指的是哪里吗？

4. 洞庭湖有座名楼，它的名字叫什么？

5. 代表我国的标志性建筑是哪座建筑？

6. 四季如春，有"春城"美称的是我国哪座城市？

见证辉煌成就

1. 我国古代的四大发明指的是哪四大发明？

2. 我国第一颗原子弹是哪一年试爆成功的？

3. 我国发射的第一颗人造卫星的名字叫什么？

4. 我国分别于什么时候收回了香港和澳门？

5. 香港的区花是什么花？澳门的区花是什么花？

6. 我国修建了一项世界上最大的水利枢纽工程，是治理和开发长江的关键性骨干工程，它是哪项水利工程？

四、 活动小结， 延伸拓展

交流感悟，畅谈理想，既可以对自己说，也可以对教师、同学说。

布置延伸性作业：

1. 开设"漫游神州"的黑板报专栏，介绍有关的地理、历史知识。

2. 开展课外阅读或郊游活动，写一篇游记。

第四课
学"仿写"

【活动目的】

1. 让学生在感悟美妙范文的同时，从中受到启发，产生创作的冲动，并进行仿写。

2. 为学生写作奠定基础，培养其写作兴趣。指导学生由仿写逐渐过渡到创作，写出有自己特色和风格的文章。

3. 了解仿写的重要性；掌握仿写的方法；有创造性地进行仿写练习。

【活动准备】

多媒体课件、影碟。

【活动过程】

仿写是学习、借鉴别人文章的长处。仿写类似绘画中的临摹。绘画是先临摹，而后写生，最后进入创作的。写作也是一个由仿写到创作的过程。仿写的角度多种多样，如体裁的仿写、结构的仿写、写作方法的仿写，等等。

仿写种类可分为：句式仿写、片段仿写、篇章仿写。

仿写要求：

1. 认真阅读范文；

2. 从某一角度出发，抓住范文的某一特点，有重点地模仿；

3. 联系实际写自己的生活。

一、 开启仿写之门

1. 成语故事导入,初步认识仿写。

师:上课之前,老师先给同学们讲一个成语故事《东施效颦》。大家听完之后告诉老师:人们为什么都嘲笑东施?东施该不该模仿西施?

听完后讨论回答。

2. 归纳小结,深入了解仿写。

师:东施模仿西施,是因为西施很美。美的东西大家都想拥有,所以东施模仿西施并没有错。东施之所以被人们取笑,是因为她机械照搬,弄巧成拙。当我们欣赏到一句生动的话、一段优美的文字时,我们应该模仿。著名女作家冰心说:"我常常模仿别人的好句子。"西方有句话:"模仿是最深的爱慕。"我们进行仿写时应该是创造性地模仿、巧妙地模仿。现在我们就来进行仿写练习。

二、 仿遣词造句之方

(一)句式结构、修辞手法仿写

1. 出示幻灯片1(原句)。

飞机在空中灵活地做着各种动作:时而盘旋上升,时而俯冲下降,时而翻着跟斗,时而侧身飞行。

(1)分析例句。

例句运用"总分"的结构方式,先概括地介绍飞机动作灵活,是总述;接着具体地写出了飞机灵活的样子,是分述,同时还运用了排比的修辞手法。

(2)指导仿写。

① 齐读句子。

② 领会句子:你认为这句话什么地方写得好?

播放影碟(例句所描写的画面)。

(3)想一想:你的脑海里有没有类似的画面?在心里用语言把它表述出来。

(4)仿写练习。

2. 出示幻灯片2(仿句)。

小猴子的动作可灵活啦:时而倒挂着身子打秋千;时而蹿到你跟前,向你龇牙咧嘴;时而在地面上蹒跚行走,伸手向你讨东西吃。

(1)读仿句,思考:你认为哪些地方模仿得好?

(2)教师总结:例句先概括地叙述小猴子动作灵活,接着具体地描摹猴子动作灵活的各种样子,并用上了"时而……时而……时而……"这一排比句式,从而把小猴子的活泼有趣写得栩栩如生。

3. 出示幻灯片 3（原句）。

她们三个一边走一边商量着：见到老师，首先要告诉她，班里一切都好，请她安心养病；然后向她转达全班同学的问候；最后把同学们一个一个凑起来的鸡蛋送给她，要她补养身体。

（1）学生读例句，同桌相互讨论：例句哪些地方写得好？模仿时应注意什么？

（2）（口头模仿，先自己说，再指名说）师生共同点评。

4. 出示幻灯片 4（仿例分析）。

① 我和妹妹一边走一边商量：见到妈妈，首先要告诉她，家里一切都很好，请她安心养病；然后向她转达乡亲们的问候；最后把我和妹妹亲手为妈妈做的花环送给她，要她不要牵挂我们。

② 小华轻轻地走近老师办公室，先探头向办公室里望了几眼；然后怯怯地在门上叩了几下；最后，得到老师许可后，才低着头走到老师身边。

教师总结：上面两例仿写，第一例写出了我和妹妹对妈妈的爱，但过于机械、呆板；第二例则抓住了范文的精髓"……首先……然后……最后"这一表示顺序的关联词，有条理地把一个或许犯了错误，或许很胆怯的小男孩刻画得活灵活现。

（二）联想、创新仿写

出示幻灯片 5（原句）。

什么样的年龄最妩媚？什么样的心灵最明亮？什么样的人生最美好？什么样的生命最辉煌？鲜花说，我开放的年龄最妩媚；月亮说，＿＿＿＿＿＿＿＿；海燕说，＿＿＿＿＿＿＿＿；太阳说，＿＿＿＿＿＿＿＿。

（1）分析例句：这个句子是想象式的仿写，在创新性的基础上运用拟人的修辞，要求有针对性地进行回答，有一定的开放度，但是在解题时，要注意结合回答对象的特点。

（2）仿写句：我纯洁的心灵最明亮；我奋斗的人生最美好；我燃烧的生命最辉煌。

三、 仿布局谋篇之法

1. 谈话解析。

师：一篇篇具体、感人的课文在我们头脑中形成鲜明的印象，它们都成了我们习作的具体榜样。它们形象地告诉我们某篇习作该写什么，该如何写。

2. 课文范例。

（1）结合《我们的民族小学》，在学生观察学校环境后，学着写《我们的××小学》。

（2）结合《爬天都峰》，比着写《爬××山》。

四、 巩固仿写之巧

出示幻灯片6（原句）。

这一回，邓奶奶又穿上线，右手捏着针，略略抬起，左手在熟练地打结。她是多么认真啊！

五、 拓展仿写之路

师：因为有课文引路，在作者无声的指导下，我们知道了如何下笔，有话可说，仿写练习后，大部分同学懂得了什么叫"眼中有物"，什么叫"言之有序"，长此以往，一定会文思泉涌，妙笔生花！

布置延伸性作业：

1. 仿写课文《小桥流水人家》的第一自然段；

2. 模仿课文《圆明园的毁灭》第三自然段，迁移作者的写法，尝试描写在社会实践中参观过的虎门大桥。

备用材料： 比赛段的仿写举例

1. 天刚蒙蒙亮，小明就来到山冈上练琴。他右手托着琴，手指按着琴弦。下巴颏儿轻轻地抵着琴身，左手拿着琴弓，略略抬起，只见琴弓在琴弦上滑动，于是，便有一串串优美的音符在晨曦中飘散开来。

2. 盲伯坐在竹木棒椅上编竹筐。只见他用双腿夹着已编了一半的竹筐，左手压着筐沿的纵篾，右手理顺篾条。然后便开始压篾条了，他先将横篾压在纵篾的上面，接着又把横蔑摆在纵篾的下面，如此反复。只见他两手上下翻飞，并趁势转动着竹筐，篾条仿佛在空中高歌狂舞。一眨眼工夫，就编了好几圈。而且，编好的部分光滑平整。真想不到，盲伯还有这一手绝活儿！

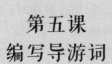

第五课
编写导游词

【活动目的】

1. 通过此次活动，让学生了解我国广阔的疆域，壮美的山河，在了解与讲解中激发对祖国的热爱之情。

2. 在活动中加强学生对祖国的了解，能用自己的语言介绍祖国的美好河山，培养学生组织语言和表达情感的能力。

【活动准备】

1. 用硬纸剪好我国 34 个省、直辖市、自治区和特别行政区的地图。
2. 把桂林山水、颐和园、长城、故宫等著名景点的图片制成课件。
3. 准备著名旅游景点的挂图。
4. 挑选 10 位同学组成评审团。

【活动过程】

一、 谈话导入， 活动开始

师：通过这次活动，相信同学们会知道我们国家的疆域有多广阔，山河有多壮丽，这样，你们会更热爱自己的祖国，同学们要认真听、积极想、大胆说。

二、 拼拼摆摆， 了解祖国

教师先在黑板上画隐约可见的中国地图轮廓线，让学生在地图上拼摆好各直辖市、省、自治区图。

三、 快乐比赛， 各展风采

1. 第一位参赛同学上场。

生 1：现在我当导游，带同学们去广西壮族自治区的桂林市看一看。

学生边放课件，边做简单的讲解。

学生读儿歌：桂林山水甲天下，中外游人齐声夸。

　　　　　　地下公园打鸡洞，游人好似进天宫。

2. 第二位同学上场。

生 2：我带同学们到首都北京去看一看。

生 2：这是闻名世界的万里长城，边放课件，边做讲解。

学生读儿歌：长城长城万里长，人民血汗筑高墙。

　　　　　　人民血汗筑高墙，保家卫国立功劳。

学生继续介绍北京的其他著名景点，如颐和园、故宫、天坛，等等。

3. 第三位参赛同学上场。

生 3：我带你们到长江三峡去游一游。

学生边放课件，边做讲解。

学生用快板书表演：长江大河宽又长，船只来往运输忙。

　　　　　　　　　　河水灌溉两岸田，庄稼长得肥又壮。

4. 第四位同学出场。

……

四、 开放自由， 编导游词

请同学们任意选择祖国的一处景点，编写一段导游词，要求能够高度概括该处景点的特点，主题鲜明，重点内容具体深入，语言形象生动，富有美感，让游客感兴趣。

五、 评评比比， 展示精彩

1. 现场评比。

评审团的同学根据各参赛者的讲解、语言、神态、动作等评选优秀小导游，并评出优秀导游词。

2. 读一读优秀导游词。

3. 颁发"出色小导游"奖。

六、 活动小结， 激发爱国情怀

今天，我们一起去游览了那么多的名胜古迹，看到了我们的祖国这么辽阔，这么美丽。我们是祖国的未来，要保卫祖国，把祖国建设得更美。

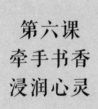 

第六课
牵手书香
浸润心灵

【活动目的】

1. 通过活动，让学生亲近文学，培养爱阅读的好习惯。

2. 构建课内阅读与课外阅读的桥梁，充实学生的语言文字宝库。

【活动准备】

1. 阅读内容：主要以"小学生课外精读丛书"为主，尊重学生的爱好和选择。

2. 组织形式：小组活动以 5～7 人为一组，分别设组长 2 名，全班共 8 个组开展活动。

3. 时间安排：每周一节语文课做统一阅读时间，每天布置 5 页以上的阅读量。

4. 读书任务：阅读后写读后感、书评等，或进行人物品析、情节改写、读写质疑、仿写、自由创作、记诵、品读、编演课本剧、读书方法小结等，让学生在阅读的过程中根据各自爱好，结合阅读内容，选择不同形式做好读书汇报材料，每周交 1～2 篇读书汇报材料，老师批阅后择其优秀的打印出来。

5. 汇编文集：各组组长负责写前言、后记，并设计封面，把本组优秀的汇报材料汇集成册。

6. 每人准备一则有关读书的名言警句。

【活动过程】

一、名言引领，谈话导题

师：黄山谷说："三日不读书，面目可憎，言语索然无味。"郑成功也说过："清心莫如寡欲，至乐无如读书。"近一年，我们阅读了"小学生课外精读丛书"，现在该接受老师的检阅啦！大家准备好了吗？

二、配乐诵诗，渲染意境

1. 指名朗读朱熹所做寿的诗《观书有感》。

观 书 有 感

朱 熹

半亩方塘一鉴开，
天光云影共徘徊。
问渠哪得清如许？
为有源头活水来。

2. 谈读诗体会。

三、名人故事，陶冶心灵

讲"凿壁借光"、"囊萤映雪"、《为中华之崛起而读书》或《闻一多醉书》中的一个故事，从朴实的语言中传递真实情感。

四、诵读经典，品味美文

配乐诵读古诗词或精选的美文片段，感受语言美和音韵美，增强文学底蕴。

五、真情演绎，启迪思维

表演自编、自导的课本剧《皇帝的新装》，活跃思维，体验快乐，增强读书兴趣，领悟人生真谛。

六、知识竞赛，智慧比拼

可进行"成语擂台赛"、"词语接龙"、"歇后语比赛"、"标点符号联欢会"、"汉字趣说"、"谚语大观"等抢答比赛，让阅读积累下的文学知识活学活用，启迪学生的智慧。

七、自由汇报，展示成果

让学生自由组合，交流汇报材料，内容如下：

（1）阅读方法；（2）读书趣事；（3）个人收获；（4）摘抄本；（5）手

抄报；（6）给诗文配画。

八、 匠心独运， 自创名言

让学生人人自创一句符合自己心得的名言警句，一方面让名言警句成为座右铭，促人奋进，一方面使大家在优美凝练的语言中得到陶冶。

九、 活动小结， 余韵深长

今天的汇报如同我们编织的一道彩虹，彩虹瞬间就会消逝，而学习生活却是漫长的、平实的，希望大家能坚持课外阅读的习惯，让它成为我们生活的一部分。

第七课
小小演讲家

【活动目的】

1. 通过演讲活动，提高学生展现自我的信心，敢于表达，善于表达。

2. 培养学生敏捷的思维能力、口头表达能力，从说到写，提高写作水平。

【活动准备】

1. 简要介绍有关演讲的知识。

2. 确定主持人。主持人负责介绍演讲者和演讲题目，安排演讲顺序，对演讲做小结，召集评判人员评出成绩。

3. 确定评判员和演讲者。

4. 在教师的指导下选好题目，写好演讲稿，组织演讲者进行练习。

5. 筹集活动奖金，购买奖状、奖品等。

【活动过程】

一、 导入活动， 宣读规则

由主持人做开场白，介绍本次活动的目的、准备经过、演讲者的姓名和评分规则，并向观众提出一些注意事项。

二、 开展活动， 自信演讲

按照顺序依次演讲，每个演讲者讲完之后，要用掌声增加全场热烈的气氛，以鼓励演讲者大胆地演讲。在演讲过程中，要有专人适时提醒演讲者，以免拖延时间。

三、 总结活动， 表彰优秀

演讲结束后，主持人要立即召集评判员评出成绩，然后公布获奖人员名单，颁发奖品等。最后主持人要当场总结本次活动所取得的成绩，提出存在的问题，点明努力的方向，为今后活动积累经验。

布置延伸性作业：可利用每星期某一下午的读书时间，就某个问题叫两三个学生即席演讲，教师评议、小结。

备用材料

1. 演讲成绩的评定。

（1）题材是否符合本次演讲会目的的需要，观点是否正确；题材是否新颖，能否引起听众的兴趣；论点、论据是否鲜明、真实，站得住脚；论证层次是否清楚，听众是否听得明白。

（2）时间控制上是否合乎要求。

（3）语调有无抑扬顿挫；速度是否恰当。

（4）吐字是否清晰，音量是否恰当。

（5）有无怯场现象，仪表、衣着是否自如大方，手势动作是否恰到好处。

2. 演讲题目参考。

（1）祖国——母亲

（2）奉献与索取

（3）大自然的报复

（4）自尊、自信、自强

（5）我看 2008 年奥运

第八课
花季雨季赛诗会

【活动目的】

1. 通过赛诗活动，使学生了解诗歌的立意、构思，体会诗歌的意境及感情，学习诗歌丰富的表现手法。

2. 掌握朗诵的基本技巧，提高语言表达能力。

3. 丰富校园文化生活，陶冶学生的思想情操。

【活动准备】

1. 让学生了解诗歌的有关知识。

2. 请学生收集、整理各类诗歌。

【活动过程】

一、 导入活动， 明确分工

首先，同学们进入角色：有的担任主持人，有的担任观众，有的背诵诗歌，准备比赛，有的担任评委（事先印制好赛诗会评分标准）。

二、 宣布规则， 领悟目的

由主持人宣布本节语文活动课的目的、活动的主要形式及评分、评奖的办法。

三、 赛前热身， 酝酿情感

先背诵几首诗，作为赛前的热身运动。请同学们和自己的好朋友一起，以最充沛的感情，最优美的声音，背两首自己喜欢的诗。

四、 分类比赛， 公正评分

1. 个人对抗赛。

每位参赛者朗读完，评委打分，主持人把平均分计入小组分。

2. 团体对抗赛。

参加比赛的队伍由各个小队组成，教师担任裁判。小队的每一个同学必须都上场，以展示团队的力量。优胜的一队加分。如果两队同样优秀，分别按规则加分。

五、 公布成绩， 总结颁奖

1. 师总结：中国是诗歌的王国，五千年的优秀文化熔铸了不计其数的脍炙人口的诗篇。许多诗篇流传千古，哺育了一代又一代的中华儿女，是我国极其宝贵的精神财富。这次我们通过赛诗会活动，提高了文学素养，陶冶了情操，同时还从丰富的体验中获得了学习乐趣。

2. 颁奖：本次比赛设置个人、集体一等奖 1 名、二等奖 2 名、三等奖 3 名，分别颁发奖状和纪念品。

3. 布置延伸性作业。

（1）利用语文课或活动课多举行各种形式赛诗活动，帮助学生开阔视野，增长知识，培养语感。

（2）组织课外活动小组，在学生中开展以创作诗歌或儿歌为中心内容的课外活动，经常交流赛诗或创作诗歌的经验与体会，并组织学生收集、整理各类脍炙人口的诗歌，有条件的可装订成册，或者出版发行。

备用材料 1：

赛诗会评分标准

评分标准 ＼ 参赛者编号	1	2	3	4	5	6	7	8	9	10	11	12	13	14	15	16
正确朗读（1~3 分）要求：能用普通话，语音正确，句读分明，停顿适当																
流利朗读（4~6 分）要求：熟练流畅，速度适宜，节奏明显																
有表情地朗诵（7~10 分）要求：注意语调的抑扬顿挫，语意明确，感情投入，表情适当，语言有感染力																

备选材料 2： 可选的诗歌

1. 陶行知的《放爆竹》

2. 何其芳的《生活多么宽广》

3. 余光中的《乡愁》

4. 郭沫若的《天上的街市》

5. 海子的《面朝大海，春暖花开》

6. 舒婷的《我的祖国》

第九课
书画传友谊

【活动目的】

1. 通过本次以"送给朋友的画"为题的作文接力赛，培养学生习作兴趣，激发学生习作欲望。

2. 在画画与送画过程中，增进学生之间的友谊。

【活动准备】

1. 准备好绘画和作文用具。

2. 选择好自己最好的朋友，并抽签定组。

【活动过程】

一、创设情境，激趣导入

活动课在《友谊地久天长》的乐曲声中开始，展开一幅象征友谊的画卷。

师：为了表达老师的一片心意，我画了一幅画送给同学们。请观看画面，你们从这幅画里感受到什么？

在学生发表意见的基础上，教师做描述性介绍，并为画配诗。在学生们真情涌动之时，建议同学们也画一幅画，作为礼物送给自己的朋友；以增进友谊。

二、开拓思路，升华认识

教师提示：自己的朋友，可以是现在的朋友，也可以是过去的朋友，可以是老朋友，也可以是新朋友；可以是小朋友，也可以是大朋友。

总结起来，人的一生需六个"朋友"——"学友"、"诤友"、"侃友"、"难友"、"抚友"、"挚友"，你拥有了这些知心朋友，就拥有了人生最宝贵的财富。

你最心仪的朋友是谁，你就把心中对他或她的情谊描绘下来送给他或她。

三、 酝酿构思， 斟酌友情

不管这幅画送给谁，作画前都要事先想好。

1. 准备画些什么内容？

2. 为什么要送这样一幅画给他（她）？

要求：根据朋友的爱好和需要，先想好，再动笔。

四、 当堂作画， 意切情深

简笔画，绘画技巧好坏不予评论，只要能表情达意就可。限时 3~5 分钟，可黑白，可彩色。

五、 当堂送画， 言为心声

播放《相逢是首歌》的伴奏曲，把画好的图画作为礼物送给在场的朋友，如果朋友不在场，可以请同学扮演代收，送画者要表达出自己的情谊，把画的内容和送画的目的说清楚，接受赠画者也要即席表达感谢之情。

六、 活动总结， 记分评奖

同学们一对一对上来赠送画，评委分别给赠画和接画的同学记分。

第十课
学做广告

【活动目的】

1. 知道做广告的目的、意义和作用。初步学会根据广告特点、要求去设计和表演广告。

2. 了解商品交易基本常识和培养市场竞争的意识，确立为消费者服务的思想。

3. 通过对产品的介绍，对广告词语的设计，增强学生做广告的兴趣，锻炼和提高学生说话、表演的能力。

【活动准备】

1. 课前布置学生观看电视广告，了解广告的内容和展示形式，同时到工厂、商店进行调查，从广告商标中了解商品的性能和作用。

2. 要求学生课外收集一则广告，熟悉广告语言的设计。

3. 准备电视机、DVD 影碟机、抢答器各一台，每位学生自备小商品一件。

4. 准备活动评分表。

【活动过程】

一、 情境导入， 激发兴趣

1. 精选学生喜闻乐见、趣味性强、语言生动形象的两个电视广告，组织学生观看。

2. 学生各抒己见，从语言、表演、画面等方面谈电视中的广告节目。

二、 广告分类， 了解特点

主持人甲（教师）：同学们，现在只要一打开电视，就可以看到丰富多彩的广告。广告是为了某种特定的需要，通过一定形式的媒介物，公开而广泛地向社会传递信息的一种手段，也是一种语言艺术。

主持人乙（学生）：是啊，视觉广告主要以文字、图案以及实物为主，通过平面、立体或二者兼而有之的形式介绍产品，传递信息。

主持人甲：听觉广告主要以声音传播商品信息，以声音吸引观众，它的声音结构由语音、音乐、音响三要素构成。通过语音介绍商品的形象、性质、功能等方面，通过音乐、音响渲染气势，增强真实感，强化宣传效果。

主持人乙：还有一种电视广告，它是以画面和声音相结合的广告形式，通过画面介绍商品的全部或局部形象，辅以语音、音响对商品进行全方位的介绍。这种形式，能化静态为动态，化隐性为显性，生动形象，使人印象深刻。

三、 创设情境， 大胆创新

1. 小组广告用语表演比赛。

（1）模仿表演：分组展示各人收集的广告词，突出个体表现力。

（2）自创表演：小组推荐一人参加比赛，鼓励大胆创新意识。

2. 一句话广告用语设计比赛。

主持人甲：刚才各组进行了激烈的比赛，韵味无穷，富有新意。新颖生动的广告画面往往使人过目不忘，丰富的语言艺术又能给人以美的享受。

主持人乙：下面我们进行一句话广告设计比赛。现在我给出广告词的上句，由各组选出五位选手抢答下句，答得快而准确的可按得分标准计入小组分。

（1）人靠衣妆（美靠亮荘）（亮荘化妆品广告）

（2）工友工友（木工之友）（东威海木工机械厂广告）

（3）太阳最红（长虹最亲）（长虹红太阳电视机广告）

（4）金利来领带（男人的世界）（金利来服装公司广告）

（5）东西南北中（好酒在张弓）（张弓酒的广告）

（6）美的空调（美的享受）（美的空调广告）

（7）家家有真宝（餐餐味道好）（真宝调味品广告）

（8）喝了娃哈哈（吃饭就是香）（娃哈哈口服液广告）

（9）千里之行（始于足下）（鞋店广告）

（10）吸烟（等于慢性自杀）（戒烟广告）

四、 指定设计， 激发灵感

根据学生调查的商品进行汇报设计：

（1）给某一种食品设计广告；

（2）给某一用品设计广告；

（3）给某一车型设计广告；

（4）为某一家用电器设计广告。

例如：

生1：现在，我为大家介绍济南轻骑摩托制造公司，它是我国生产摩托车的大型骨干企业，这个厂引进日本"铃木"设备，生产轻骑"铃木"牌摩托车，其中"K90-A"型和"木兰50"型摩托车均为部优产品并获轻工产品优质奖。我代表总经理×××（学生姓名），祝君踏上轻骑，马到成功。

主持人甲：同学们看，"505神功元气袋"的表演队来了！

生2：早啊，王大爷，您也散步呢？

生3：哎，活动活动。

生2：哟，你老气色可真好。

生3：多亏了"505神功元气袋"，带着它，我多年的胃病和哮喘好久都不犯了。

生2：听说它还得过50项大奖呢。

生3：对，它对很多病都有医疗作用，对身体具有保健作用。

合："505"，是您贴身的保健医生。

主持人甲：同学们，刚才大家的广告设计都很好，广告的语言可采用谐音、拟人、比喻、夸张、对偶等修辞方法，通俗易记，朗朗上口，令人难忘。

五、 体验成功， 反馈表彰

1. 主持人宣布本次活动优胜者。

2. 同学之间互送小商品，按要求进行广告设计。

3. 提醒学生在今后的生活中，多留意各类广告，感受广告语言的魅力，提高语言表达、思维和赏析能力。

备用材料

活动评分表

得分 项目 组别	小组表演赛					设计广告比赛		总分
	1	2	3	4	5	一句话广告设计	指定物品设计	
第一组								
第二组								
第三组								

第十一课
口腔科——绕口令

【活动目的】

1. 通过练习绕口令，帮助学生较好地掌握难读音，提高语言表达能力。

2. 通过活动调动学生感官的协调能力，使学生学到一些口语，增加学习兴趣，活跃课堂气氛。

【活动准备】

每人准备一段绕口令并练习好。

【活动过程】

一、 观看表演， 明确要求

1. 播放一段相声演员表演绕口令的视频，以此活跃气氛，激发兴趣。

2. 说明表演绕口令的要求。（板书：准确、流利、快速）

二、 读评结合， 掌握要领

1. 出示绕口令《四和十》，分组训练（见备用材料1）。

（1）指读，让学生掌握这则绕口令的关键字是"四和十"。读"四"时舌尖碰牙齿，读"十"字时舌尖别伸直。

（2）自由朗读。（要求：准确、流利、快速，掌握关键字）

（3）指读与评论。（主持人指名读，其余同学根据要求予以评论）

2. 出示绕口令练习《缝缝》《小花鼓》《铜铃》，分组朗读。（见备用材料 2~4）

（1）读这则绕口令的题目"缝（féng）缝（fèng）"。

（2）正音：每件衣服上都有缝（fèng），衣服破了，我们用线缝（féng）。

（3）自由朗读。

（4）集体朗读。（主持人或教师按要求讲评）

三、 汇报表演， 才华展示

请学生把自己准备好的绕口令读给大家听。

四、 好戏连台， 打擂夺冠

1. 妙语连珠。

教师出示一段绕口令：

莎莎告诉甲甲，又去告诉花花。

妈妈下班乏啦，不要惊吵妈妈。

咱们外边耍耍，手帕把眼蒙着。

玩玩"过桥摸瞎"。

莎莎拉着甲甲，甲甲拉着花花。

绕一圈，转过来，花花拉着甲甲。

甲甲拉着花花，笑嘻嘻，乐哈哈。

没有惊吵妈妈。

比一比，看谁读得又快又准。（学生轮流上台读，优胜者是速度最快而又吐词最清晰者）

2. 伶牙俐齿。

教师再出一段绕口令：

八老头门前有八棵芭蕉树，有八只八哥要在八老头门前八棵芭蕉树上住，八老头恼，八老头怒。八老头挂了八个泥球，要打八只八哥，不让八只八哥在八老头门前八棵芭蕉树上住。

用这段绕口令举行挑战赛，决出擂主，教师和未参赛的人当评委。

五、 评比颁奖， 活动总结

师：绕口令的最大特色是拗口。它是学习语言艺术（如相声、快板等）的必修课。它可以锻炼人的舌、唇、齿相互配合的技巧，被形象地称为"口腔体操"。在今天的活动中，我们不仅领略了同学们的精彩表演，还感受到了祖国语言的丰富与魅力。

备用材料

1. 四是四，十是十，十四是十四，四十是四十，要想说对四十四，请多练习十和四。

2. 一条裤子七条缝，横缝上面有竖缝。缝了横缝缝，缝了竖缝缝。

3. 一面小花鼓，鼓上画着虎。宝宝敲破鼓，妈妈拿布补，不知是布补鼓，还是布补虎。

4. 高高山上一根藤，藤条上面挂铜铃。风吹藤动铜铃动，风停藤停铜铃停。

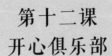

第十二课
开心俱乐部

【活动目的】

1. 通过"故事会"等活动形式，激发学生学习语文的兴趣。

2. 检查学生的记忆力、表达能力以及表演能力，丰富学生的学习生活。

3. 培养学生良好的个人性格，使之对生活充满热情，增进同学之间的感情。

【活动准备】

1. 此活动以故事会的形式进行，不进行比赛，以激励学生展示自己。

2. 学生所选择的笑话必须有品味，有意义，不得选一些低级庸俗的笑话。

3. 在活动课之前，每组可商量选 1 至 2 名代表，凡上台者均可得奖，奖品价格不必太高，以精神激励为主。

4. 开展活动之前，参讲的同学要精选笑话，先背诵下来，再自己练习几遍，以防活动课时冷场。

【活动过程】

一、 交流名言， 感悟快乐

1. 课件出示关于快乐的名言警句。

（1）所谓内心的快乐，是一个人过着健全的、正常的、和谐的生活所感到的快乐。

——罗曼·罗兰

（2）当我们爱别人的时候，生活是美好、快乐的。

——列夫·托尔斯泰

2. 交流快乐体验。

二、 趣味比赛， 快乐分享

讲笑话的同学依次上台，其余同学准备数朵小红花，凡是能逗笑自己的笑话，就在讲笑话的同学名字后面贴上一朵小红花。

三、 评选颁奖， 活动总结

1. 评选"笑话大王"。

组长统计各组小红花，再交给班长统计，以评选出班上的"笑话大王"。

2. 教师总结。

师：生活并非一帆风顺，人生中难免会遇到障碍，遭受挫折，同学们讲的这些笑话可赶走生活阴霾，淡化人生困苦，找回生活乐趣，慰藉人们的心灵。

布置开放式作业：

利用课前开展"1分钟笑话"活动，全班轮流上场，培养学生口头表达能力，锻炼学生当众表演的勇气，培养学生的自信心。

备用材料

讲话比赛评分标准

项　　目	演讲内容（40分）	演讲艺术（40分）	演讲风格（20分）
计分标准	1. 趣味性强	1. 口齿清晰	1. 神情自然
	2. 内容健康	2. 节奏恰当	2. 表达流畅
	3. 情节完整	3. 普通话标准	3. 仪态自然
	4. 思路清晰	4. 声情并茂	
单项计分			
综合计分			

五年级

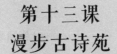

第十三课
漫步古诗苑

【活动目的】

1. 通过古诗竞猜、游戏等活动，促进学生积累古诗词，检查学生学习古诗的成效。

2. 通过诵、读、品、析、唱、演，感受古诗的意蕴美，陶冶学生的情操。

3. 为学生搭建表演的舞台，培养勇于展现、协调交流的能力。

4. 提供多渠道、多层面的实践学习机会，培养学生收集、分析、利用信息的能力和合作探究的精神。

【活动准备】

1. 推荐两位同学做主持人，六位同学做评委。

2. 提前布置综合性学习活动任务。学生自由组合，按以下六个方面收集资料：①古诗中的春夏秋冬；②古诗中的山水田园；③古诗中的亲情友谊；④古诗中的名胜古迹；⑤古诗中的离愁别绪；⑥古诗中的边塞疆场。

3. 各自准备资料，由小组长汇集资料并进行整理。

4. 准备古诗配乐及相关插图。

【活动过程】

一、 诗情画意， 配乐引题

伴随着《春江花月夜》悠扬的旋律，电视屏幕上展示一幅幅优美的画卷，播放话外音：中国是一个诗的国度，诗的历史源远流长，名家辈出，名篇佳作卷帙浩繁，在阅读诗歌时，我们可以感受到悦耳的鸟鸣，怡人的花香；时而激情澎湃，时而身心宁静。这就是诗歌赋予我们的美妙境界。今天让我们漫步于古诗苑，含英咀华，接受一次美的洗礼。

二、 诗海泛舟， 采珍拾贝

各小组派代表展示自己组编辑的诗集。

要求：各自为诗集取一个新颖别致的名字。畅谈编辑诗集的感受。（课

开放式活动课程（第二版）

件展示上述环节，以 10 分制计分）

三、诵读诗文，赏语言醇香

各组派一位代表抽签决定背诵的先后顺序。

背诵要求：（1）按出示的诗人背诵其所作的诗；（2）按出示的名句背诵。（此环节可以接力赛的形式进行，以 10 分制计分）

四、品悟诗魂，促思想丰盈

各组派一位代表上台，选择自己喜欢的一首（或一句）古诗来朗诵，并说说自己喜欢的理由。（以 10 分制计分）

五、赏析诗韵，绘情景交融

（1）各组派代表展示自己组收集的诗配画或者画配诗的作品，并解说。

（2）现场配诗，根据课件提示的画面配诗。（自由抢答，同组的提醒补充，答对一首或一句加 2 分）

六、放飞思维，点燃智慧

（一）过关斩将夺冠军

规则：把你认为正确的答案写在答题板上，看谁过的关最多，优秀者将颁发"未来小诗人"奖章。

如：我国被称为"诗仙"的诗人是（   ）。a. 李白   b. 杜甫   c. 杜牧   d. 李商隐

（二）接诗句，说作者

规则：老师说上半句，同学们接下半句；老师说诗句，同学们说作者。宣布"开始"再抢答。

如，接诗句：春色满园关不住，（   ）。

说作者：《柳枝词》，（   ）。

（三）看谁做得又对又快

1. 下列诗句分别写的是什么季节的景色，请从"春、夏、秋、冬"中选择恰当的填写在括号里。

（1）小荷才露尖尖角，早有蜻蜓立上头。（   ）

（2）孤舟蓑笠翁，独钓寒江雪。（   ）

（3）停车坐爱枫林晚，霜叶红于二月花。（   ）

（4）碧玉妆成一树高，万条垂下绿丝绦。（   ）

2. 填上重叠的词。

例：春眠不觉晓，<u>处处</u>闻啼鸟。

（1）（   ）原上草，一岁一枯荣。

（2）（   ）园中葵，朝露待日晞。

（3）天（   ），野（   ），风吹草低见牛羊。

（4）杨柳（   ）江水平，闻郎江上踏歌声。

3. 填地名。

（1）故人西辞黄鹤楼，烟花三月下_____。

（2）_____瓜洲一水间，钟山只隔数重山。

（3）不识_____真面目，只缘身在此山中。

（4）朝辞_____彩云间，千里_____一日还。

（5）借问酒家何处有，牧童遥指_____。

（四）按要求，写诗句

1. 表现惜时或劝学内容的名句：_____。

2. 说明好上加好，争取更大胜利：_____。

3. 表达在节假日对亲人无限思念之情：_____。

4. 形容风景一处比一处好，或比喻先进之上还有先进：_____。

5. "当局者迷，旁观者清。"宋代诗人苏轼用诗句"_____"说明了这样一个道理。

6. 暑假期间，李明到南岳旅游，当他爬上衡山祝融峰顶时，面对眼前美景，一句诗从他的口中脱口而出，你猜会是哪一句？

_____。

7. 初中毕业在即，同窗好友就要分离，在写给你好友的同学录上，你将用一句什么诗句来表达你对他的友情？_____。

七、 吟唱古诗， 余音绕梁

1. 古诗合唱《宿建德江》。

2. 配唱《静夜思》。（多媒体出示：《静夜思》音乐、歌词）

3. 延伸：课外练唱《春晓》。

八、 总结活动， 评选优秀

师：古诗是我国民族文化的精髓，也是世界文化艺术宝库中的一颗灿烂的明珠。通过诵读古诗，我们触摸到了国学的魂与根，这不仅丰富了我们的文化底蕴，而且还在我们心中筑起了民族精神之魂。

备用材料

1. 过关斩将夺冠军。

（1）王维和孟浩然以（　　）诗著称。a. 山水田园　b. 边塞诗　c. 马诗　d. 战争诗

（2）初唐四杰指（　　）。a. 杨炯、卢照邻、骆宾王、王勃　b. 李白、王维、岑参、李贺　c. 王昌龄、骆宾王、王勃、李白　d. 杜甫、杨炯、杜牧、骆宾王

（3）诗坛上被称为"小李杜"的是（　　）。a. 杜牧、李白　b. 李商隐、杜甫　c. 李贺、杜甫　d. 李商隐、杜牧

（4）黄鹤楼在（　　）。a. 武汉　b. 南京　c. 苏州　d. 洛阳

（5）被誉为"诗圣"的是（　　）。a. 杜甫　b. 白居易　c. 范仲淹 d. 王安石

（6）（　　）是著名的边塞诗人。a. 高适、杜甫　b. 岑参、高适　c. 杜牧、李白　d. 岑参、王维

（7）"朱门酒肉臭，路有冻死骨"是（　　）的诗句。a. 孟浩然　b. 杜牧　c. 杜甫　d. 李白

2. 抢答：接诗句，说作者。

（1）接诗句。

a. 欲把西湖比西子，（　　）。　　　　b. 等闲识得东风面，（　　）。

c. 但使龙城飞将在，（　　）。　　　　d. 野旷天低树，（　　）。

e. 生当作人杰，（　　）。　　　　　　f. 夕阳无限好，（　　）。

g. 随风潜入夜，（　　）。

（2）说作者。

a.《题临安邸》（　　）　　　　　　b.《滁州西涧》（　　）

c.《望庐山瀑布》（　　）　　　　　d.《枫桥夜泊》（　　）

e.《江南春》（　　）　　　　　　　f.《咏柳》（　　）

g.《十七日观潮》（　　）　　　　　h.《小池》（　　）

答案：

1.（1）a　（2）a　（3）d　（4）a　（5）a　（6）b　（7）c

2.（1）a. 淡妆浓抹总相宜　b. 万紫千红总是春　c. 不教胡马度阴山 d. 江清月近人　e. 死亦为鬼雄　f. 只是近黄昏　g. 润物细无声

（2）a. 林升　b. 韦应物　c. 李白　d. 张继　e. 杜牧　f. 贺知章 g. 陈师通　h. 杨万里

第十四课
语言修辞"美容"

【活动目的】

1. 以"修辞"为手段，进行语言美容活动。

2. 巩固已学过的修辞知识，熟练掌握修辞的运用。

3. 帮助学生锤炼语言、修饰调整语言，以提高鉴赏语言和运用语言的能力。

【活动准备】

1. 组织形式：在班上以学习小组形式组建代表队参加语言美容院活动系列大赛，分别冠以名字以示区别，每队基础分为 100 分。

2. 人员安排：选定一名有主持经验的同学做主持人，确定由老师和同学代表组成竞赛评判小组。

3. 会场布置：在竞赛会场中心位置，醒目张贴写有"语言美容大赛"几个大字的横幅；将各队代表分列在主持台的前方两列，整个队伍呈弧形，有条件的可在赛场使用抢答器和记分牌。

【活动过程】

一、 语言美容， 知识必答

1. 明确要求。

必答题每队共 8 道，答对加 10 分，答错不扣分。不能作答的题目可由观众举手回答，必答题各代表队交叉进行。

2. 必答示例题。

（1）"抓住了今天，你就抓住了生命，抓住了未来，你的青春就是美丽的，什么大水也冲不走它。""大水"的修辞方法是____。

A. 借代　B. 明喻　C. 暗喻　D. 借喻

（2）"远远的街灯明了，好像是闪着无数的明星。天上的明星出现了，好像点着无数的街灯。"郭沫若这四行诗句用的修辞手法是____。

A. 排比兼比喻　B. 比喻兼反复　C. 比喻　D. 夸张

（3）"远远的许多人在讴歌那光芒四射的朝阳，四季常青的松柏。庄严屹立的山峰，澎湃翻腾的海洋吗？"这个句子运用的修辞是____。

A. 反问兼对偶　B. 反问兼排比　C. 反问兼排比　D. 设问兼排比

（4）"师傅讲话声音很大。"请用夸张法把这个句子说得更富感染力。

（5）请说出下列句子加点词运用了什么修辞手法？

① 鲁迅的杂文是匕首，是投枪。

② 就你这巴掌大的小县城？

（6）选择恰当的词填空。

① 春潮带雨晚来急，野渡无人舟自（　　　）

A. 停　B. 泊　C. 靠　D. 横

② 今晚你就在这里歇脚吧。（　　　）我陪你一道上山。

A. 拂晓　B. 黎明　C. 天亮　D. 凌晨

（7）主持人提供上一名句，同学们对出下一句。

① 海内存知己，_____

② 少壮不努力，_____

③ 天苍苍，野茫茫，_____

④ 花间一壶酒，_____

（8）按要求变换句式。

① 这种新产品质量好，价钱也便宜。（改为否定句）

② 这个秘密让他知道了。（改为主动句）

二、 语言美容， 知识抢答

1. 比赛规则。

抢答题共设十五道，主持人依次出示第一道题，由各队抢答，答对一题计 10 分，答错扣 10 分，该题抢答错误之后不能再抢答，由旁听的其他同学举手抢答。

2. 抢答示例题。

（1）"奋斗就是与风浪搏斗的双橹"，请仿照这一富有哲理性的比喻句将下面的词语分别各说一句话。

① 勤劳　② 追求

（2）下面诗句包含了什么修辞手法？

① 朔气传金柝，寒光照铁衣。

② 碧玉妆成一树高，万条垂下绿丝绦。

③ 飞流直下三千尺，疑是银河落九天。

（3）"你能给我介绍一下我国书籍的演变历史吗？"将这句话改成祈使句。

（4）"要学好语文，得下苦功夫。"将其改成双重否定句。

（5）"他把好些衣服放在草地上。"将其改成被动句式。

（6）补齐下列歇后语。

① 黄鼠狼给鸡拜年——

② 周瑜打黄盖——

③ 哑巴吃黄连——

三、 语言美容， 知识拓展

拓展加分题：

出示分值分别为 10 分、20 分、30 分难易程度不同的题目，由各代表队根据实际情况选择相应题以便本队分数累计至最高，答对加分，答错则扣分。

（1）10 分题：吟诵运用修辞手法的名句。

示例：谁言寸草心，报得三春晖。海上生明月，天涯共此时。

燕草如碧丝，看桑底绿枝。抽刀断水水更流，举杯消愁愁更愁。

（2）20分题：用比喻的形式给下面的词语写一句富有哲理的话。

A. 书籍　　B. 生活　　C. 科学

（3）30分题：根据故事，揭示道理。

东晋丞相谢安冬天带侄儿侄女赏雪，雪景十分壮观美丽，谢安不禁诗兴大发，随口吟出"白雪纷纷何所似?"之句，要求侄子侄女根据眼前雪景索句作答。侄子谢朗脱口而出："撒盐空中差可拟。"侄女谢道韫沉吟之后从容而答："未若柳絮因风起。"

问题：请从修辞的角度说出其中道理。

四、"语言美容师" 评选

语言美容知识系列大赛在经过三个阶段比赛之后结束，根据得分情况，按由高到低顺序评出冠、亚、季军，特别为冠军的得主颁发"语言美容院一级美容师"证书。

教学实录（一）

有趣的"○"

执教教师： 张云鹰

执教年级： 五年级

教学流程：

一、导入"○"（圆）的话题，猜一猜

师： 今天我们一起上一节语文活动课。谁来把题目读一下？

生： 有趣的圆。

师： 有没有想把它读成别的？

生： 有趣的"○"。英语字母中的"O"。

生： 有趣的零，数学中的零。

生： 有趣的圈。

生： 有趣的洞。

师： 把它看成洞，可以吗？

生（齐）： 可以。

师： 最初的时候，我们有同学把它读成有趣的"圆"。（展示 PPT 动画——一个小小的"○"）

师： 当这个圆不断放大，甚至超出屏幕，你还可以把它想象成什么？

生： 呼啦圈。

生： 月亮。

师： 是圆月，还是……

生： 圆月。

师： 也可以叫作满月。

生： 还可以是"地球"。

生： 太阳。

师： 说明圆是无边无际，变化多端的。我们每天就生活在这些圆中，也无时无刻不被这些圆影响着。

二、观察"○"（圆）的外表，说一说

师： 昨天我让同学们画一张跟圆有关的图画或者带来一些与圆相关的小饰品，有没有准备？

生（齐）： 有！

师： 先放在课桌柜里。你要是想介绍就拿出来。咱们先保持点儿神秘感。

生： 大家看，我画的是一个泰迪熊，圆圆的脑袋周围画了很多圆的物品。比如棒棒糖，是不是感觉很甜呀？（众笑）上面还有我最喜欢吃的水果：苹果、西瓜。

师： 那旁边的这个是什么呢？

生： 这旁边还画了一朵很香很香的太阳花。虽然只是个半圆，但这样是不是有一点点儿的神秘感？（部分学生小声说"向日葵"）

师： 我乍一看，和其他孩子的感觉是一样的，它更像向日葵。

生： 校长，我画的也是一幅画。

师： 那你也说说吧。

生： 我画的是地球，地球带给我们很多的资源，可有些人却破坏了自己的家园。我要向他们倡导要环保。而且我还画了一只眼睛，眼睛能够发现美，也能创造美。所以我觉得眼睛很重要，希望同学们不要总是玩电脑，要学会保护眼睛。此外，我还画了一个飞碟。现在很多人想登上浩瀚的宇宙，我希望以后能够登上这样的飞碟到浩瀚的宇宙去探索。

师： 我觉得他说得非常好的一点就是要爱护眼睛。眼睛最圆的部分是眼珠。保护视力，这是很好的。你看你画了这么多，待会儿小练笔的时候你把它写下来好吗？

生： 好的。

师： 你说。

生： 校长，我带的东西是一个圆柱体。

师： 拿出来看看。

生： 您看，这是一个手电筒，它不仅是一个圆柱体，还能发出圆形的光。

师（手捧电筒）：首先，她说这是一个圆柱体，这是在形容它的外形。接着，她还说了它的作用。

生： 可以照亮黑暗的地方。

师： 还有没有？

生： 其实我认为这个物品还有另一个含义，就是让那些孤独的孩子见到光明便重生希望。

师： 她还赋予了它更深层的含义。那么从外表来看，你们还发现它有什么特质吗？

生： 颜色是蓝的！

师： 对，还有呢？你摸摸看！

生： 铝合金或者不锈钢的。

师： 看来男孩子的确对材质比较熟悉。是啊，在观察这个物品的时候，我们可以从它的外形、色彩……

生： 结构。

师： 对，还有材质，包括作用等方面去了解，是吗？不错，调动了各个感官啦。

生： 我想介绍的是大队部的徽章。徽章是圆形的，里面还包含了我们的校徽，也是圆形的。如果把校徽看作雏鹰，那么外面的大圆就是地球。我希望我们不要做一只囚鸟，而是做一只展翅翱翔的雏鹰，去探索浩瀚的宇宙。

师： 看来你已经研究透了我们的校徽，我们就像是一只雏鹰在地平线上飞翔。所以，老师提出——"梦从坪洲飞翔"（齐声说）。

师： 还有没有同学带来一些新奇一点儿的物品？

生： 我带来的这个东西看起来不像个圆，但也是由很多圆形组成的。它上面刻着"澳门"的字样，是一个朋友送给我的。我觉得它能够象征着澳门朋友对我们的欢迎。

师： 它其实代表着你们之间的友谊。

生： 我介绍的是我自己画的一幅画。上面画着的是英语的"O"和数学的"零"，以及语文的感叹号、省略号。

生： 我带来的物品是一个胶纸。它由三个圆组成，外面一个，中间一个，还有里面一个。它可以帮我们粘贴东西。

师： 刚才我看到很多小朋友带的东西还不止这几样，有苹果、橘子等一些吃的。那么从同学们介绍自己带来的物品时可以看到，一般观察饰品的时候要从哪几个方面入手？

生： 形状、颜色、材质、作用、含义。

三、展示"○"（圆）的作品，赏一赏

师： 现在老师想带你们欣赏一下别人是怎样用生动的语言形容它的，好不好？请你读。

生： "荷叶圆圆水里浮，镜子圆圆墙上挂，月亮圆圆天上嵌，脸蛋圆圆镜中显。"

师： 给点儿掌声！有什么感觉？

生： 我觉得圆真奇妙，可以在天上，也可以在墙上，还可以在地上。生活中处处都有圆，它真是我们的好朋友。

师： 他读懂了圆无处不在，无时无刻不在影响着我们。还有谁补充？你听我读：荷叶圆圆，镜子圆圆，月亮圆圆……圆圆是什么词？

生： 叠词。

师： 用了这么多的叠词，有什么感觉？

生： 我觉得充满了童趣。

师： 而且还朗朗上口。你能仿照这样的句式，说说你们身边的有关于圆的物品吗？

生： 手表圆圆手里戴。

师： 挺好。

生： 足球圆圆地上滚。

生： 太阳红红天上挂。

生： 队徽圆圆身上带。

师： 可能换成"队徽圆圆胸前挂"更好。

生： 手镯圆圆手上戴。

生： 硬币圆圆处处用。

生： 眼珠圆圆眼里转。（众笑）

师： 如果把写几句话连起来，是不是你们自己创作的儿歌呢？

生（齐）： 是！

师： 再看看这首小诗，我们大家小声读一读，好吗？

生： "当你变成了风扇，清凉便常常陪伴我们的左右。当你变成了头盔，安全便走近了我们的身边。当你变成了轮胎，人类便向前走了一大步。你就是默默无闻，辛劳工作的圆。"

师： "你就是默默无闻，辛劳工作的圆"这个"你"指的是谁？

生： 圆。

师： 那么在这首小诗里，具体指什么？

开放式活动课程（第二版）

生： 风扇，头盔，轮胎。

师： 这是一种什么样的写法？

生： 比喻、排比。

师： 上一首儿歌，读起来让人觉得充满童趣，朗朗上口，那么这首诗歌给你什么样的感觉呢？

生： 读了这首诗，我觉得我很感动，因为我们从来都忽视圆，认为它只是一个形状而已。但是我们从来没有想过，圆为我们奉献了这么多，如果没有圆，很难想象我们这个世界会变成什么样子。

师： 对，你说得太好了。如果世界上没有圆，没有太阳，没有月亮，难以想象我们将是一个什么样的生活状态。

生： 我认为刚才的儿歌的确很童趣，而这首诗则被作者赋予了很多的感情。我刚刚想了一句话，不知道能不能说？

师： 当然可以。

生： 当你变成了眼睛，人类才能发现更多的美。

师： 不错，还有没有同学可以仿照她这样说几句？

生： 当你变成了地球，我们才得以生存。

生： 当你变成了象棋，课间便充满了欢快。

生： 当你变成了时钟，我们才知道了时间的流逝。

师： 能不能再加一句，让我们懂得了……

生： 珍惜时间。

生： 当你变成了鸡蛋，才哺育出那么多的生命。

生： 当你变成了灯泡，才能驱赶黑暗。

生： 当你变成了苹果，人类才充满活力。（众笑）

师： 你是不是喜欢吃苹果补充能量，觉得充满活力啊？（众笑）

生： 是的！

生： 当你变成了水车，水才能源源不断地流动。

师： 像这首诗歌，用了排比的句式、比喻的手法，不仅仅写了圆的作用，还赋予了圆生命的意义。再往下看。这是什么词？

生： 广告词。

师： 请一个男孩子读。

生： "引领进步之道——米其林轮胎。"

师： 你读懂了吗？

生： 因为有了轮胎，人类的文明进步了一大步。

师： 非常好。你看这则广告词，表面虽然没有点到圆，却让人联想到与圆有关的物品，这就是广告词的奥秘。你能仿照它说一个句子吗？

（现场鸦雀无声）

师： 确实有难度。

师： 老师在《开放式活动课程》这本书中设计了84个活动课，到六年级的时候有一个活动课是专门讲广告词设计的。现在你们还没有悟到，先不讲。但是，你们要清楚一点——广告词语言非常简洁，但意蕴却非常深刻。现在暂时想不到，一会儿写的时候，你有兴趣就写下来，可不可以？

生： 可以。

师： 刚才我们欣赏了描写圆的几种表达方式，你们喜欢哪一种？

生： 我喜欢第一种儿歌的表达方式，它运用了叠词，充满了童趣。

生： 我喜欢广告词。因为它简洁，干脆利落，让人一下子记住了物品的形象。

师： 你能现场说一句吗？

生： 刻不容缓——手表。

师： 不错，这个广告词是让人抓住时间。

生： 我喜欢诗歌，因为诗歌是中国博大精深的文化，反映出深刻的情感和（文化）精粹。

生： 我也喜欢儿歌，因为它虽然看起来稚嫩，实际上读起来不稚嫩，给人一种莫名其妙的可亲感，让人觉得很可爱。

师： 莫名其妙的可亲感，就是说儿歌已经流到你的心田里去了，能不能换成"沁人心脾"？说明它跟你产生了共鸣，儿歌或者诗歌要写好是很不容易的。

生： 我也喜欢第二首，我和那位同学有共鸣。诗歌很优美，创作者在其中赋予深刻的情感。

师： 对，给人一种诗情画意的感觉，还运用了很多修辞手法：比喻啊，拟人啊，夸张啊，排比啊……

四、挖掘"○"（圆）的元素，写一写

师： 老师昨晚也写了一小段，不是儿歌、诗歌和广告词，而是一种说明的方法，想不想看看？

生： 想。

师（出示《一元硬币的故事》）："这是一枚1元的人民币，铝合金材质，呈铝白色。用手一摸，它的正反两面除了图案部分，显得十分光滑。硬币的正面写着'中国人民银行'和'1元'的字样。它的下方印着'2010'，我想，它应该是2010年诞生的第五套币种吧！硬币的反面上方刻有汉语拼音字母'ZHONGGUORENMINYINHANG'，中间有一朵盛开绽放的菊花，使我不由自主地想起陈毅元帅的一首诗《秋菊》：'秋菊能傲霜，风霜重重

开放式活动课程（第二版）

恶。本性能耐寒，风霜其奈何？'记得 5 角和 1 角硬币的背面是荷花和兰花。我拿起硬币轻轻一咬：哇，还挺坚韧。你们知道吗？1 元硬币的直径 25 毫米，厚度是 1.85 毫米，重 6.1 克，掂一掂，还真是有点儿分量呢！"觉得怎么样？

生： 行！

师： 就这么小小的一元硬币，老师写出了差不多两百字的说明文。如果要完善的硬币的故事，你觉得还可以写什么？

生： 写怎么诞生的，它的历史。

生： 我觉得校长您可以联系菊花的含义。

师： 有道理。

生： 您还可以写硬币的作用。

生： 我认为还可以用硬币引出民国的大洋，晚清时代的铜板。

师： 你知识面真广。

生： 校长，我觉得您可以把硬币和其他币种联系起来。比如古代的铜板、元宝……

师： 你见过古代的铜板是什么样的吗？

生： 见过，古代的硬币，内方外圆。

师： 方圆结合是古代的核心文化。

生： 校长，我觉得你先从硬币联想到什么，为什么中华人民共和国要这样创造硬币，并且用一些诗句或者好词好句赞美硬币为人类带来的一切。

师： 好的，现在你们可以用诗歌、儿歌、广告语或者说明文的形式，为你最喜欢的与圆有关的饰品或者画的作品写一段话，看看你们是不是比老师写得更好一些。

师： 谁愿意到黑板上去写？

生： 我愿意。（板书作品）

师： 我们来看看，这位同学写的"它可以让你其乐无穷——象棋"。有谁想把它变得更生动？

生： 可以把"它"改成"他"，更生动。把"其"改为"棋"。

师： 现在很多语言学家都不主张用谐音字，但是用"他"是可以的，显得更生动了。还有哪个小组的同学可以上来分享？

生： 当你变成了硬币，你就不愁吃穿。当你变成了太阳，便可以赶走黑暗。

生： 当时钟走进我们的身边，我们才发现时间的珍贵。当中秋的月亮走近我们的身边，我们才懂得了家人团聚的可贵。当眼球走进我们的身边，我们才发现了世界的美丽。

师： 她这个排比句不错的，有一点儿可以修改一下。

生： 我认为她可以"当眼球走进我们的身边"，可以改为"当眼球附在我们的身上"。（众笑）

生： 改为"嵌"字更好。

师： 对了，她自己就改对了，并且她第一个用的是进来的"进"，第二个是靠近的"近"。说明她在用字上还是有所思考的。

生： 如果你变成了圆，你想要变成什么呢？我想变成一个灯泡，虽然它早已过时，不像其他物品那么有趣，但它可以照亮黑暗，关注孤独。

师： 用"关注"好，还是换成什么别的词比较好？

生： 赶走。

师： 赶走？还是排遣？这个词可能大家不熟悉，以后我们慢慢会用。你主要想表达什么？

生： 虽然有些圆比较丑陋，但是能对人类有许多用处。

师： 时间关系，不一一品读了。下课有时间再交流好吗？

五、拓展"〇"（圆）的内涵，品一品

师： 通过圆，我们能感受到圆的有趣，在中国的历史上，圆还赋予了更多的内涵。这是什么？（展示国徽PPT）

生： 国徽。

师： 我们国家56个民族，用国徽代表什么？

生： 团结。

师： 对，上面是五星。说明各民族人民团结在我们的党、我们的祖国周围。（PPT展示奥运五环）

生： 这是奥运五环。

师： 有什么含义呢？

生： 代表五洲紧紧相扣。

师： 五环是体育语言，我们一看到它就想起五大洲。我们的竞技不仅要赛出成绩，还要赛出友谊。（PPT展示）

生： 圆桌会议。大的圆桌会议，是不分强国弱国的。这又意味着什么？

生： 圆桌会议象征着各个国家没有种族歧视，没有强弱之分，每个国家都是平等的，没有不公平的待遇。

师： 说得真好！掌声鼓励！所以圆的含义非常丰富，象征着团结、友谊、平等以及人们对美好生活的向往。其实我们每个人都是一个圆，圆内是已知，圆外是未知的。你要了解更多未知的世界，就要不断阅读，这样自己才会成为一个大大的圆。

六、透过"○"（圆）的世界，练一练

师： 今天星期五，是快乐周五，平时都有配方课程。今天我们了解圆，观察圆，读了圆，品了圆。今天想不想回家做一些与圆有关的事情？

生： 想！

师： 第一个是查找资料，了解圆的其他寓意。第二，根据我们今天学的关于圆的知识，制作一份"××××的圆"的手抄报，介绍"圆"的趣味故事。简单吗？

生： 简单！

师： 你们说简单，其实说明你们真不简单。祝每一个同学有一个圆满的童年。下课！

点评

　　《有趣的"○"》这一课例是张云鹰老师"开放式语文活动课程"的典范之作。此课，以"○"为话题，以"趣"为支点，引导学生从生活体验出发进行联想与想象。教师从图片到实物，再从实物到联想，引导学生从多角度、多感官进行观察与联想，于是，"○"不再僵化为某一个概念，"○"可以是"0"，可以是"O"，可以小到身边的小物件，也可以大到浩渺宇宙的巨大星球，更重要的是，学生充满灵性的想象："○"是观察世界的眼睛，是孤独者的天窗；"○"是校徽，是孩子们梦开始的地方；"○"是地球，是保护环境的原始意识的培养。课堂上，学生从生活走向广袤的世界，从身边事物走向人文关怀，这正是"开放式教育"的开放之处——思维的开放、情感的开放。

　　开放并不代表无序。张老师紧紧抓住语文之脉，借助富有童趣的儿歌、散发情趣的诗歌、饶有奇趣的广告词、独具风趣的故事性说明文等载体深入浅出地展现了"圆"灵动的形态变化，多种表达方式的运用，引领学生走进语文的世界，张弛有度，自然生动。毋庸置疑，在这个师生共同打造的"○"的世界里，处处充满生活的情趣，又彰显语文的魅力。整节课，语文与活动浑然天成，形象思维与理性思考使课堂灵性飞扬，是一节让孩子思维自由开放、生命自由成长的语文活动课。

（点评：吴立岗）

教学实录（二）

记"爱读者"故事汇

执教教师： 陈树民
执教年级： 五年级
教学流程：

一、情境导入，酝酿情感

师： 阅读对于每个人来讲，都是十分重要的。在我的记忆中，那一个个温暖的下午，晚霞像金子般铺撒在山野的草坡上，静谧、温润，身边的那头老牛静静地回味着自然的美味，而我一定是捧着一本书，或小说，或散文，或科普，如痴如醉，沉浸在文字中，沉浸在另一个世界里……山野静极了，风儿轻轻，鸟儿啾啾，头顶上的天空瓦蓝如洗，而我静静地阅读，直到夕阳西下。

师： 在中华文明史上，在我们的身边，有许许多多热爱阅读的人，他们用阅读谱写着美好人生。前天我们开展了一个收集名人读书故事的综合性活动，我们今天就来开展《"爱读者"故事汇》活动课，用你们的语言讲述

"爱读者"的故事吧！

生： 好。

师： 有请此次活动课的两位主持。

二、小主持主持活动，展示各自精彩

（两位小主持上台，学生掌声）

主持人1： 莎士比亚说："生活中没有书籍，就好像没有阳光；智慧里没有书籍，就好像鸟儿没有翅膀。"

主持人2： 周国平先生说："一个不是读者的学生，不管他考试成绩多么优秀，本质上不是一个优秀的人才。"

合： 因为，生命的灵山秀水，只有书籍才能孕育。

主持人1： 敬爱的老师、亲爱的同学们，大家好！今天，我们以阅读者的名义，在这里共同了解那些热爱阅读的人，感受他们不同寻常的阅读故事。

主持人2： 我们讲一讲"爱读者"的读书故事，让他们的故事启迪我们的智慧，指引我们开启阅读之路。我们的"爱读者故事汇"现在开始。

主持人1： 我们每个小组都准备了精彩的故事，哪个小组愿意先来呢？

（主持人环视四周，学生纷纷举手）

主持人2： 有请第九组赖鹏林同学为我们讲故事，掌声欢迎。

生： 大家好，我是赖鹏林，我给大家讲一个《匡衡凿壁偷光》的故事。匡衡是西汉人，出生在一个穷苦的农民家庭。他从幼年起就酷爱读书。白天要劳动，没有多少空余时间，晚上很想读书，却穷得点不起灯，他为此很苦恼。后来，他发现邻居家夜夜有灯光，就想了个办法。因为邻家点灯的房子和他的住室之间，只隔着一堵墙，于是，他便在墙上凿了个小孔。灯光果然从小孔里透过来了。他高兴得跳了起来。从此以后，他每夜蹲在墙脚，借着这一线亮光读书，直到邻居家熄了灯，他才心满意足地去睡觉。

过了不久，又发生了另一个问题：他仅有的几册书早已被读得滚瓜烂熟，却一直没有钱买新的，向有书的人家去借，又常常碰钉子，他又开始苦恼起来。

当地有个叫"文不识"的富豪，家里藏书很多。匡衡便请人介绍，去文家当长工。到了文家，他干活既卖力又不要一文工钱。"文不识"觉得很奇怪，就问匡衡道："你为什么自愿做工，而不要工钱呢？"

"我给您做工，不为别的，只希望您把书借给我，让我好好阅读。""文不识"答应了他的请求。匡衡一得到丰富的图书，就像几天没有吃饭的人得到美食佳肴一样，贪婪地、津津有味地读啊读啊，读完一册又读另一册。

这样日积月累，他终于成了著名的大学者。

五年级

219

（学生纷纷鼓掌）

主持人1： 感谢赖鹏林同学带来的《匡衡读书的故事》，为了能读书，去别人家白干活不要报酬，真让人感动。哪个同学能点评点评他讲的故事呢？

生： 赖鹏林同学讲故事声音响亮。

生： 匡衡真是一名爱读书的人，我们的条件这么好，更应该好好读书了。

生： 有时候，我们也会在家长不注意的时候，打手电筒在被子里阅读呢！

（学生偷笑）

主持人2： 刚才是一个人讲的故事，有没有哪个学习小组愿意合作来讲个故事呢？（主持人等待）下面我们有请第一组的同学。

（第一组的学生走向讲台，共同讲《毛主席读书》的故事）

学生1： 各位同学，大家好，我们小组为大家讲一讲《毛主席读书》的故事。

几十年来，毛主席一直很忙，可他总是挤出时间，哪怕是分分秒秒，也要用来看书学习。他的中南海故居，简直是书天书地，卧室的书架上，办公桌、饭桌、茶几上，到处都是书，床上除一个人躺卧的位置外，也全都被书占领了。

学生2： 为了读书，毛主席把一切可以利用的时间都用上了。在游泳下水之前活动身体的几分钟里，有时还要看上几句名人的诗词。游泳上来后，顾不上休息，就又捧起了书本。连上厕所的几分钟时间，他也从不白白地浪费掉。一部重刻宋代淳熙本《昭明文选》和其他一些书刊，就是利用这时间，今天看一点，明天看一点，断断续续看完的。

学生3： 有一次，毛主席发烧到39度多，医生不准他看书。他难过地说，我一辈子爱读书，现在你们不让我看书，叫我躺在这里，整天就是吃饭、睡觉，你们知道我是多么难受啊！工作人员不得已，只好把拿走的书又放在他身边，他这才高兴地笑了。

学生4： 毛主席读书还有很多的讲究，他提出了几种读书的方法：第一认真地学，反复地读。

毛主席从来反对那种只图快、不讲效果的读书方法。他在《读韩昌黎诗文全集》时，除少数篇章外，都一篇篇仔细琢磨，认真钻研，从词汇、句读、章节到全文意义，哪一方面也不放过。通过反复诵读和吟咏，韩愈的大部分诗文他都能流利地背诵。《西游记》《红楼梦》《水浒传》《三国演义》等小说，他从小学的时候就看过，到了20世纪60年代又重新看过。他看过的《红楼梦》的不同版本差不多有十种以上。一部《昭明文选》，他上学时读，50年代读，60年代读，到了70年代还读过好几次。他批注的版本，现存的就有三种。

学生5： 第二，不动笔墨不看书。

几十年来，毛主席每阅读一本书，一篇文章，都在重要的地方画上圈、杠、点等各种符号，在书眉和空白的地方写上许多批语。有时还把书、文中精当的地方摘录下来或随时写下读书笔记或心得体会。毛主席所藏的书中，许多是朱墨纷呈，批语、圈点、勾画满书，直线、曲线、双直线、三直线、双圈、三圈、三角、叉等符号比比皆是。

学生6：　第三，无所不读。

毛主席的读书兴趣很广泛，哲学、政治、经济、历史、文学、军事等社会科学以至一些自然科学书籍无所不读。在他阅读过的书籍中，历史方面的书籍是比较多。中外各种历史书籍，特别是中国历代史书，毛主席都非常爱读。从《二十四史》《资治通鉴》、历朝纪事本末，直到各种野史、稗史、历史演义等他都广泛涉猎。他历来提倡"古为今用"，非常重视历史经验。他在他的著作、讲话中，常常引用中外史书上的历史典故来生动地阐明深刻的道理，他也常常借助历史的经验和教训来指导和对待今天的革命事业。

（学生纷纷鼓掌）

主持人1：　感谢他们为我们讲了有关毛主席读书的故事，他们讲得怎样呢？大家又从中获得哪些启发呢？

生：　毛主席日理万机，还能抽时间阅读，真了不起。

生：　我觉得毛主席说的"无所不读"是正确的，我们要多读书，读各方面的书，这样我们的知识才全面。

生：　不过，我不太同意"不动笔墨不读书"的看法，我们有时候读书图的就是快乐，不一定要每读一本书都动笔做笔记。

生：　我不同意，这个"不动笔墨不读书"更多的是指我们读书要善于表达自己的意见，我觉得"不动笔墨不读书"是正确的。

（学生还在围绕这个话题议论纷纷）

主持人1：　大家的意见都不一样，说明我们都是爱读书的孩子。刚才我们都是在听故事，有没有哪个小组愿意为我们来表演一个故事呢？

有请王烨他们来表演他们的故事。

（一个小组上台分角色表演《高尔基读书的故事》，略）

（学生看完表演后，被他们搞笑的表演、有趣的语言逗乐）

主持人2：　我们学过了《小苗与大树的对话》，明白了很多读书的方法，更懂了如何采访读书名人。前几天，我们班的同学也采访了一个名人，你们知道是谁吗？

（等一等，让学生说出来）

主持人1：　对，我们采访了我们亲爱的张云鹰校长，张校长不仅是名校长，还是深圳市的"十佳阅读推广人"之一哦！听一听，她会给我们带来怎样的启示，下面有请蔡晨欣、郭明芳、简永亮和我一起来讲一讲张校长的阅读故事。

（出示采访张校长的课件）

学生简永亮： 9月9号，在教师节来临之际，我们有幸采访了敬爱的张云鹰校长，聆听张校长的阅读故事，感受张校长的阅读人生。张校长还亲切地为我们提出了有关阅读的宝贵意见。

学生林予雯： 刚刚学完《小苗与大树的对话》，我们就想，我们能采访谁呢？有人提议，我们身边就有一位全国的名校长——张云鹰校长，我们为什么不去采访她呢？有了这个想法，我们告诉了语文老师，还请他帮我们约一约张校长。其实我们也不知道张校长能不能同意我们的采访，毕竟她太忙了。当我们得知张校长接受我们采访的时候，我们无比激动，赶紧准备采访的稿子。

学生蔡晨欣： 下午两点，张校长已经在办公室准备好接受我们的采访。说心里话，当时我们真的很紧张。张校长的和蔼可亲，让我们放下了包袱，和她开心地交谈起来。张校长在我们的请求下，讲述了她的阅读故事：大年三十晚上，正当我们吃着年夜饭，看着联欢晚会，放着鞭炮的时候，张校长却还在阅读，读哲学，读教育专著，有时候读得兴起，还不忘打个电话和作者进行交流呢！张校长这么爱阅读，难怪别人要用"读书成就名师"来报道她。

学生郭明芳： 当张校长问我们读了什么书的时候，我们都说："读了童话，还有沈石溪的动物小说、曹文轩的小说等。"这时候，张校长笑着说："你们读的书都不错，不过到了高年级，你们的阅读面要更宽些！"我们都被张校长逗笑了。她说："你们不仅要读儿童文学作品，更多地要关注社会，关注人文，关注自然。甚至可以了解你们爸爸妈妈的工作，读一读他们工作范畴的书籍，了解他们，就能更懂得他们的辛苦。"张校长还告诉我们，我们的阅读可以结合教材选取相关的作品，也可以根据作者、文章体裁、某一个主题有针对性地开展阅读活动，要多读原著，这样就能更了解作者、亲近作者。

学生林予雯： 不知不觉中，半小时的采访就要结束了，张校长亲切地和我们握手，还把名记者张贵勇先生撰写的《阅读成就名师》这本书送给我们，我们一定会记住张校长给我们的教导，博览群书，努力学习，不辜负张校长的谆谆教诲——"让阅读成就美好人生"。

（学生纷纷鼓掌）

主持人1： 我们再一次用热烈的掌声感谢张校长对我们的悉心教导。我们感受了名人的读书故事，从名人的阅读故事中，我们懂得了阅读对一个人的成长是多么重要。那，你们说，我们小学生有没有自己的阅读故事呢？

（等待大家说）

生： 当然有啦。

生： 我们的故事还挺有趣的呢。

主持人2： 是啊，我们哪会没有故事呢？哪个同学愿意来讲讲你们的故事呢？

（请两个学生代表讲述他们自己的读书故事，学生相互点评，内容略）

（整节课还剩下五分钟）

主持人1： 感谢大家精彩的故事，下面有请陈老师为我们做总结。

师： 刚才听了这么多阅读者的故事，说一说你最喜欢哪个同学讲的故事，说说为什么。

生： 我最喜欢吴泽楷讲的故事。

师： 为什么？

生： 因为他讲得很生动，特别是说"撞到了树上"，很有意思。

生： 我觉得赖鹏林讲得很好，因为他讲的故事很有趣。

生： 我喜欢吴泽楷讲的故事，很有趣。

生： 我觉得翁淑敏讲得很好，因为她读得很流畅，而且她还读得很有感情。

师： 你刚才说的是，她读得很流畅、读得很有感情，是不是？

生： 是。

师： 那你们说一说，故事是读出来的吗？

生： 不是，是讲出来的。

师： 对啦，讲故事就要靠讲，不是读。我给大家来讲段故事，大家看有没有什么不一样的地方。请吴泽楷上来，我觉得你的故事很精彩，特别是那个撞树上那段，我来试着跟大家讲一讲他的故事。

（吴泽楷带上他的故事上台。教师绘声绘色地讲学生自撰的故事，学生笑声不断）

师： 你们说一说，讲故事和读故事有没有什么不一样的地方？

生： 读故事就是对着书诵读，讲故事，就是用自己生动的语言再现故事情节，能让我们就好像在旁边看着一样精彩。

生： 老师讲的故事很生动，表情和动作都有点儿夸张。

师： 我们讲故事啊，不但要讲出来，还要用自己的口语、有表情、适当的肢体语言，让听者如身临其境，这样的故事才能吸引人。

师： 我们看电视的时候，会发现相声和小品很有意思，这是为什么呢？那是因为他们的语言非常生动，我们就应该学习他们，在讲故事的过程中锤炼自己的语言，让我们的语言更有感染力，更能调动大家的情绪。

师： 今天，老师还要向大家推荐几本好书。首先推荐的是"国际大奖小说"系列，总共有20多本，我今天带来了两本，《时代广场的蟋蟀》和《无字图书馆》。这两本好书，先给谁读呢？

生： 先给吴泽楷和赖鹏林，因为他们今天的故事讲得好。

师： 好，那我们就先把这两本书奖给他们读，等他们读完以后，就放在班级的图书柜，供大家阅读。

师： 老师还想给大家推荐一本经典。如今，我们班的每个同学都已经拥有了，你们可能会说读不懂，知道是什么书吗？（手中展示《论语》一书）

生： 是《论语》。

师： 是的，就是《论语》，我们要博览群书，各种领域的书都要读，包括小说、散文、诗歌，也包括报纸、杂志，但是我们的人生是有限的，时间也是有限的，所以要找到一本属于自己的书，用一辈子来读，这样的书，一定是经典的好书。

《论语》或许就是你一辈子都应该好好读的书。十五岁可读，三十岁可读，六十岁同样能读，不同的年龄阶段，会有不同的收获。

三、总结拓展，激励学生做一名"爱读者"

（出示课件，读书名言：读书，我们这个习以为常的平凡过程，实际上是人民心灵和上下古今一切民族的伟大智慧相结合的过程——高尔基；读书，是在别人思想的帮助下建立起自己的思想。——鲁巴金）

生： 齐读这些名言。

师： "读一本好书，就是和许多高尚的人谈话。"我们同学们听故事、长智慧，我们要多读书，读好书，成为一名真正的"爱读者"，做一个优雅的现代公民。

点 评

"书作为台阶，直入云霄。图书才使我们完成了宗教性的理想。阅读也是一种宗教。"——曹文轩先生如是说。是的，阅读就是一种宗教，是对一种生活方式、人生方式的认同。儿童阅读就是引领儿童走向阅读人生的起跑线，那些优秀的文学作品，那些伟大的阅读者阅读的故事，正是引领学生走向阅读的最好文本。今天，陈树民老师以"开放式活动课程"的理念与策略，引领他班的学生，感受阅读者的故事，正是试图把他的学生引入一条阅读的康庄大道。学生从古今中外阅读者阅读的故事，到身边名人——名校长、名师张云鹰校长的阅读故事，再到自己的读书故事，运用讲故事、演故事、谈论故事等多种形式，从不同的角度激发学生的阅读兴趣。学生从故事中获得启发，教师绘声绘色的示范，使学生区别讲故事与读故事的区别。整节课学生参与程度高，收获大。

开放式活动课程，重点是在它的开放性。这堂活动课，以"故事汇"的形式呈现，故事内容开放，学生表达方式开放，评价开放。在开放中，学生表达能力得以提升，学生阅读兴趣得以提高，学生对阅读的感受力得以加强。这样的开放式活动课，应该多开展，常开展，从不同的角度、不同的形式、不同的深度开展活动，真正调动学生的阅读兴趣，从而引领学生走进阅读，让学生从阅读中得到修炼——阅读人生的修炼。

（点评人：墨痕）

第一课
只有一个地球

【活动目的】

1. 进一步认识有关地球的知识，培养学生"热爱大自然，了解大自然，保护大自然"的环保意识。

2. 锻炼学生自觉主动地获取课外知识、信息的能力。

3. 通过课前观察、收集、分析资料，培养学生探究性学习和合作学习的能力。

【活动准备】

1. 全班分成五个组，每组 9~10 人。

2. 组长布置组员整理全球因自然资源被人类随意破坏而导致的一系列生态灾难的资料，并收集相关图片，完成研究课题。

3. 制作相关 8 个问题的课件，准备有关介绍地球知识的 VCD。

4. 制作活动评分表。

【活动过程】

一、 创设情境，激发感情

运用多媒体展示美丽、壮观的水蓝色星球——地球，配乐诗朗诵《美丽的地球妈妈》。优美的画面、抒情的音乐和深情的语言，激发学生对地球的热爱之情。

二、引发话题，展示讨论

1. 出示图片，引发谈话。

电脑出示："我们这个地球太可爱了，同时又太容易破碎了！"同学们，这是宇航员在太空看地球时发出的感叹，你们又有怎样的感叹呢？（说说你的心里话）

2. 出示问题，展开讨论：我们的家园——地球，这个美丽的星球正被环境问题所困扰。

（1）展出世界环境问题的图片，由收集者对环境被污染后造成的一系列生态灾难加以解说。

（2）小组交流对身边环境现状的考察情况，选择有代表性的问题，对全班加以解说。

（3）小组交流对身边环境现状的考察情况。

① 找一找：这一切是由什么原因造成的？

② 说一说：环境污染给我们的生活带来了哪些不便？

③ 想一想：长此以往，我们的生存环境将变成什么样？

④ 议一议：如果地球被破坏了，我们能移居到别的星球吗？

3. 加深认识，引发思考。

（1）在这严峻的环境危机面前，人类如何改变被破坏的生态环境，保护我们赖以生存的家园？

（2）学生分组讨论。

（3）汇报、归纳总结。

三、交流资料，汇报成果

各小组汇报课前确定的研究课题、收集的资料以及深入实际调查的结果。深化学生爱护地球、珍惜资源、保护环境的认识。

环境资料调查表

市 区 小学		
班级：	组别：	姓名：
地球的奥秘：		
地球面临的十大环境问题：		
你收集的生态环境日益恶化的现象、环境破坏的事例（注明资料出处）：		
你对这些现象的看法：		
你认为应该怎样解决：		

开放式活动课程（第二版）

四、 关注环境， 知识问答

根据研究课题提出如下问题，以知识问答的形式加强学生爱护地球、珍惜资源、保护环境的意识。

1. 地球是怎样形成的？

2. 地球的中心是什么？

3. 地球的年龄是多少？地球会消失吗？

4. 地球的矿物资源是怎样形成的？

5. 地球最多能容纳多少人？

6. 我国为什么要控制人口的增长？

7. 科学家预测未来的地球是怎样的？

五、 多元拓展， 宣传环保

通过童话剧《爱护花草》、相声《地球先生就诊记》、小品《地球妈妈的哭诉》、快板《争做环保小卫士》等多种形式的表演，促进学生对当前环境的了解，增加学生热爱地球、保护大自然的环保意识。

六、 总结提炼， 增强意识

学生一边看VCD《我们只有一个地球》，一边听教师进行环保宣传。

师：同学们，今天的活动开展得很好，老师从你们的汇报中也了解了许多自然环境的情况，希望大家从小树立环保意识，好好学习，掌握先进技术，长大后，用我们的知识，解决环保中的难题，把我们的地球建设得更美丽！

七、 深化主题， 拓展升华

进行"我设计未来的地球"绘画、公益广告、手抄报、童话的创作，倡议更多的人加入环保行列。课后把相关资料放在年级橱窗里展示，邀请其他班级的同学也来学习环保知识。

第二课
新闻发布会

【活动目的】

1. 引导学生走进社会，了解并收集新闻，培养学生整理信息的能力，使其进一步了解和掌握有关新闻写作方面的知识。

2. 通过组织发布新闻和评议新闻的活动，提高学生口语交际能力。

3. 通过交流、评议，激励学生关心国内外大事和身边小事，激发学生热爱生活、关注生活的思想感情。

【活动准备】

1. 向学生介绍有关新闻报道的知识。（见备用材料1）

2. 在班级公告栏上张贴报道校内外新闻时事的文章，以供参考。

3. 让学生通过多种途径（报刊、电视、广播、网络等）收集国际、国内新闻，或通过调查、访问等形式了解周围最近发生的事情，归纳整理成新闻稿，提醒学生注意从小事中挖掘。

4. 剪辑好中央电视台少儿频道新闻播报的视频资料。

5. 打印好学校广播站招聘新闻播报员的公告。

6. 印制好"新闻发布会"评分表。（见备用材料2）

【活动过程】

一、创设情境，明确要求

1. 最近，我们学校广播站准备招聘一批新闻播报员。新闻播报员，就是把小记者采访到的新闻通过广播、电视向大家宣传的人。

（出示招聘公告）

看了这则公告，同学们有什么想问的吗？

2. 现在，我们就来举行一个"新闻发布会"，评选出班级的最佳"新闻播报员"，推荐给学校广播站。（板书课题：新闻发布会）

3. 展示：中央电视台少儿频道新闻播报节目中，一则大多数学生知道的新闻播报视频。

4. 明确新闻播报的要求。

（1）评一评刚才的新闻播报。（引导学生从表达的声音、表情、态度到内容的选择及事情的叙述顺序等方面进行评价）

（2）师生小结：播报新闻必须做到大方有礼、信息正确、条理清楚、吐字清晰、选材新颖等，观众也要认真倾听。

二、多向互动，赛中演练

1. 尝试交际，初步感受。

指名学生讲述自己课前收集的新闻或新鲜事，教师点评。

2. 组内交际，推选代表。

小组初赛：四人为一小组，每个组员轮流将自己收集的新闻或新鲜事，讲述给其他成员听，组长组织大家有秩序地倾听，共同评选代表参加全班交流。教师巡视指导。

3. 播报演练，评选优秀。

老师宣布活动要求：选手积极参赛，听众认真倾听，积极提出有价值的问题，公正地评选出"最佳新闻播报员"、"最佳小记者"、"最佳评委"、"好新闻"若干。

（1）每组推荐的代表轮流上台播报新闻。

（2）其他同学既是评委又是小记者，在每一则新闻播报完毕之后，老师有意识地指导学生提修改建议，提出没听明白的地方，咨询播报的方法等。老师适时点拨、引导，并相机组织学生互评、自评。

（3）参赛选手夸夸自己。

（4）活动评奖。

A. "最佳新闻播报员"

根据"播报是否大方有礼、信息正确、条理清楚、吐字清晰、选材新颖"等要求进行评选。

B. "最佳评委"

根据"评价是否公平公正、态度诚恳、以理服人"等要求进行评选。

C. "最佳小记者"

根据"是否态度大方有礼、表达条理清楚、提问抓住问题关键"等要求进行评选。

D. "好新闻"

推荐新闻发布会上你听到的是否精彩、内容是否新颖。

4. 适时采访，组织颁奖。

（1）"最佳新闻播报员"、"最佳小记者"、"最佳评委"答记者（其他同学）问。

（如：获奖时的心情是怎样的？比赛的收获是什么？）

（2）评委为获奖者颁奖，并进行表扬激励。

三、 学以致用， 拓展延伸

1. 今天我们班举行了"新闻发布会"，这可是咱们班的新鲜事，谁能对这件事进行现场播报？（学生在老师的指导下共同完成，说清楚时间、地点、人物、事情的经过和结果）

2. 把所说的内容按新闻稿的形式写下来，就是一篇标准的新闻播报稿了。

四、 活动总结， 加深认识

师：同学们，今天我们的新闻发布会上大家都很积极，我们作为新世纪的建设者，就应该做到家事、国事、天下事事事关心，以后我们会经常召开这样的新闻发布会，希望大家都可以在这样的学习环境中提高自己的能力。

布置延伸性作业：

1. 班级成立"新闻报道小组"，成员从此次活动中选出。

2. 将获奖的新闻报道稿张贴在板报里，或者向有关报刊、电台编辑部、校园电视台推荐，以调动学生新闻写作的积极性。

3. 利用班会课或读报时间开展"一分钟新闻发布会"，进一步巩固学生的新闻写作知识，培养学生的口头表达能力。

4. 安排学生每天晚上收看电视新闻，以增长见识、开阔视野，提高新闻写作水平。

备用材料1： 新闻报道的知识

1. 新闻的性质。

新闻是关于最近所发生的新鲜而重要的事实的报道或述评。新闻分为广义和狭义两种：广义的包括消息、通讯、特写；狭义的只包括消息。我们所要学习的新闻只指消息。

新闻（消息）的特点：（1）真实准确性；（2）思想性和指导性；（3）短小精悍；（4）迅速及时。

新闻的五要素：时间、地点、人物、事件、结果。

新闻的结构：标题、导语、主体、背景、结语，其中标题、导语、主体是必不可少的。

2. 新闻的一般写作知识。

（1）新闻的标题，分为主标、引标、副标。组合有四种形式。

① 完全式。例：运用各种形式抓好校纪校风建设（引）

深圳市中小学生积极向上（主）

六年来道德犯罪率为零（副）

② 引主式。例：我国水利史上最雄伟的截流工程（引）

葛洲坝腰折大江工程揭幕（主）

③ 主副式。例：非国大在南非大选中获胜（主）

姆贝基成为南非第二位黑人总统（副）

④ 主题式。例：中国"入世"（主）

（2）标题的基本要求。

① 要准解地概括和点出主题，切忌题文不符；要简明生动活泼。

② 导语：指消息开头的一段话。它的作用是将核心内容告诉读者，吸引读者往下看。导语可分为叙述式、提问式、引句式、结论式、描写式和观感式。（举例可从报纸中选取）

③ 主体：是主语报道内容的具体展开，它在新闻中起双重作用：既对导语提出的事实加以放大和形象化，使事实更清楚，又对导语做补充，使内容更丰富，更具有深度和广度。

（3）主体的写作要求。

① 环绕导语，扣紧主题，或补充或说明。

② 主体内容必须扎实。

③ 主体事实要叙述清楚，层次分明。

备用材料2：

"新闻发布会"评分表

项目 得分 姓名	写作					讲演			总分	名次
	主题 (10)	选材 (10)	标题 (10)	导语 (10)	主体 (10)	态度 (10)	声音 (10)	仪表 (10)		

第三课
推销我读过的
一本书

【活动目的】

1. 让学生知道什么书是好书，引导学生读好书、读整本的书，并乐意把自己喜欢的一本好书有条理地推荐给大家。

2. 创设读书生活情境，调动学生课外阅读的积极性和主动性；培养学生良好的阅读习惯，提高阅读能力。

3. 在推销图书的互动交流过程中，培养学生良好的倾听习惯，并能正确地进行口语表达与评议，锻炼学生的综合表达能力。

【活动准备】

1. 让学生认真阅读好一本或几本书，可按阅读要求，完成"阅读检查表"。如弄清书的作者，书中所介绍的大概内容；精读、摘抄书中的精彩部分，最好能背诵；随时记录好自己阅读时的真实感想；标记书中的难点等。
（见备用材料）

2. 学生精选一本自己最喜爱的书向大家推销，做好向大家推销的准备，形式自定，做到表达简要、清楚，让更多的同学了解这本书，喜欢这本书，起到推销的效果。

3. 在认真阅读时，请学生填好"阅读检查表"。

【活动过程】

一、 谈话交流， 激发兴趣

1. 启发思考。

师：课余时间，同学们喜欢阅读课外书籍吗？

（1）你读过哪些方面的书呢？能说说它的名字吗？

（同学们自由交流读书所得）

（2）小结读书益处：书籍是我们的精神食粮，给了我们许多帮助，是我们成才的阶梯。

2. 揭示主题：推销自己读过的一本书。

师：同学们，你们能不能把自己最喜欢的一本书介绍给其他同学，让其他同学也好好地欣赏学习呢？

二、 明确要求， 尝试推荐

课件出示推销书目的活动要求。

1. 示范引路。

播放多媒体，启发示范。通过多媒体展示学生推荐好书的情境范例，激发学生产生交流的愿望，乐于把自己内心对书籍的热爱无拘无束地表达出来。

2. 归纳方法。

在学生自由发表意见的基础上，师生共同归纳推荐好书的方法。

（1）内容：可以介绍书的主要内容，也可以谈谈这本书给自己最深的一个或几个部分，还可以谈谈自己读了这本书的感想。

（2）可以采用丰富多样、引人入胜的形式。

（3）把自己喜欢这本书的理由有条理地叙述清楚，努力用语言打动别人。

（4）最后还可以加上富有感情色彩的语言，激起同学们阅读的欲望。

3. 规范要求。

（1）介绍时语句通顺，语意清楚，语句精练，每人用时不超过 5 分钟。

（2）注意文明礼貌用语，书的优点要讲得清楚明白，关键是想一想如何打动别人。

三、 组内练说， 人人参与

学生四人一组，互相介绍、推荐。每组由一位同学当小组长负责主持，鼓励学生用不同于别人的方式推荐，其他同学可以提出问题。交流后相互评价、修正，再推举出代表参加全班交流。

四、 各组互动， 反馈评价

1. 汇报展示。各小组的代表以各自不同的形式推荐好书。

（1）好书自述。学生头戴饰物，用第一人称的方式"表白"自己，推荐自己，还邀请看过这本书的同学做补充。

（2）讲故事表演。学生选取书中的现代战争精彩片段，边讲故事边表演。可一个人独立表演，也可以请老师、同学合作。

（3）新书推荐会。学生以"营业员"的身份向"顾客"宣传、推荐新书，重点把书的特点、优点、特色说具体、说生动，并随时回答"顾客"提出的问题，力求让顾客喜欢，愿意看自己推荐的书。

2. 自由评价。小组代表汇报后，学生自由评价：重点看是否把好书的主要内容或自己对这本书的看法说清楚、说明白；另外再看仪态是否大方，声音是否响亮、富有情感；看推荐的形式是否新颖、独特、有吸引力；推荐是否达到效果，并思考不足的地方如何改正。

3. 组织评奖。组织学生评出"最佳创意奖"、"最佳推荐奖"、"最佳建议奖"。

五、 进行推销活动

各小组选派代表分别进行推销介绍。

六、 评选最佳推销员并颁发奖状， 给予表彰

七、 拓展延伸， 巩固提高

1. 把推荐好书的口语表达写成稿件，办一期"好书大家读"的墙报。

2. 学生课后向同学、父母或邻居小朋友推荐一幅画、一首好歌、一部电影等。

3. 定期开展"推销一本好书"活动，使学生坚持经常阅读课外书籍，激发学生热爱读书的情感。

备用材料

阅读检查表

书名		作者	
类别		阅读时间	
摘录			
概要			
感想			
评价			
难点			

【活动目的】

1. 通过回顾长征时期的历史，使学生体会中国工农红军战胜种种艰难险阻，完成二万五千里长征的革命英雄主义和革命乐观主义精神。

2. 引导学生弘扬长征精神，培养学生吃苦耐劳、乐观向上、勤奋刻苦的坚定信念。

3. 教育学生要懂得珍惜今天的幸福生活，为祖国的强盛努力学习，将来做一个对社会有贡献的人。

【活动准备】

多媒体课件、幻灯片、挂图、中国地图、歌曲配乐。

【活动过程】

一、 背景介绍， 导言入题

1. 出示毛主席挂图，介绍其生平。

师：毛主席不仅是伟大的政治家、思想家、军事家，而且是一位杰出的诗人。他写了一首诗，对举世闻名的长征做了生动描写和热情歌颂，这首诗就是《七律·长征》。（板书：长征）

2. 指名配乐朗诵《七律·长征》。

3. 出示中国地图。

师：党中央率领的中国工农红军第一方面军，途经江西、福建等 11 个省。在整个长征途中，红军爬雪山，过草地，历尽艰苦，击溃了敌人的多次围追堵截，连续行军二万五千里，终于到达陕北根据地。在这二万五千里长征中，发生了许多可歌可泣的故事。这节课，我们一起追忆有关长征的故事。

（板书：寻找 足迹）

二、 播放歌曲， 渲染气氛

1. 创设情境：通过播放歌曲《告别》《突破封锁线》《大会师》，增加学生对长征的感性认识。

2. 提问促思：经典老歌唤起的记忆，似乎又把我们带进了那段红色的岁月中，看到"长征"这个词语，听完这首《十送红军》，同学们首先会想到的是什么？

3. 拓展思考：让学生回答一些感性认识的问题，教师进行有意识的引导，使学生思维发散到与长征有关的历史、诗歌、电影、精神、感人故事等领域。

三、 追溯历史， 加深认识

多媒体展示长征形势示意图和动画路线图，学生通过图片和与长征有关的数字来认识长征。

1. 多媒体展示长征形势示意图。

1934年中共中央和中央红军从江西瑞金出发，经过了无数艰难险阻，1936年三大主力会师于会宁，长征结束。

2. 多媒体展示长征征程数字表格。

师：仅以红一方面军为例，历时一年，行程二万五千里，辗转11个省份，翻过了18座山脉，据毛主席回忆，红军爬过的大大小小山峰就有近千座，还蹚过了包括湘江、金沙江、赤水河、大渡河在内的24条大河，长征开始时8万人，到达陕北则只剩下不到1万人。

3. 师小结：同学们，一组组数字看似简单，但如果用千千万万红军战士的血肉之躯去诠释这些数字，那我们能够感受到的只有巨大的震撼和无穷的感动。

四、 艺术表演， 再现长征

（一）多媒体播放电影《飞夺泸定桥》片段，在紧张的氛围中引发思考

1. 你看到了什么？

2. 出示原文片段："红四团马上发起总攻……取得长征中的又一次决定性的胜利。"

指名朗读后，提问：你有什么感受？

3. 师总结：《飞夺泸定桥》这篇课文，充分表现了红军战士不畏艰险、勇往直前的大无畏精神，说明了党领导下的红军能战胜一切困难，是无敌于天下的。

（二）表演课本剧《倔强的小红军》

1. 每组派两位同学代表，分别扮演小红军和陈赓同志。每组派一位同学做评委。

2. 分组比赛。

3. 公布评选结果。

4. 评委说理由。

5. 师小结：《倔强的小红军》这篇课文，赞扬了小红军一心为别人着想，把困难和危险留给自己的高尚品质。

（三）回顾其他课文中红军的光辉形象

结合课文内容说出《丰碑》中的军需处长、《金色的鱼钩》中的老班长，都具有一心为别人着想、把困难和危险留给自己的高尚品质。

（四）赏析长征文化

欣赏以长征为主题的歌舞、书法、绘画、各种纪念碑、纪念品。引导学生体会这些作品多如繁花，却都以艺术的视角展现了一个共同的主题，那就是团结的、向上的、英勇的、大气磅礴的长征精神。

（五）讲长征故事

让学生讲一讲收集到的课外有关红军在二万五千里长征时可歌可泣的感人故事。感悟红军战士对崇高理想矢志不渝、对党和人民无比忠诚、对革命事业锲而不舍的坚定信念。

五、 长征精神， 源远流长

通过寻找具有长征精神的英雄人物，让学生体会长征精神的时代内涵，树立民族自尊心和自豪感。

1. 展示图片：学生通过多媒体演示一组课前收集到的具有长征精神的英雄人物如董存瑞、刘胡兰、雷锋、王进喜等人的图片以及抗洪抢险、抗击"非典"、西部大开发、抗击雪灾、四川地震救灾等图片，并简要叙述相关的人物故事。

2. 体会交流：这一组图片中的英雄人物，他们所具有"坚忍不拔、自强不息、勇往直前"的精神鼓舞着英雄的中国人民，在中国的解放道路上，在社会主义的建设和改革中，在每一位平凡而又伟大创业者和探索者身上，我们都可以找到长征精神。

六、 总结拓展， 传承文化

1. 师：刚才我们回忆了有关写长征的文章，听了有关讲长征的故事，我们都被其中的长征精神感动了。此时此刻，你有话要说吗？

2. 师总结：大家说得好，从现在起，我们要珍惜今天的幸福生活，努力学习，成为长征精神的继承者和传播者，在我们人生的长征路上，在我们民族振兴的长征路上，创造一个又一个的奇迹和辉煌。

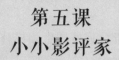

第五课
小小影评家

【活动目的】

1. 通过影评活动，提高学生的认知水平、鉴赏能力和审美情趣。

2. 使学生在活动中认识影片所塑造的形象的艺术价值。

3. 提高学生的思辨能力、写作能力，和影评写作所需要的信息处理能力，有助于提高学生对记叙、描写、议论、抒情等表达方式的综合运用。

【活动准备】

1. 选出基础较好的 8~10 位同学组成影评小组，教师予以指导，使这几位同学能起一个表率作用，以便其他同学较快地掌握影评方法。

2. 相关影视资料。

3. 影评内容的要求（见备用材料）。

【活动过程】

一、 创设情境， 激发情感

1. 播放短篇视频，学生观看体会。

2. 提出观看要求：在用心观看的基础上，思考问题。

（1）主要内容是什么？

（2）给你的印象最深的是什么？

二、 选准角度， 以观引感

向学生介绍影评的概念：影评是指观看某部电影或电视剧后对片中的影视音乐、声音画面、语言特色、人物塑造、表现手法、主题立意、问题不足等诸方面单个或多个角度的评价。

1. 自主思考，做好准备。

2. 小组交流，相互补充。

引导学生用自己的话说出主要内容和印象最深的地方。

3. 抓住感点，深谈体会。

你想到了什么？有什么收获？

学法：

（1）自主体会——出示跟影视资料有关的图片，引导学生联系自己的生活及实际，想自己的体会。（可以是自己的、别人的；可以是身边的、远处的；也可以是过去的、现在的）

（2）集体交流——把你的体会及收获说给同学听，其他学生相机补充、评价。

三、 点拨指导， 感悟方法

学习创作影评，表达自己的真情实感。

明确结构：

引——看的时间、篇名、作者、主要内容、总体感受；

点——选印象最深的一点，用简洁的语句表述出来（略写）；

联——想到日常生活中熟悉的人的相似经历；

议——引用影视作品中的观点或精彩对白，谈自己的体会（详写）；

结——以总结中心或有启迪作用的句子结尾。

四、 例文引路， 渗透写法

教学不是空穴来风，电影评论最终还是要落实到写作上。前期的铺垫活动的目的是给学生提供素材，但只有素材绝不能写出好文章，如不加以指导，学生只能记流水账，因此要给学生出示不同类型电影的评论文段，让学生切身体会影片中值得评论的方面很多。

交流所得：

1. 抓住人物特色；

2. 欣赏色彩运用；

3. 节奏把握控制；

4. 场面创设特色；

5. 情节主题优缺点。

最后引导学生掌握如何抓住其中一个方面，选取一个角度，阐述一个观点，以小见大，以微见著，反映影片的精髓。

五、 支你一招， 学会拟题

"题好文一半"，题目不仅是文章的眼睛，也是影评的眼睛。指导学生学会拟题。

可以用《〈×××〉观后感》或《观〈×××〉有感》为题，也可以根据写的内容拟定题目，后面加上副标题。

六、 观看影视， 尝试写作

1. 播放微电影，指导学生选取一个角度，写一个短小的评论。

2. 学生习作，教师巡视指导。

七、 影片评论， 现场竞赛

1. 影评小组的同学发表自己的看法，给其他同学起示范作用，教师适时在旁边点评，学生出现问题时，巧妙地把学生的评论引上正轨。

2. 学生畅所欲言，发表自己的看法，可补充或提出异议，教师要注意保持课堂气氛活跃，又不可破坏学生的情绪。

八、 教师点评， 归纳小结

1. 评价哪几位同学讲得最好，并指出好在哪里。

2. 指出学生在进行影片评论时的不足之处，并分析这些不足是由什么原因引起的。

3. 提问反思：今后应如何认真观看影视作品，如何发表自己的见解？

九、 拓展延伸， 开放训练

1. 利用黑板报介绍电影知识。

2. 将优秀的学生影评张贴在板报栏内，同时摘录电影杂志上的一些影评作为范例张贴，供学生学习。

3. 在读书笔记中增设影评栏，可摘录电影知识或写影评，每月摘录不少于 2 次，影评不少于 2 次。

备用材料：影评内容要求

（1）选择有一定思想内涵和教育意义的电影或电视剧观看；（2）写影评时尽量避免过多角度评价，最好选择 1~3 个角度评价，可以在每个角度的段落前加上标题，起到概括、吸引读者的作用；（3）写影评也像写作文一样，影评也需要流利的语言和恰当的修辞；（4）要展开评论，明确中心，有自己独到的见解；（5）注意评论语言要生动活泼、形象鲜明；（6）内容还可涉及今后应如何认真观看影片，注意什么地方，如何发表自己的影评，整体的不足之处在哪里，是由什么原因引起的，等等。

第六课
争当小编辑

【活动目的】

1. 通过办手抄报，提高学生语文综合实践能力。

2. 在小组合作办手抄报的过程中，培养学生之间的协作能力。

3. 让学生在交流与实践中掌握制作手抄报的方法。

【活动准备】

1. 把学生分为若干个活动小组，每个小组就是一个手抄报编辑部。给自己的报纸取一个突出主题的名字，如：科技报、绿化报等。

2. 制作好报社标志，粘贴于醒目的位置。

3. 学生自己分工，分别担任社长、主编、副主编、版面设计、美术编辑，各负其责。

4. 收集好办报所需要的材料。

【活动过程】

一、 情境引入， 激发兴趣

欣赏几幅图文精美的手抄报，引导学生评议手抄报，以美激趣，唤起学生探究的意愿。

二、 交流办报常识， 掌握制作要领

1. 各个报社的社长介绍自己编辑部的组成人员、分工及报纸的主要特色。

2. 分组交流汇报，分别从三方面汇报制作手抄报的方法。

（1）确定主题。

（2）版块划分。

（3）设计美化。

三、 合作探究， 自由创作

各小组在规定的时间里对版面设计、抄写、美化这些环节进行分工合作，现场编写制作手抄报。

四、 汇报交流， 评析作品

评选流程：

1. 各组报纸送到主席台前展示；

2. 由各报主编简介办报宗旨和本报特色；

3. 由其他组同学投票，评选出最佳创意奖、最佳编辑奖、最佳美工奖、最佳选材奖，其余的颁发合作努力奖。

评选内容与标准：

报头设计：报名、日期、第×期、主编。

版面编排：内容有主有次，形式错落有致。

版面装饰：配题花、配花边、配插图。

五、 活动小结， 激发信心

师：小小手抄报，涵盖了丰富的知识，凝聚了同学们团结协作的力量。办一份报纸，渗透一种文化，传播一种精神。这节活动课，同学们编写并展示了自己的手抄报。这是同学们智慧的结晶，也是同学们团结协作的结晶，我们要把这份报纸在家长会上展示出来。同学们要再接再厉，说不定以后哪家报社会聘大家为他们的小编辑、小记者。相信未来的社长、主编会在我们这些同学中产生！

六、 活动延伸， 回味无穷

在班内建立一个编辑部，形成手抄报的中心队伍，编写自己班级的班报，让学生充分发挥特长，力争提高全体学生的读写能力。

第七课
爱护人民币

【活动目的】

1. 让学生进一步认识人民币，感受人民币背后的文化精神。

2. 培养学生爱护人民币意识，掌握识别假币的方法，增强自觉爱护人民币的意识。

3. 培养学生维护国家货币信誉的意识，增强其爱国情怀。

【活动准备】

1. 选用中国人民银行发行的第四套和第五套人民币整套正面、背面放大彩照。

2. 排练小品《难兄难弟》。

3. 写好条幅"请爱护人民币"并挂在黑板上方。

【活动过程】

一、 谈话激趣， 导入活动

甲：考你一个成语，你知道"腰缠万贯"是什么意思吗？

乙：简单。就是很有钱、很富裕。"腰缠"是指随身带的财物。古时候，人们把钱币用绳索串起来，一千文为一贯。腰缠有"万贯"，比喻这个人很富裕。

甲：有点儿意思。现在啊，在中国，咱们管这钱叫人民币。新中国成立后，建立了新中国的货币政策，国家统一发行了新的货币——人民币。

乙：人民币是我们新中国的标志，人们的生活好起来了，那不如多发行点儿人民币，让每个人中国人都"腰缠万贯"，多好啊！

甲：这可不行。货币的产生是为了推进经济的发展，要与流通中的商品总量相适应。发行量可不能随心所欲。否则，会导致经济衰退，影响人们的生活质量的！

乙：哦，原来如此。所以假币的危害太大了，我们要抵制假币。

甲：不仅如此，人民币是我国法定货币，上面印有国徽，代表着我国的荣誉和尊严，我们每个人都应爱护人民币，不允许私自撕毁、丢弃。

二、 走近人民币， 进入比赛

主持人甲宣布竞赛记分方法：

每位学生有基础分 100 分，必答题每答对 1 题加 10 分，抢答题每答对 1 题或其中一方面加 10 分，答错扣 10 分。

（一）走近人民币，欣赏名胜风景

主持人甲：今天，我欣赏了祖国的六处旅游胜地。

主持人乙：啊？坐飞机也没那么快呀！

主持人甲：我根本不出门，更不用坐飞机，看——（快速出示第四套人民币 1 元、2 元、5 元的背面）万里长城、南天一柱、长江三峡。

主持人乙：我看看！

主持人甲：别忙！你得告诉我这旅游胜地的名称。

（出示 10 元人民币的背面）

主持人乙：我…我说不上来。

主持人甲：那就请其他同学来帮忙吧！

主持人乙：那我们就举行一个小竞赛，正好，我还有更新的人民币呢！（出示第五套人民币的 1 元、5 元、10 元背面：西湖的三潭印月、"五岳独尊"泰山、长江三峡）

主持人甲、乙轮流出示第四套和第五套人民币背面图景放大照片，每组派两名同学共同辨认两张，要求说出旅游胜地的名称，并做简单介绍。

（二）走近人民币，感受民族精神

主持人甲：我国共有 56 个民族，请各小组一人执笔，在 20 秒钟内至少写出 10 个少数民族的名称，其他同学可帮忙。

评判：写对 10 个即可得分。

主持人乙：我国发行的第四套人民币正面主景分别是哪个民族的人物头像？

甲、乙主持人轮流出示 1 角、2 角、5 角、1 元、2 元、5 元（为使每个同学答题机会均等，10 元留作抢答）人民币的正面放大照片，抢答。

欣赏歌曲《五十六个民族，五十六朵花》。

主持人乙：抢答，50 元人民币正面三个人物头像各是哪类人物的代表？（出示放大照片）

主持人甲：抢答，100元人民币正面四个人物头像依次是我国的哪几位杰出领袖。（出示放大照片）。

"硬币背后的花草文化"——

主持人甲：抢答，硬币1元、5角、1角的背后都有一种植物，分别是什么？为什么要选用这几种植物呢？从中，你看出了哪些民族精神？联想到哪些诗句或文章？

一角兰花：高洁典雅，爱国、坚贞不渝。

五角荷花：出淤泥而不染，濯清涟而不妖。

一元菊花：历经风霜、高风亮节。

（三）慧眼识珠，辨别真假人民币

主持人甲：根据体会抢答，我们怎样识别假币？

（四）文艺表演激发爱币爱国的热情

戴头饰表演小品《难兄难弟》。

（大意：100元、50元兄弟俩碰在一起，都唉声叹气，相互倾诉自己的苦恼，哥哥脸上被染上墨水，还被写上个人名字，弟弟身上被撕了个大口子。兄弟俩齐声呼叫：请爱护人民币）

主持人乙：爱护、保护人民币是每个公民的职责。请抢答，我们作为少先队中的一员，在使用人民币时应注意什么？

三、 活动总结， 妙语接龙

主持人甲：这次活动让我对人民币有了更丰富的认识，原来薄薄的一张纸币，却包含了博大精深的中华文化，我真的是受益匪浅，可谓：一张人民币，赏一处山河风华——

主持人乙：一张人民币，看一种民族风采——同学们，你们也来接龙，说说自己的收获吧！

齐：一张人民币，是一种民族精神；一张人民币，存一份爱国情怀；一张人民币，看一国昌盛繁荣……

六年级

第八课
趣说歇后语

【活动目的】

1. 让学生认识歇后语，了解歇后语的特点。

2. 通过感受歇后语的妙趣横生，激发学生主动积累歇后语。

3. 通过体会我国语言文字的丰富内涵，激发学生探究语言文字的兴趣。

【活动准备】

布置学生在课前了解以下内容。

1. 什么是歇后语。

所谓歇后语，就是"语末之词隐而不言"的意思，从歇后语的结构上看，它分前后两个部分，前一部分是比喻（像谜面），后一部分是本意（像谜底）。平常说话的时候，往往单把前半截的比方说出来，把后半截的解释隐去，让听话的人去体会猜测，当你一旦领悟了后半截的隐意，就会感到妙趣横生。

2. 歇后语的分类。

（1）生活现象的直接概括，例如：大年初一没月亮——年年都一样。

（2）直接或间接的比喻，例如：西瓜皮打鞋掌——不是这块料。

（3）在比喻的基础上借用谐音，例如：土地爷的五脏——石（实）心石（实）肠。

3. 歇后语特点和作用。

形象具体，生动活泼；赞扬嘲讽，诙谐幽默；通俗亲切，浅显易懂；地方色彩鲜明，生活气息浓厚。在讲话和写作中，恰当地运用歇后语，引发想象和联想，给人以形象、幽默的感觉。

4. 歇后语的构成方式。

（1）一种是把人们都已熟悉的成语拆开。例：梧桐叶落——归根。

（2）利用词的意义上的关联构成双关语。例：黄连树下弹琴——苦中作乐；裁缝丢了剪子——剩吃（尺）。

（3）直取其意构成歇后语。例：黄鼠狼给鸡拜年——不安好心。

开放式活动课程（第二版）

（4）利用成语典故构成的歇后语。例：抱着琵琶进磨坊——对牛弹琴；东吴招亲——弄假成真。

【活动过程】

一、谈话激趣，导入活动

师：今天在我们举行的"趣说歇后语"活动中，希望各组同学能八仙过海——各显神通。咱们今天不是王婆卖瓜——自卖自夸，而是通过活动，互相学习，增长见闻，丰富知识，这就叫听君一席话——胜读十年书。希望同学们团结协作，畅所欲言。俗话说得好，三个臭皮匠——顶个诸葛亮。

二、趣味竞赛，各显神通

（一）开展竞赛，活跃思维

明确比赛要求：把学生分成四组进行活动，答对一题加一分，组间竞赛优胜者加一分，哪个组得分最多即为优胜组。

1. 看谁说得多。

每组推荐一名同学说歇后语，看一分钟内谁说得多。

2. 看谁接得快。

以抢答的形式进行，根据歇后语的前面一部分，说出后面的一部分。

3. 看谁演得像。

每组推荐两名同学一个表演，另一个根据动作说出含有十二生肖的歇后语。

老鼠过街——人人喊打

牛角抹油——又尖又滑

老虎嘴里拔牙——冒险

兔子的尾巴——长不了

龙王跳海——回家

打蛇七寸——找要害

马尾搓绳——不合股

挂羊头卖狗肉——有名无实

猴子照镜子——得意忘形

鸡蛋碰石头——不自量力

狗捉耗子——多管闲事

猪八戒照镜子——里外不是人

4. 看谁见识广——会古人，说歇后语。

教师出示人名，小组代表说出含有这些人名的歇后语。

武松：武松打虎——艺高胆大

孔明：孔明夸诸葛亮——自夸自

关羽：关公喝酒——不怕脸红　　关公战黄忠——手下留情

关羽失荆州——骄兵必败　　关羽卖肉——没人敢来

5. 统计评分，评选优胜者。

（二）迁移运用，训练表达

1. 根据以下提供的情况，说出恰当的歇后语。

（1）小明的妈妈在街上摆了个水果摊，橘子放在那儿已经好多天了，可她还在那儿吆喝："新鲜的橘子，快来买呀！"小明对他妈妈说："你真是_____。"（王婆卖瓜，自卖自夸）

（2）晚上，李平在家里做作业，遇到不会做的就问爸爸。可爸爸教了老半天，他还是不会做。爸爸急了，批评他："_____。"（榆木脑袋——不开窍）

（3）警察在街上当场抓住了个小偷。可那小偷还一直狡辩，说自己根本没偷，这真是"_____。"（死了的鸭子——嘴硬）

（4）妈妈要求小林每天吃过早饭后，读一会儿书再去学校。小林哪有心思读书，就随便乱读一气，真是"_____。"（小和尚念经——有口无心）

2. 结合生活实际，用上一个歇后语说一段话。

（三）拓展思维，增长见识

师：说甲是乙（谐音歇后语）是利用词语的同音或者近音构成了另一个意思，如外甥打灯笼——照旧（舅）。"旧"就是借"舅"的同音而表示按照以前的规矩。下面有一些歇后语，请你填出与画线字同音或近音的字。

（1）三月的杨柳——分外（　　）青（轻）

（2）飞机上吹喇叭——空（　　）响（想）

（3）东边日出西边雨——道是无（　　）晴却有（　　）晴（情，情）

（4）孔夫子搬家——尽是（　　）书（输）

（5）打破砂锅——（　　）纹到底（问）

三、 相声表演， 趣味延伸

有趣的歇后语

甲：（跟乙打招呼）咦，半月不见，瘦啦？

乙：我废寝忘食研究歇后语，能不瘦吗？

甲：歇后语？

乙：就是一句话分两部分，前一部分像生动的谜面，由后一部分回答才是本意。

甲：啊，是这样。想来一定有不少收获。

乙：收获可大啦！这歇后语简练、生动、幽默、有趣，真是说不尽的好哇。

甲：啊！我来考考你，咋样？

乙：你就考吧！

甲：老鼠钻进书堆——

乙：咬文嚼字。

甲：老鼠拉木楔——

乙：大头还在后边呢。

甲：牛角上抹油——

乙：又尖（奸）又滑（猾）。

甲：拖拉机撵兔子——

乙：用错了地方。

甲：虎口里拔牙——

乙：贼大胆。

甲：兔子的尾巴——

乙：长不了。

甲：龙王爷跳海——

乙：正好回家。

甲：羊伴虎睡——

乙：迟早是人家的口食（实）。

甲：鸡蛋碰石头——

乙：自不量力。

甲：猪鼻子里插大葱——

乙：装象（相）。

甲：狗掀门帘——

乙：全凭一张嘴巴。

甲：瞎猫捉到死老鼠——

乙：难得这一回。

甲：癞蛤蟆想吃天鹅肉——

乙：白日做梦。

甲：鸭子浮水——

乙：靠的下边两只脚。

甲：麻雀聚会——

乙：叽叽喳喳。

甲：王八吃秤砣——

乙：铁了心啦。

甲：黄鼠狼给鸡拜年——

乙：没安好心。

甲：狮子尾巴摇铜铃——

乙：哎呀，这个，让我想想……

甲：我来告诉你吧，"热闹在后头呢"。

乙：想不到，你还真是狗撵鸭子——呱呱叫！

四、 统计评分， 奖励优胜

五、 活动总结， 鼓励积累

师：刚才同学们个个都是八仙过海——各显神通，希望同学们今后多读、多记歇后语，平时在说话和写作中恰当地运用歇后语，相信大家一定会"百尺竿头——更进一步"。

备用材料： 供参考的参赛歇后语

1. 茅坑里的石头——又臭又硬

2. 周瑜打黄盖——一个愿打，一个愿挨

3. 老虎挂佛珠——假慈悲

4. 芝麻开花——节节高

5. 飞机上吹喇叭——想（响）得高

6. 门缝里瞧人——看扁了

7. 哑巴吃黄连——有苦难言

8. 三个臭皮匠——胜过一个诸葛亮

9. 山中无老虎——猴子称霸王

10. 是骡子是马——拉出来遛遛

第九课
非常课堂

【活动目的】

1. 通过别开生面的文学常识竞赛，了解学生日常阅读情况以及对历代名家名作的了解情况。

2. 让学生养成阅读和写读书笔记的习惯。

【活动准备】

1. 此活动以竞赛的形式在班会或阅读课上进行，分三部分内容，将全班同学分为 8 个小组，采用必答和抢答两种形式使每人都有参与的机会。

2. 制订计分方法：必答题部分共 10 题，各组题目一致，以笔试的形式完成，每人 1 题，依次作答，轮完为止（有的可做 2 题），答对 1 题给 10 分，答不上不给分，答错扣 10 分；抢答部分 20 道题答对 1 题给 10 分，答不上或答错均扣 10 分，累计各项得分以最高分小组为冠军，依次评选出亚军和季军。

3. 活动设主持人 2 人，计分员 2 人。

【活动过程】

一、 宣布活动规则

1. 计分方式，基础分 100 分。

2. 各组须遵守纪律，必答题不得替他人完成答案；抢答题听从主持人安排，如违纪以人次扣 10 分。

二、 必答题比赛

由主持人把印有 10 道必答题目的试卷交给各小组，规定完成时间，每人依次答题，统一计分，答对一题得 10 分。

1. 我国古典四大名著是（   ）（   ）（   ）（   ）。

2. 《卖火柴的小女孩》是丹麦作家（   ）写的。

3. "每逢佳节倍思亲"选自《   》，作者是（   ）。

4. 《山中访友》的作者是（   ）。

5. 《怀念母亲》的作者是（   ），我们还学过他的文章有（   ）、（   ）。

6. 《穷人》的作者是（   ）国的（   ）。

7. 《唯一的听众》的作者是（   ），他的真名是（   ）。

8. 唐代的（   ）、宋代的（   ）、元代的（   ）、明清的（   ）是我国古代文学艺术宝库中四颗璀璨的明珠，也是世界艺术之林中的宝贵财富。

9. 《学弈》选自《   》；《两小儿辩日》选自《   》。

10. 《匆匆》的作者是（   ），代表作有《   》《   》，毛泽东称赞他的骨气，说他：（"   "）。

三、 中场休息

利用参赛同学的休息间隙，请三名同学分别表演诵古诗、讲成语故事、演唱歌曲，同时，每组选两名同学在前排就座，准备参加抢答题竞赛。

四、 抢答题比赛

准备 20 道题，大家抢答。

五、 统计得分， 选出优胜组

六、 激励性总结

师：汉语言知识的博大精深，不仅为我们的活动课提供了一个广阔的舞台，而且还给同学们提供了广阔的学习语文的空间，使得大家在语文学习活动中得到了自我锻炼，提高了自主学习的能力。希望同学们充分发挥自己的聪明才智，在语文这块丰厚的土壤中有更多更大的收获！

布置延伸性作业：

1. 在教室的黑板报上设立"文学小常识"栏目，每周由各组轮流出题，丰富学生的文学知识；

2. 每周推荐必读名篇，每半月推荐必读名作，每周交流佳作，赏析文章；

3. 每人准备一个读书笔记，在阅读时摘录作者、时代、精彩语句、段落，查阅背景资料，记录心得体会等。

第十课
过把演员瘾

【活动目的】

1. 初步认识表演是融艺术性、知识性、趣味性为一体的综合性活动。

2. 让同学们在编导、表演和观看节目的过程中，加深对课文的理解及对社会的认识，增长学生的知识。

3. 通过活动，开启学生潜在的智力，发展他们的个性爱好，全面提高他们的素质。

【活动准备】

1. 改写或编写好简单的剧本。

2. 熟悉剧本，背诵台词，训练动作，在多次排练下能进行富有创意的表演。

3. 准备好相应的舞台布景、道具、服装、配乐等。

【活动过程】

一、 铺设情境， 激发兴趣

欣赏影视片《卖火柴的小女孩》，在广阔、和谐的舞台上汲取丰富的养料。

二、 师生表演， 探究导航

师生共同表演小品《草》。

师：现在，我当你奶奶，你奶奶没有文化，耳朵有点儿聋，请你注意。（师生进入角色）

生：奶奶，我背首古诗给你听听好吗？

师：好！背什么古诗？什么时候学的！

生：背《草》，今天上午刚学的。

师：那么多的花儿不写，干吗写草哇！

生：（一愣）嗯，因为……因为草很顽强，野火把它的叶子烧光了，可第二年又长出了新芽！

师：噢——我明白了，背吧！

（生背）

师："离离原上草"是什么意思？我怎么听不懂？

生："离离"就是很茂盛的样子，这句诗是说草原上的草长得很茂盛。

师：还有什么"一岁一窟窿"？（众笑）

生：不是"一岁一窟窿"，是"一岁一枯荣"。枯，就是干枯；荣，就是茂盛。春天和夏天，草长得很茂盛，到了冬天，就干枯了。

师：这两句我听懂了。你看俺孙女多有能耐，小小年纪就会背古诗！（众笑）

小品表演活跃了课堂气氛，激发了学生表演的兴趣。

三、 明确目的， 进行比赛

（一）宣布比赛规则

奖项设置：1. 最佳编剧（一名）　　2. 最佳主角（一名）
　　　　　3. 最佳配角（一名）　　4. 最佳道具（一名）
　　　　　5. 最佳组织奖（一名）　6. 优秀节目（二个）

评比标准（见备用材料）

（二）成果展示， 共享快乐

在表演中凸显学生的主体地位，以彰显学生个性，提高学生的创新能力。

（三）评价激励， 深化发展

表演结束后，同学们计分评选出各类奖项。

四、 活动总结， 形成能力

在表演完成的基础上，召开一次座谈会，让同学们畅所欲言，谈体会、谈感想，通过对比前后表演，系统总结归纳鉴赏戏剧的方法、规律，从而形成自己的阅读鉴赏能力。

师总结：在以后的学习生活中，希望同学们留意课文中、社会中好的题材，加深对文本的理解，对真、善、美的认识，提高写作的兴趣。同时，希望通过这项活动也能培养同学们的创造精神和团结友爱的集体主义精神，锻炼独立工作的能力。

备用材料

评 比 标 准

项　　目	效　　果（共计100分）	单 项 得 分
剧本内容	剧情符合少年儿童特点，语言符合人物的身份特征，表现形式新颖有创意（满分25分）	
表现力	表情、神态等较自然，情感流露自然得体，表演细节动作到位（满分30分）	
语言表述	普通话标准，吐字清晰，语调符合人物性格，语言生动（满分30分）	
其他	充分展现创造能力，道具、服装符合剧情需要（满分15分）	
综合得分		

第十一课
小小辩论会

【活动目的】

1. 通过活动使学生明确辩论的意义，初步掌握辩论的一般技巧。

2. 通过辩论会的活动形式，使学生的思维能力、口头表达能力、判断能力得到培养，增强心理素质，适应今后发展的需要。

3. 通过活动，促使和激励学生发扬团结协作精神，在竞争中展示自我风采。

【活动准备】

1. 每一个学生明确辩论的意义，学习一些辩论的技巧，做好参加辩论时思想上、知识上和材料上的准备。

2. 成立活动筹备小组，下设裁判、赛务两大组。赛务组计时、记分各两人。评委由教师及两名学生担任。

3. 设计好辩论题目。

4. 布置比赛场地。

（1）场地要布置得具有竞赛的气氛。

（2）工作人员要落实，除了主持人外，负责赛务的人员还要负责发奖品等。

【活动过程】

一、 主持人致辞

辩论作为一种人际传播活动，是在社会生活中逐渐发展而来的。辩是真理之源。在现实生活中，有时呈现在我们眼前事物的现象也是含糊不清、鱼龙混杂的，这时候，清晰的头脑应该用于分辨，才能明辨真伪。辩论是人际沟通的法宝。在人际交往中，人们要辩论，在辩论中产生了无数的真知灼见、新鲜思想，推动着生命个体的进化，推动着生命群体——社会的进步。这节活动课，我们就来开展一次"小小辩论会"。

二、 宣读辩论规则

1. 宣布辩题及相关背景资料，介绍参赛选手及正反方所持观点，介绍评委及比赛规则。

2. 明确比赛规则。

竞赛分三轮进行，决出一、二、三等奖。

（1）第一轮：淘汰赛。

参加辩论赛的 8 个队，每队由 4 人组成，两队一组进行辩论，每组限时 5 分钟。然后由裁判员评分，淘汰出 4 个队，再进行下一轮竞赛。（注：参赛的每一组事先搭配好，并预先根据辩题各自按自己的观点准备好材料）

（2）第二轮：对抗赛。

在第一轮辩论中获胜的 4 个队，由老师重新搭配组合成两个辩论组，然后依次抽题展开辩论。这一轮辩论结束后，裁判员评分，评出三等奖。（注：各组抽取辩题后，讨论两分钟）

（3）第三轮：决赛。方法同第二轮一样。这一轮可决出一、二等奖。

三、 辩论开始， 各展风采

1. 知己知彼。正反双方辩手依次阐述自己的观点，时间分别为 3 分钟。

2. 反手反攻。正反双方任意辩手针对对方立论进行反驳并巩固立场。时间分别为 1 分 30 秒。

3. 短兵相接。自由辩论开始，正反双方各 4 分钟。

4. 一锤定音。由两位特邀嘉宾分别对反方、正方提出 2 个问题，双方由任意辩手回答并进行总结陈词，正反双方各 3 分钟。

四、 点评辩论， 总结提高

根据辩手们的表现给予恰当的点评，并对这次正反双方在辩论过程中的情况做出简要评述。

五、 辩论结束， 奖励优秀

竞赛完毕后，主持人为获胜者颁奖。最后，教师做这次活动的总结。

布置延伸性作业：

1. 活动结束后，每人写一篇周记，把这次活动受到的启发和自己的感受写下来；

2. 组织本班辩论小组，开展辩论活动，可向其他班发出挑战。

备用材料： 辩题参考

1. "第二课堂" 是提高学生素质的有效途径。

2. 书山有路勤为径，学海无涯苦作舟。

3. 棍棒底下出孝子。

4. 严师出高徒。

5. 上重点中学是我们唯一的选择。

6. 分数可以甄别出好学生和差学生。

7. 减轻课业负担，是实施素质教育的必由之路。

8. 电视媒体进课堂，可以提高教学效率。

第十二课
成语擂台

【活动目的】

1. 培养学生学习成语、运用成语的兴趣，巩固学过的成语，提高理解能力。

2. 通过“说一说、演一演、填一填、赛一赛”等形式，使学生体会成语的无穷魅力，学会正确地使用成语的能力。

3. 通过活动，培养学生的竞争意识和合作精神。

【活动准备】

1. 收集各种类型的成语，制成卡片或投影片。

2. 把全班学生分成四个小组，推选组长。

3. 自带《成语词典》，备好各项活动的评分表。

【活动过程】

一、 话题引入， 了解成语

师：中华民族历史悠久，五千年的文化灿烂辉煌，成语就是其中的一颗璀璨明珠。它有着含蓄优美、意蕴丰富的特点，表现力非常强。我们说话、写文章时，如果能恰当地运用一些成语，会使我们的表达更简明，更生动。

很多同学对成语特别感兴趣，并通过语文学习和阅读课外书，掌握了不少成语。这节语文活动课我们就以组为单位开展一次“成语擂台”活动。

二、 明确方式， 准备比赛

1. 师：今天的成语擂台比赛项目分别有“成语故事”、“成语方阵”、“成语分类”、“成语填空”、“成语对答”和“成语列车”。在这六个项目中，除了“成语对答”和“成语列车”要求各组同学分组参加外，其他四个项目可选派四个代表上台参赛，各选手的得分记在本组分数上。现在请各组组长组织本组同学讨论决定参赛选手。

2. 各组同学做好充分的准备，成语擂台活动正式开始。教师担任这次活动比赛的主持人。

三、 成语比赛， 展示精彩

1. “成语故事”比赛。

教师提供成语，每组派代表上台抓阄，抓住哪个成语，就讲哪个成语故事。（可本人讲，也可请小组内其他成员讲，每人时间不超过3分钟，要求表情自然大方，内容具体完整，语言生动形象，30分为满分，不完整的酌情扣分）

教师提供的成语可以包括守株待兔、揠苗助长、坐井观天、鹬蚌相争、塞翁失马、四面楚歌、掩耳盗铃、纸上谈兵。

2. “成语方阵”比赛。

每组选手上台完成一个成语方阵，要求在空格处填上适当的字，使每一横行成为一个成语。全对得 10 分，有错不给分。

3. "成语分类"比赛。

每组选手各填写一类，每类填写四个成语，全对得 10 分，有错不给分。选手完成后，各组其他同学可以口头为本组的类别补充，补充对一个加一分。（重点学习按词语的感情色彩归类法）

4. "成语连环"游戏。

师：经过三个回合的竞赛，同学们都各显其才，使我们课堂上的气氛非常活跃。为了缓和一下紧张气氛，下面我们进行一个简单的填空游戏。

天下第（　　）心一（　　）气风（　　）扬光（　　）喊大（　　）苦连天。

（1）指名学生填空。

（2）读一读，找出词语排列的规律。

（3）教师给每组出一个成语，学生根据刚才游戏题的排列规律，把成语往下接。以小组为单位，每接对一个加 1 分，看哪个组的同学反应最灵敏、配合最默契。

A. 十万火急（急中生智）

B. 一团和气（气宇轩昂）（昂头挺胸）（胸有成竹）

C. 异口同声（声泪俱下）

D. 大同小异（异想天开）（开天辟地）

5. "成语填空"比赛。

各组的填空选手上台填空，填完后各组同学读出本组选手的填空答案，全对得 10 分，有错不给分。各组其他同学也可以口头为本组的空缺项目补充，补充对一个加 1 分。

6. "成语对答"比赛。

这个项目需要各组同学齐心协力、灵活迎战。教师说出一个成语，这一组同学用最快的速度说出一个与这个成语意思相反的成语。答对一个加 2 分，每组都有 5 次机会。

例如：

（1）当局者迷——旁观者清

（2）有始有终——虎头蛇尾

（3）大题小做——小题大做

（4）波澜壮阔——一潭死水

（5）云雾迷蒙——云消雾散

……

7. "成语列车"比赛。

师：上面几个项目各组的选手不负众望，在同学们的鼓励下，为本组取得很好的分数。现在最后一个比赛项目是"成语列车"。我们的列车在各组绕一个圈，每位同学都当列车手，希望各组同学齐心协力开列车。由第一组开始，老师说出一个字，这一组的同学各说出一个由这个字开头的成语，本组内的同学不得重复，有重复或有错，每人扣1分，顺利到站得20分。

（1）"无"

（2）"心"

（3）"不"

（4）"一"

8.　"风险创意"比赛。

师：同学们真聪明，列车开得真快！下面是各组自己设计风险题。哪些同学能自告奋勇上台。

（1）悟图意猜成语。

（2）看动作猜成语。

教师出风险题，猜对了加10分，错了扣10分。

两个同学上台，一个人做动作，一个人猜。

A. 顺手牵羊　　B. 昂首挺胸　　C. 目瞪口呆　　D. 负荆请罪

四、畅谈收获，总结表彰

1. 畅谈体会，升华情感。

师：经过紧张激烈的比赛，我们今天的成语擂台已决出胜负。比赛结果我们稍后公布，现在老师想听听同学们上了这节课后有什么感受？

2. 宣布成绩，评选擂主。

统计公布这次擂台赛总成绩，对获得本次擂台赛擂主的小队颁发奖品，其他队发纪念品，以资鼓励。

3. 活动总结，鼓励积累。

师：这节课同学们兴致勃勃地参加了成语擂台活动，在全体同学的全力以赴、同心协力下，各组都取得了较好的成绩。今后，我们不但要学习好语文课本中的知识，还要积极阅读课外书籍，丰富语言，开阔视野。希望大家今后能学以致用，把成语运用到习作中去，使我们的作文能锦上添花。

备用材料：

成 语 之 最

最大的地方——无边无际　　　　最长的一天——度日如年

最短的季节——一日三秋　　　　最多的资源——取之不尽

最快的速度——风驰电掣　　　　最大的变化——天翻地覆

最难做的事——无米之炊　　　　最大的差异——天壤之别

最大的容量——包罗万象　　　　最大的手术——脱胎换骨

最宽的视野——一览无遗　　　　最贵重的话——金玉良言

最重的话——一言九鼎　　　　　最尖的针——无孔不入

最小的人——轻如鸿毛　　　　　最高的人——顶天立地

最长的腿——一步登天　　　　　最大的嘴——气吞山河

第十三课
漫画的联想

【活动目的】

1. 以直观的画面，引导学生观察，提高学生认识事物的能力。

2. 通过看图说话写文的训练，开拓学生的想象空间，培养学生的联想和想象能力。

3. 培养学生的审美能力，开阔眼界，拓展思维能力。

【活动准备】

1. 将学生按座位顺序分为四组，如学生水平不均可适当调整座位，在前排设评委席，方向与学生的座位相对。

2. 制定好评分表交各评委，并将评分规则向学生公布。

3. 将评分依据板示于小黑板：（1）所述内容与画面相符1～2分；（2）想象和联想丰富2～4分；（3）内容完整，有一定情节1～2分；（4）叙述时口齿清晰，表情丰富1～2分。

4. 学生每人准备好纸笔，以便在观察画面时记下自己所想象的内容提纲。

5. 教师事先准备4幅画面简洁、含义深刻的漫画。

【活动过程】

一、谈话导入，了解漫画

师：同学们，你们了解漫画吗？

生1：漫画是一种具有强烈的讽刺性或幽默性的图画。

生2：画家从现实生活中取材，通过夸张、比喻、象征等手法，来讽刺、批评或表扬某些人和事，反映自己对某个问题的看法。

师小结：漫画是一种为广大老百姓所喜爱的绘画形式，它以简单的构图和夸张的表现手法来展示生活中的现象，或讽刺或批评或赞扬或劝诫，想象丰富，寓意深刻，令人回味。

二、 出示漫画， 看图评说

1. 观看单幅漫画，描述图画内容：一男子站在悬崖边守着一双大翅膀，欲从悬崖顶往下跳；一老人用木梯、台灯、雨伞、椅子等物从悬崖底向上搭起一座危险的云梯。

2. 看图思考，各抒己见：第一个人空想，而第二个人所采取的方法你认为怎样？本图适合想象成一篇寓言。

三、 探究赏析， 评议漫画

师：今天这堂课，我们来欣赏四幅漫画，请同学们认真观察，仔细体会，看看你从画面上了解到了什么，想到了什么，把你想到的说出来，看看哪个组的同学发言最踊跃，想象最丰富。

四、 感悟内涵， 抒发感受

1. 每个大组分为四个小组，每个小组观察一幅漫画，可展开讨论。（5分钟）

2. 学生思考，将想象的内容串连成文，长短不限。（3分钟）

五、 组织竞赛， 见仁见智

学生讨论自己观察的是哪幅漫画，说说由画面引发的联想和想象的内容，评委按评分标准予以评分，展开竞赛。

六、 总结升华， 领悟规律

师：要想让人了解你介绍的漫画，就要在仔细观察图画、把握画面内容的基础上，展开合理想象，并联系实际来丰富画面内容。最好的办法就是把所要介绍的内容写下来，注意在写清楚漫画主要内容的同时还可以发表自己对漫画所反映的现象的看法，还可以谈谈你认为这幅漫画的新奇高妙之处。

七、 公布结果， 奖励优胜

教师公布竞赛结果，为学生颁发奖品。此外，教师可督促学生将自己想象的内容写成短文，以达到全班同学共同参与的目的，教师可利用作文课进行评阅指导。为了省时间可事先分组评议，每组选出佳作4~8篇（即每幅图1~2篇）。师生将共同评选的佳作张贴在教室的宣传栏里。

第十四课
走进文学殿堂

【活动目的】

1. 培养学生爱读书、细读精思的好习惯，掌握阅读方法。
2. 通过阅读，训练和强化学生的理解、分析能力。
3. 通过活动，提升学生的鉴赏能力和感悟联想能力。

【活动准备】

1. 教师精心挑选精读的材料，或学生推荐好文章好作品。
2. 精读内容选定之后，要根据文章或文段的特点，精心拟好比赛题目，确定比赛形式，设计好比赛程序，选出参赛人员、主持人、评委和工作人员。
3. 准备好学习工具，如《新华字典》《现代汉语词典》《成语词典》等。
4. 学生事先了解阅读的形式。
5. 准备好电脑室，在电脑室上课。

【活动过程】

一、 课件出示精读材料

好一朵茉莉花

不知哪个窗户飘出一支《茉莉花》歌，陡添了夏夜的恬适和情致，我不由随口哼着，踏进太湖银丝面店。

浅绿的油漆墙，俊秀的山水画，我恍若坐在湖滨雅致的茶室。正要掏手帕抹汗，一缕清香袭来，顿清了暑热带来的烦躁。

"同志，请用清毒毛巾。"一位十七八岁的女孩子飘然而至。她的头发扎成两个弯弯的小帚，白皙的脸蛋带三分稚气，瞳仁里燃着热情的火花，洁白的围兜，洁白的衬衫上别一朵洁白的茉莉花，花朵儿连着一片团团的绿叶，显得愈加玲珑可爱。哦，好香的茉莉花呀！

女孩子笑吟吟地站着："同志，您爱吃什么面？有肠面、炒面，各式花样面。假如您有特殊要求我们会尽量满足。"话音清脆悦耳，我觉得是上亲戚家作客来了，又热心又拘束："谢谢，你看什么好就给我什么吧！"

女孩子对我嗔地一瞥，也许意识到这是顾客莫大的信任，蹬着半高跟的白塑料凉鞋满意地走了。

"好一朵茉莉花，好一朵茉莉花，满园花开，香也香不过它。"

不知为什么，我心里又哼起来，同桌来了三位面带倦容的客人，胸前组扣上挂着"上海旅行社"金红色的小纸牌。我还未坐下，那缕叫人微醉的芬芳又飘来了，茶盘在桌上轻轻放下，盘里置着三块冷毛巾，三杯凉开水，女孩子又摆弄椅子，又帮着拎挂包，那么灵活利索，上海客人不安起来。"阿拉自家人，自家来。"可是，一切拾掇得妥妥帖帖，客人无奈地笑了，嗓音也清亮起来。

不等客人夸奖，女孩子掏出票簿："同志，我店供应独家经营的银丝面，大碗三两，小碗二两……"

旅游者尴尬起来，面面相觑，断断续续地说："姑娘有一两的吗？"我哑然失笑，传说上海人小气，尚不至于此吧？莫非这几位客人已到别处饱餐一顿，又遗憾于未尝到新鲜美味的银丝面，才怪不好意思地出了难题。

姑娘转动着聪明的大眸子，忽然眼睛一亮："这样吧，买一个三两，我跟厨房的师傅商量分成三碗，好吗？不过路上饿肚子可别怪我呀！"她调皮地笑着，又招呼我"同志，让您久等了，面马上就来。"

洁白的身影又飘然而去，这一回，我竟感到扑鼻的清香依旧氤氲四周，眼前浮现出那朵带叶的玉刻琼雕般的茉莉花。

"茉莉花开，雪也比不过它……"

不一会儿，面来了。那面条，真像银缕一样纤细、莹洁。令人费解的是，托盘中还剩下一碗断成寸丝的脆鳝面，碗边搁着一汤匙。谁会吃这样的面呀？转眼一看，只见有位右臂吊着绷带的老人，正笑眯眯地欠身迎着走近的姑娘，顿时，我心里似有什么躁动，像失主领回了失落多年的珍爱之物，感动得两眼湿热起来，离开时，我发现人们仿佛都喝了一盅美酒，流露出醉心的满足。

"满园花开，香也香不过它……"

走出店门，满街飘荡着爽心的清芬，不远处起落着叫卖茉莉花的喊声，不见了十多年的茉莉花，你又回到生活中来了，人心灵中失去的美又回到了生活中来了。生活呀，你又以你的温馨的芬芳熏陶我们，使我们纯洁高尚起来……

啊，"好一朵茉莉花，好一朵茉莉花……"

二、选定参赛者

4人学习小组各选出3名选手，组成红、蓝、黄、绿四支参赛队，其他同学为各队的啦啦队员。

参赛选手的产生可由小组同学推荐，或在小组内自发进行自选材料的精读"热身赛"中产生。

三、 选定主持人、 评委

主持人可由语文老师担任，也可由品学兼优且有组织领导能力的同学担任，评委可由语文水平较高的同学担任。

四、 拟定比赛题目（ 由主持人、 评委共同商讨产生 ）

（一） 必答题

1. 本文题目是什么短语？（10分）

2. 本文的文体是什么？（10分）

3. 文章是采用第几人称的写法？（10分）

4. 主人公是谁？（10分）

（二） 商讨题

1. 给下列加点的字注音。（10分）

恬适　　　　小帚　　　　稚气　　　　一瞥

2. 结合上下文，解释下列词语。（10分）

尴尬　　面面相觑　　氤氲

哑然失笑　　令人费解

3. 贯穿本文的线索是什么？（10分）

（三） 抢答题

1. 文章中我多次提到的那首歌歌名是什么？（10分）

2. 《茉莉花》这首歌在文章中一共出现了几次？（10分）

3. 除了女服务员，文章中还出现了什么人物？（10分）

4. 本文用了第一人称的写法，你认为这种写法所起的作用是什么？（10分）

A. 使人感到亲切真实。

B. 使文章曲折生动。

C. 便于议论抒情。

D. 便于画龙点睛，揭示主题。

5. 文中的女服务员是一个怎样的姑娘？（10分）

A. 热情大方、乐于助人、心灵美的姑娘。

B. 爽直坦率、和蔼可亲的姑娘。

C. 能说会道、善做生意的姑娘。

D. 热情大方、天真活泼的姑娘。

6. 本文的主题是什么？（10分）

A. 赞扬女服务员助人为乐、热情待客的品质，反映了社会主义服务行业的新风尚。

B. 表现女服务员的形象美与心灵美，展现新时代青年的风貌。

C. 赞扬女服务员热情待客的美好心灵，反映新时期文明礼貌的风尚重新得到发扬的新局面。

D. 抒发作者为社会主义精神文明得到充分发扬而无比喜悦的感情。

7. 文章以《茉莉花》歌为线索，赞美年轻的女服务员，采用的是一种什么手法？（10分）

8. 你认为本文的现实意义在哪里？（10分）

A. 提倡改进服务态度。

B. 提倡五讲四美。

C. 提倡助人为乐。

D. 为新时代的青年提供典范。

（四）选答题

1. "娇嗔地一瞥"、"面带倦容"、"眼睛一亮"、"尴尬起来"、"断断续续"分别是什么结构的短语？（20分）

2. "令人费解的是，托盘中还剩下一碗断成寸丝的脆鳝面，碗边还搁着一把汤匙。"这是一个单句还是复句？（25分）

3. 文章第十五自然段主要用了什么描写人物的方法？（10分）

（五）商讨题

1. 第三自然段主要用了什么描写人物的方法？（10分）

2. 文章第三自然段用很大的篇幅去写姑娘的外貌，人们对此提出不同看法，你认为哪一种见解较为合理？（10分）

A. 不必要，因为本文要表现的是姑娘心灵美。

B. 有必要，因为这可以表现姑娘形象美，多角度地刻画人物。

C. 有必要，因为这段描写既表现姑娘的形象美，又隐喻她的心灵美。

D. 有必要，因为这段描写目的在于引出"茉莉花"这条线索，从而展开下文。

3. 第四自然段主要运用了什么描写人物的方法？（10分）

4. "同志，请用消毒毛巾。"这个句子表达了什么语气？

5. 第七自然段描写女服务员的灵活利索，用了什么动词？（10分）

6. 第七自然段中上海客人为什么"无奈地笑了"？（10分）

A. 不喜欢女服务员为他们服务，但又争不过她。

B. 女服务员为他们服务，使他们觉得很难为情。

C. 女服务员为他们服务，使他们觉得庆幸。

D. 客人们为插不进手帮忙感到不好意思，女服务员的态度又使他们非常满意。

（六）风险题

1. 说说下面句子中引号的作用是什么？（20分）

A. "同志，请用消毒毛巾。"

B. 胸前纽扣上挂着"上海旅行社"金红色的小纸牌。

2. "莫非这几位客人已到别处饱餐一顿，又遗憾于未尝到新鲜美味的银丝面，才怪不好意思地出了难题。"这个句子表达的是什么语气？（10分）

3. 判断下列句子是否用了比喻的修辞方法。（30分）

A. 我发现人们仿佛都喝了一盅美酒，流露出醉心的满足。

B. 我恍若坐在湖滨雅致的茶室。

C. 眼前浮现出那朵带叶的玉刻琼雕般的茉莉花。

4. 第七自然段中哪些句子侧面写出女服务员热情周到的服务？（10分）

5. "那缕叫人微醉的芬芳又飘来了。"这里用了什么修辞方法？在文章中找出同样用了这种手法的一句话。（20分）

6. 文章第四自然段写"我"听完姑娘的话后，觉得是"上亲戚家作客来了，又热心又拘束"，这里的"热心"一词用得是否恰当，人们做了几种评论，你认为哪一种较为合理？（10分）

A. 不恰当，从当时的情景来看，对姑娘的热情，我产生的感觉应是亲切，再说"我"觉得（自己）热心，这说法也不通。

B. 恰当，因为上亲戚家时确实双方都很热心。

C. 恰当，因为姑娘热心对我，我也应热心对她。

D. 恰当，"热心"这个词在这里可以解作"亲切"。

（七）延伸题

1. 根据歌词的提示，用一段连贯的话描述一下茉莉花是怎样的一种花。（20分）

2. 联系实际简要谈谈阅读本文之后的感想。（20分）

3. 用一两个成语来形容客人们在店里的感受。（15分）

4. 仿照文章托物寓意的手法，用自然界的植物来寄寓人们的美好感情和情操。（20分）

竞赛活动说明：以上题目当中（一）、（三）、（四）、（六）、（七）题在学生电脑中完成，电脑自动计分，（二）和（五）题可制成投影片。

《好一朵茉莉花》全文可制成课件，目的是使比赛现场的全体师生都能看清全文内容。

如有条件，比赛可安排在电教室或演播室进行，用课件显示赛题，电脑计分，随即显示得分情况。

（八）布置延伸性作业

1. 由学生自选材料，文章最好从学生的自读课本中选取；

2. 由学生自拟题目，学生自己出题时，必定会在选好的文章中从头至尾地苦心搜寻，以期找到难点，想方设法突出重点并仔细品味文章内容，来回考虑拟题，这样，出题的过程也就成了精读选文的过程；

3. 互相比赛，题目出好后，署上出题人的姓名，由科代表统一收集，然后，每位学生再从中任意抽取一份题目考考自己；

4. 评价总结，答题完毕，把自己的答卷交出题人评分，评卷之后，出题人将评分结果告诉答题人，如有不同意见，可找科代表、班干部或教师裁决。

教学实录（一）

微型诗赏析与创作

执教教师： 刘俊祥

执教年级： 六年级

教学流程：

师： 同学们好，中国是一个诗的国度，大家喜欢诗歌吗，我这里有一首小小的诗歌，谁来读一下？

生： 孩子们天生就是诗人/因为诗/是孩子们心灵的花瓣。

师： 如果是你们读这首诗，把"孩子们"换成哪个词更适合？

生： 我们。

师： 请你再读一读诗，好吗？

生： 我们天生就是诗人/因为诗/是我们心灵的花瓣。

师： 天生我材必有用，我们都是诗人，自信地一起来读这几句诗，预备齐！

生（齐）： 我们天生就是诗人/因为诗/是我们心灵的花瓣。

师： 这节课我们就来实践这几句话，看看你们是不是天生的诗人，诗可是你们心灵的花瓣哟！知道这首诗是谁写的吗？

生： 刘俊祥。

师（笑）： 刘俊祥就是我。这节课我们将一起来赏析微型诗，并且创作微型诗。我知道课前大家对微型诗已经有了充分的了解，谁能说一说微型诗究竟是一种什么样的诗歌？

生： 它精而短。

师： 对，精巧、细致。

生： 它以小见大，通过微小的事物反映非常深刻的道理。

师： 你说得非常有道理。

生： 它短而精，又深刻。

师： 大家说了这么多，其实可以概括出一句话：微型诗短、精、深，一字千金，小中见大，字字珠玑，诗微，但景不微，情不微，滴水藏海，粒沙见金，于方寸之间，融古通今；在尺幅之内，书写大千。正所谓"浓缩的都是精华"。

师： 下面我们就一起来欣赏几首微型诗，首先我们走进第一首微型诗（师放投影），浏览片刻，我请同学有感情地把这首微型诗读一下。

生： 月／一条银色的扁担／这端天涯／那端故乡。

师： 谁能更深情地读一下。

生： 月／一条银色的扁担／这端天涯／那端故乡。

师： 好，请坐。×××你再读一下。

生： 月／一条银色的扁担／这端天涯／那端故乡。

师： 好，请坐！

师（范读）：月／一条银色的扁担／这端天涯／那端故乡。读完诗，你觉得诗中有什么？可以回答一个字，两个字，甚至更多，先思考，而后作答。

生： 诗中有画（师板书）。

师： 你觉得诗中描写的是一幅什么样的画面呢？

生： 月亮像银色的扁担，这端连着天涯，那端连着故乡。

生： 诗中还有情。

师： 弯弯的月亮像扁担，这端是游子，那端是亲人，这是一幅非常凄美的画。而且表露着作者浓浓的思乡之情，你还读出了什么？

生： 我还读出了诗中有故事。

师： 你能说一下吗？

生： 可能作者是一个在海外的游子，思念他的故乡。

师： 这故事里含着浓浓的故国情，思乡情。诗中还有什么？可以透过语言来看一下。

生： 诗中有色。

师： 通过哪个词看出来？

生： 银色。

生： 我觉得"诗中有景"：夜色渐浓的晚上，人们都放下了匆匆的脚步，却放不下那思乡的情感，人们借着那小小的圆月，遥寄思念，在月光下寄托对亲人的情感，因此说"诗中有景"。

师： 露从今夜白，月是故乡明，诗中的确有景。一首小小的微型诗，我们就看出了诗中的画、情、色、景，但是微型诗给予我们的不仅仅是这些，还有很多很多。我们来看第二首微型诗（师放投影），有趣吗？谁来读一下？

生： 狼和小羊/狼搂着小羊说/别怕/就吻一次。

师： 非常温柔的一个男同学，我找一个粗犷一点的男同学。这个男同学比较粗犷，你来！（众笑）

生： 狼和小羊/狼搂着小羊说/别怕/就吻一次。

师： 大家一起来试着读一下。

生（齐）： 狼和小羊/狼搂着小羊说/别怕/就吻一次。

师（范读）： 狼和小羊/狼搂着小羊说/别怕/就吻一次。从诗中你读出了怎样的狼？

生： 我觉得狼是非常狡猾的，它和小羊说只吻一次，但是这一次就可以把小羊吃掉。

师： 这个"吻"字可以理解成吃、撕、咬、吞（学生们和老师一起回答）。多么残忍而外表虚伪的狼，简直是披着羊皮的狼。刚才我们抓到了"吻"字，还能从哪两个字中看出这首微型诗的传神之处？

生： "搂"字，其他的狼把羊抓住，就吃了，这只羊只是把它搂住，没有吃掉它。

师： 看来这是一只非常温柔的狼。可能狼和羊会成为朋友，你有不同的理解，非常好。透过"搂"字你还看出了什么？

生： 我看出了这是一只口蜜腹剑的狼，它嘴里说爱这只小羊，实际心里早已想到这只小羊即将成为它的晚餐。

师： "搂"可以换成什么字？

生（补充）： 抓、撕、捕、逮。

师： 看来我们对这首诗有不同的理解，方才这个男同学说是温柔的狼，大部分认为这是一只虚伪、残忍、狡诈的狼。那么我们看，通过这首微型诗，你又读出了诗中有什么？

生： 我觉得诗中有趣。

师： 从哪能看出有趣？

生： "搂"、"吻"等字。

师： 多么有趣的语言，多么有讽刺意味的语言。除了有趣，你还能读出什么？

生： 诗中有诈。

师： 狡诈的诈，这个"诈"可以称之为一种道理，同意吗？什么样的道理，告诉我。

生： 虽然这只狼表面是温柔的，但内心是奸诈的。

师： 它告诉我们：不要轻信外表虚伪而内心狡诈或者凶残的狼或其他动物、人。

师： 我们接着来欣赏第三首微型诗（师放投影）。发现有什么不同？

生： 只有两个字。

师： 谁能把只有两个字的微型诗读好？这可有一定难度。

生（读）：大漠落日/圆/寂。

师： 通过这首诗，我们看诗人写出了落日的什么？

生： 写出了落日的圆和寂静。

师： 用你的语言生动地描绘一下？

生： 在一个荒凉的沙漠里，夜来临了，太阳又大又圆，慢慢沉落，而周围非常寂静。

师： 茫茫大漠，浑圆的太阳慢慢落下，一切归于沉寂。还写出了落日的什么？

生： 还写出了"夕阳无限好，只是近黄昏"的哀叹，写出了一种"大漠孤烟直，长河落日圆"的血色凄凉。

师： 你读诗很有深度，通过"寂"读出了那么多的元素，不仅仅是太阳的落下，还读出了人世的沧桑。往来成古今，人事有代谢。

生： 这里面有禅意，因为"圆寂"把它合起来为一个词，一般说僧人死时称"圆寂"，但是它把这两个字拆开来，放上下，这个禅意很难挖掘出，所有人只能看出它的凄凉，但是却读不出这种禅意。就像王维一样，王维的诗在老年的时候也有一种禅意，但是它的禅意比较融入诗句中，这首诗已经完全将它的禅意发散出来，所以我觉得这首诗里有"禅"。

师： 我觉得应该为她鼓掌，这种禅意中的空灵不是每个人都能发现的。诗中有禅，这是一种至高的境界，不仅仅是景物中所渗透出的禅意，更有人生的大境界、大顿悟。我们看，其实这首诗，不仅仅有禅意，还是一幅画，同意吗？

生： 同意。

师： 你看到了一幅画了吗？闭上眼：茫茫的大漠，太阳慢慢地沉落下去，沙海及周围的一切景物渐渐平静下来，一切了无声寂。这就是大漠落日，睁开眼睛。我们看，它还含着作者的情，同意吗？

生： 同意。

师： 一切景物皆情语，这是王国维在《人间词话》中所说的。写景一定要渗入作者的情感。其实也有色，只不过表面上没有写出色。你想想，沙漠是——黄色的（生答），落日是——红色的（生答）。其实也有景，更有文字的趣，更加有这个空灵的禅意。

师： 三首诗我们已经欣赏过了，还有一首奇绝的微型诗。我们来看，看到了吗？几个字，谁能把它读好，充分发挥你们的想象力，一个字的微型诗，读好太不容易，找一个男同学和一个女同学。

生： 网。

师： 请把题目也加上。

生： 生活/网。

师： 一个网道尽了生活的个中滋味，从诗中你又感悟到了什么？我给大家30秒的思考，生活/网，你体会到了什么？

生： 生活密集如网，各种事物的关联也像网一样。

师： 生活的形状如网，比如说，电网、水网、关系网，等等，对吗？你是这样理解的，还有吗？

生： 有一句话叫作"天网恢恢，疏而不漏"，这张网告诉我们：做人要时时刻刻对自己严格地要求，还告诉我们另外一个道理，网是可以网到很多东西的，因此，在平时生活中要多去关心一些事情，因为生活就像一张网一样，让那些酸甜苦辣的事情充斥这张网。

师： 你最开始想到的是法网，然后由法网推之而去，想到了很多很多的网。还有吗？

生： 我体会到了作者此时此刻的心情，"迷茫"两个字能形容他此时的心情，因为这个标题中的"生活"不仅指的是平时的生活，也有可能指的是我们人的一生，迷迷茫茫。

师： 一个"网"字你读出了茫然，有深度，有见解。还有吗？

生： 我看到生活就像一张网，需要我们去编织。

师： 你读出了积极进步的一面。不错，还有吗？

生： 生活像网一样是五彩的，渔民用网捕来各种各样的鱼，而网是五彩的，其中有酸甜苦辣，但网不是经常能捕到鱼的，它有时是落空的，当落空时不需要用消极的心情去对待、去比较。

师： 一个"网"字道出了生活的所有滋味，得之泰然，失之坦然。

生： 我觉得不如真把生活当成一张网，网，它可以想到什么呢，你不如想想在生活中懒散的人，喜欢从小路上走的人，喜欢从别的途径中，而不是不从大路上走的人，是不是都被生活这张网逮住了呢！其实生活对每个人都是很宽容的，只要你不做错事，只要你走大路，不去从别的途径上走，把自己的聪明用在正道上，生活这张网会加惠于你，使你的一生平坦，而那些喜欢在那里走捷径的不法分子就会被生活这张网给捕住，吃一生的苦果，所以说生活的确是一张网。

开放式活动课程（第二版）

师： 太精彩了。用正义编织的网、用勤劳编织的网才是真正的生活之网。你诠释了一个非常深刻的道理。还有吗？

生： 生活是一张网，有的人织得井然有序，而有的人织得杂乱无章。

师： 你道出了生活、人生的真谛。

生： 我感受到生活是由缘分编织的。

师： 这个又有不同的味道。

师： 我们欣赏了四首微型诗，大家一定也收集到了很多很多的微型诗，我们一会儿就在这个舞台上来展示。要先有感情地把微型诗读出来，然后说说你为什么向大家推荐这首微型诗。好吗？

生： 白杨/任凭你的风吹雨打/我依然不会变。我推荐给大家这首微型诗，是因为这两句简简单单的话，告诉大家：任凭别人的讽刺、嘲笑、折磨，都依然要坚持自己的原则。

生： 人/站直了/是感叹号。我向大家推荐的原因，是因为这首诗告诉了我们人生的真谛。

师： 站直了，是感叹号，我们要做正直的人。

生： 心缘/岁月描过的往事/渐渐枯萎/可那故乡在记忆的丛中仍葱绿。人们在很多时候可以忘记许许多多的往事，可对故乡的往事是难以忘怀的。

师： 你有诗人的天质，非常好，掌声鼓励一下。谁还能来？

生： 我向大家推荐的是我同学写的一首微型诗，它写的是：人/弯着腰/是问号。我之所以给大家推荐这首诗，是因为弯着腰可以代表着谦虚地向别人讨问，从这首诗中我感受到了：我们要谦虚地向人寻求答案。

师： 人弯着腰，感觉不是很好，但她读出了谦虚。

生： 满天星/我抓不住星/只能抓满屋的萤火虫/欺骗我干瘪的眼睛。世界万物，很多人都说眼见为实，但是眼睛看到的不一定是真实的，你欺骗的仅仅是眼睛，而不一定是心灵。

师： 不错，多有哲理啊！

师： 上一阶段我们共同欣赏了四首微型诗，很多同学又给我们推荐了微型诗，接下来，我们做一件事，非常难的事——

生： 写微型诗。

师： 对，是创作微型诗。听老师的要求：我这里有九首微型诗，在创作的过程中，你可以先读后创作，借鉴它的写法，还可以借助你收集的微型诗来进行创作，可以写人，可以写物，也可以写生活中大大小小的事，时间是8分钟（生创作微型诗）。

师： 好了，我们没写完的可以继续写，我们先请写完的同学到台前来把你们的作品展示给大家。

生： 生活/生活/等于一张蜘蛛网/我们就是蜘蛛。我觉得我们的生活就像是蜘蛛织网，总会遇到风雨，所以我觉得我们面对风雨，应该更努力地织这张网，才会把这张网织得更加美丽。

师： 所谓，风雨之后才见彩虹。

生： 友谊/网/捕捉生命的真谛/带来了五彩。友谊给我们带来快乐，在我们成长过程中，友谊是很重要的，友谊是真诚的，我们需要友谊。

生： 落叶/叶/纷纷飘落/感悟春的那一刻。

树的生日/伞/撑开/还一片晴朗的天空。

师： 你一连串创作了两首微型诗。

生： 日食/月亮/借走了/光。

暴雨/云是席子/雨是水/太阳在洗澡。

蝶/虫的/蜕变。

师： 我更欣赏第三首，蝶/虫的/蜕变。多么有深度的话。

生： 钢琴/黑白色的琴键/弹奏一首又一首/人生之歌。

师： 你不说，诗已经把所有的真谛彰显出来了。

生： 人/跪着/被黑暗恐吓/直立着/被光明环绕。

勿忘/勿忘是竖琴/你轻轻拨动，/无言的忧愁。

师： 这个写得最有深度，掌声！

生： 鸡/以生命的代价/去丰富人们的餐桌。（学生笑）

师： 写了一只普普通通的鸡，你是我们班第一个用微型诗歌颂动物的人。

生： 月/亏了又盈/盈了又亏。

水/水平如静/扔下一块石头/荡起了千层涟漪。

师： 前一个有哲理，后一个有景致。

生： 铅笔/用心书写完自己的/一生。

师： 想给大家说点什么吗？

生： 对自己的生活要用心对待。

师： 笔的一生和人的一生如出一辙。

生： 人/说得容易/做得难。

赛车/发动马达/全力加速/通向自己的目标。

师： 第一首更棒，人/说得容易/做得难。"人"字尽管只有两笔，但要用自己的一生去书写。

生： 礁石/被海浪拍打/几千年/死不屈。

师： 有骨气，不错，像你的人一样。（众笑）

生： 牺牲/花儿开放/是因为它撕碎了/自己。

离别/相遇。

师： 你给大家解释一下第一首诗。

生： 花儿在它最初成为花骨朵的时候，它是连在一起的。然而它为了开放，撕碎了自己，让人们看见它的美丽。

师： 我第一次读她的诗时，没有读懂，听她这么一讲，非常有深度，牺牲/花儿开放/是因为它撕碎了/自己。花儿开放是一种生命的蜕变。对吧？

生： 对。

生： 人生/不断地探索真理/才是真谛。因为我觉得人生不去追求完美的话，那就是不完整的人生。

师： 小小年纪，却有对人生的定位，不错。

生： 裂缝中的草/种子落了/长了/坚强站起来。我们要像裂缝中的草一样，坚强站起来，这样我们就是胜利者。

师： 不错。

生： 梦/梦了许多/睁开眼/消失了。

师： 听懂了吗？再读一遍（生又读一遍），但愿美梦成真，睁开眼之后去实现它，永远不消失。

生： 幻城/被现实击倒的/支离破碎的/城池。我写这首诗，是为了告诉我们：虽然是人们为了现实生活放弃了自己的梦想，但是要通过自己的奋斗，冲破现实的束缚，实现自己美丽的梦想。

师： 你的选材非常独特。

生： 远镇/回头瞻望/漫漫黄沙/覆盖着存留的悲欢。我认为悲欢离合是人生中的一切，我们的人生就是由七彩编织出来的。

师： 非常有哲理。下面同学还有没有想来读你的诗的？

生： 花开/叶落/缠绵/变了吗？没有变。

水/水撩起它长长的裙子/跳起舞来/它们疯狂地跑着/越来越大/一滴，两滴/形成了海。

我写这两首诗是要告诉大家：我们的人生不要像四季一样，花开、叶落、缠绵，那样是没有用的。我们要给自己的人生添上一束五彩的光，如果给自己的人生添上一束五彩的光，必须要努力，就像水一样，水呢，是条条而来，直至涓涓细流，最后才形成海的，所以我们要像水一样坚持不懈，形成大海，为自己的理想而努力。

师： 大家发现没有，她不仅写了诗，而且把自己的诗瞬间背诵下来，显示给大家，一次飞跃。掌声给她。还有吗？

生： 生活如水/水无常形。我觉得我们的生活如果像固体一样，只有一种形状，这样很无趣，如果在生活中添加一点乐趣，像水一样，一会儿涓涓细流，一会儿热情澎湃，这样生活才会更加美好。

师： 你是一个天生的诗人。

生： 我写了两首诗，第一首：花/月霜暮/沁心脾/香满堂。

第二首：落红/一地残红/两番繁花。我看到龚自珍的"落红不是无情物，化作春泥更护花"，有感而发，写下了第二首，落红它牺牲了自己，却成就了别人。

师： 古诗今用，改写成非常有特点的微型诗，而且对仗工整，实属不易。

师： 同学们，今天我们不仅赏析了微型诗，又创作了微型诗，对微型诗有了更多的了解，但是，我们今天所学的微型诗只是微型诗世界中的沧海之一粟，我们要更深入地了解微型诗的语言、格式、情感，等等，还需要多收集、多阅读、多积累、多创作。我建议我们回去之后开一次小小的诗会，或者编一册小小的诗集，以供更多同学来分享你们的学习和读书成果。今天我们这节课就上到这里，谢谢大家！下课！

点 评

"意到浓时品三味，情到深处即为诗。"刘老师大胆地在小学六年级尝试诗歌教学，实属不易。细细品之，如清风明月，美酒佳酿，令人陶醉。

一是语言如诗，诗如花。刘老师语言优美、诙谐而不失理趣，几乎达到了诗化境界。课伊始，一首明快的小诗"孩子们天生就是诗人/因为诗/是孩子们心灵的花瓣"，便促发了他们极大的自信心和天生的语言特质；其次，畅谈微型诗环节先以孩子们的课前收集、理解为前提，渐次引导，后以一精彩之句作结，水到渠成；再次，赏析环节以四首各具特色的微型诗一一排列开去，让学生在诗歌的涵泳中观其景、体其情、悟其理、得其趣、明其道、修其禅，这期间，诗歌的字数由多至少，孩子们的思想认识由浅至深，对诗歌语言、意境的感悟由单一片面到渐次开阔，恰如春雨润花、清水溉稻、鱼入水中、溪流濯足，令人流连其间，难以自拔；最后的推荐和创作环节，却更加令人惊叹，孩子们通过微型诗这一独特的形式来书写生活、阔谈人生、描绘大千万物，景、情、理、趣皆现，喜、怒、哀、乐、爱五味杂陈。

二是孩子是诗人，诗人如孩子。大凡诗人都有孩童般的心，大凡孩子都有成为诗人的潜质。"孩子们天生就是诗人"不是一种假说，而是一种无可置疑的事实存在。刘老师的课堂时刻在呵护和赞赏着孩子们的语言天赋，让语言的灵光在孩子们的心田深处生根、发芽、开花、结果并永远珍藏，与其说这是一种精神的洗礼、智慧的理达、情感的回荡，倒不如说这是一次心灵的旅行，生命的涅槃。

纵观全课，流程简明扼要，交流、赏析、推荐、创作，环环紧扣，顺学而导，无遮无拦，讲求的是生成，丝毫没有雾里看花的迷幻。而学生在课堂中既是学习的主体，又是吟诗作赋的诗人，始终处于自由、和谐的情境中，自然才思泉涌、灵光四溅。由此可见，小学开展以诗歌为主的活动课程大有天地。

（点评人：紫气东来）

教学实录（二）

推销我读过的一本书

执教教师： 张云鹰

执教年级： 五年级

教学流程：

一、激发兴趣感悟"书"

师： 同学们，我们先放松一下，唱支歌行吗？想唱什么歌？

生： 《雪绒花》。

师： 为什么想唱这支歌呀？

生： 很美。

生： 这支歌正好是写冬天的。

生： 今天是 2010 年 12 月 24 日，西方的平安夜。

师： 这是一首美国歌曲，我们一起来唱好不好？

生（齐）： 好。

（师钢琴伴奏，学生齐唱《雪绒花》）

师： 课余时间你们有些什么安排？

生： 玩游戏。

生： 运动。

生： 唱歌跳舞。

生： 我喜欢看书。

师： 这些丰富的业余生活可以伴随我们终身，让我们的生活充满了情趣。这是多好的事情啊！

师： 谁能告诉我平时你读过什么书？

生： 读过不少关于文学、历史的书籍。

师： 请你说出书名。

生：《战国策》《上下五千年》。

生： 我读过一些动物小说，如《狼王梦》《最后一头战象》。

生： 我读过《大学》《中庸》。

生： 我读过高尔基的《我的母亲》《童年》。

生： 我读过震惊世界的《巴黎圣母院》。

师： 你们学的第九册语文课本的第一单元主题就叫"我爱读书"，能不能用一句话来说一说读书的意义？可以用名人名言回答，也可以用自己的读书格言来表达。

生： 读一本好书就等于和一位高尚的人谈话。

生： 书籍是全世界的营养品。

生： 书籍是人类进步的阶梯。

生： 书籍是人类精神的财富。

生： 一本好书就是一轮太阳。

生： 书是唯一不老的东西。

生： 书犹药也，善读之可以医愚。

生： 读一本好书就是交了一个益友。

生： 一日无书，百事荒芜。

师： 大家谈得都很好。《走遍天下书为侣》这篇文章把书比作什么？

生： 朋友。

生： 家。

生： 伴侣。

师： 怎么理解"侣"字？

生： 伴侣。

师： 什么叫"伴侣"？

生： 同在一起生活、工作或旅行的人。

师： 你的爸爸妈妈相互之间可以叫"伴侣"吗？

生： 可以。

师： 爸爸妈妈是亲密无间的伴侣。"伴侣"还可以叫什么？

开放式活动课程（第二版）

生： 情侣。

师： 伴侣、情侣在某种情况下也许会背叛对方，但书会背叛你吗？（生摇头）从某种意义上讲，书比伴侣、情侣还要怎样？

生： 忠诚。

师： 书永远不会背叛我们这个朋友。

师： 现在我们归纳一下读书的好处，它可以让我们明理。（板书：明理）什么叫"明理"？

生： "明理"就是明白道理。

师： 读书还有什么好处？

生： 立志。（师板书：立志）

生： 带来乐趣。

师： 也就是说读书可以让我们对生活充满希望，充满乐趣，充满信心，充满激情，充满向往，充满爱。我们用"激情"来概括吧。（板书：激情）

师： 读书还能怎样？

生： 上进。

师： 上进是一种行为上的表现，也就是说书能指导我们的行为，我们可以用"导行"这个词来概括。（板书：导行）

师： 书的好处真多！既可以让我们明理立志，还可以激情导行，所以我们要多看书。

二、身体力行推荐"书"

师： 老师也读过很多书，想知道老师会给同学们推荐什么书吗？

生（齐）： 想。

（师打开"中国教育新闻网"）

师： 这个网页是介绍"2010年度推动读书十大人物"的。入选人一共有20位，老师很荣幸地被教育部推为候选人之一。

（师点击相关内容并朗读"教育故事"中的片段）

师： 一人走红可以在一夜之间，而一个教育家的"走红"却是一幅人生画卷。

师： 我们再来看"读书感悟"。还记得朱熹说的一句读书感言吗？读书有三到——

生： 读书有三到：谓心到，眼到，口到。

师： 我在介绍中也写了一个读书有三到："手到"——读书须动笔，坚持记笔记；"心到"——读书时要研究性阅读，而不是观而不察，察而不思，更不是"读书死，死读书"，那会变成书呆子；我还强调一个"身到"——把读书学习与工作创新结合起来。有些人虽然读了很多书，但并不一定有智慧，是因为没有把读书和工作、学习结合起来。

　　师： 20个候选人都为大家列出了"推荐书目"，希望同学们都能上"中国教育新闻网"去看看。我也推荐了三本书。第一本是《论语》，看看我是怎样写推荐理由的：《论语》各篇章虽然没有集中的主题，但其整体教化力量却非常强悍。两千多年过去了，这里有历代帝王的刻意为之，也有士农工商、万千黎民的自然选择，无论是偶然还是必然，在很大程度上都是孔子塑造了中国人的民族性格和文化心理架构，这的确是毫无疑问的。出自《论语》的数百个成语故事早已渗透在我们每个人的言语中。每一个讲汉语的华人都能随口说出一些《论语》里的深奥"道理"，但是他们不一定知道这些道理出自何处。尤其重要的是，《论语》是中国独有的，因为《论语》，我们才知道自己为什么是中国人——这才是《论语》的真正意义。

　　师： 谁读过《论语》？

　　生： 学而时习之，不亦说乎？有朋友自远方来，不亦乐乎？

　　师： 非常好，他能背出一些经典名句。还有谁会背？

　　生： 温故而知新。

　　生： 子曰："君子周而不比，小人比而不周。"子曰："三人行，必有我师焉。择其善者而从之，其不善者而改之。"

　　生： 子曰："岁寒，然后知松柏之后凋也。"子贡问曰："有一言而可以终身行之者乎？"子曰："其恕乎！己所不欲，勿施于人。"

　　生： 敏而好学，不耻下问。

　　师： 知道《论语》一共有多少篇吗？

　　生： 19篇。

　　师： 多少则？

　　（生摇头）

　　师： 391则。回去后认真读读好不好？（生点头）

　　师： 我推荐的第二本书叫《周易》。（点击相关网页）我知道我们这儿有一个叫周易的同学，是谁？（指叫周易的学生）你知道妈妈为什么给你取名叫周易吗？

　　生： ……

　　师： 回去好好探索一下。《周易》是中国哲学的源头，后来的《论语》《大学中庸》等诸子百家的思想都来自于《周易》。对于一般人来说，它确实很难读懂，很难理解。《周易》是根据特定的图案并结合自然及人类社会的一般现象赋予文字的著作。其中包含着林林总总的人生哲理。每一卦都含有丰富的人生哲理，举个例子，"蒙卦"，蒙童就是刚上学的学生。"匪我求童蒙，蒙童求我"，意思为不是我去求蒙童上学，而是蒙童主动求我教育。"初筮告，再三渎，渎则不告。利贞。"意思是如果一而再再而三地问，说明你不够用心，就是对老师的不尊重。这是一本值得我们用一生去研读的书。我们可能现在没有兴趣读，或是不明白意思。虽然说兴趣是学习的源泉，但如果大家都只是按自己的兴趣去读书的话，会影响你今后的发展。

师： 我推荐的第三本书是《红楼梦》。我认为，所谓中国历史，就其文化意味而言，可简要划分为《红楼梦》之前的历史和《红楼梦》之后的历史。《红楼梦》有很多少儿读本，谁读过？

生： 读了《红楼梦》之后，我为林黛玉的悲惨结局感到伤心，也为宝玉的疯癫的情感而感动。

师： 她读出了情，很好！

生： 我认为《红楼梦》其实说的是一个历史故事，它是用一段历史解释社会和人物命运之作。

师： 我也认为《红楼梦》是一本宏大的命运之作。

三、自我选择畅谈"书"

师： 老师刚才给大家推荐了三本书，而我现在要大家推销你读过的一本书。请问"推荐"和"推销"有什么不同吗？

生： "推销"是别人因你的介绍而心动，还会有所行动。

师： 从心动到行动。

生： "推销"就像卖东西，要说出物品的优点，让人觉得不买就会有损失似的。

生： "推销"是一种商业行为，而"推荐"只是说出物品的优点。

师： 今天我们就做一个推销员，看谁最厉害。提醒大家要做大师级的推销员，不能像摆地摊似的。

师： 先回顾一下，我们的校本教材中介绍了几种推销书的方法？

生： 四种推销书的方法：一是背诵介绍法，二是提纲介绍法，三是感想介绍法，四是评价介绍法。（师板书：背诵法、提纲法、感想法、评价法）

师： 除了这些方法外，你认为还有另外的方法吗？

生： 图文并茂法。（师板书：图文并茂法）

师： 有些同学会摘抄一些好词好句段，这叫什么方法？

生： 摘抄法。（师板书：摘抄法）

师： 还有很多方法，我们以后慢慢探索。现在我们选择一种方法，在小组内先推销一下，再选出最优秀的作为代表。

（生以小组为单位推销书籍，师巡视）

师： 我为发言的同学准备了不少小礼物（拿出百宝箱），等下自己来抽

取。谁用了背诵法？我记得刚才有个同学说她读了《大学》，欢迎你来为我们背诵。（掌声）

生（配乐读）：大学之道，在明明德，在亲民，在止于至善。知止而后有定，定而后能静，静而后能安，安而后能虑，虑而后能得。物有本末，事有终始。知所先后，则近道矣。古之欲明明德于天下者，先治其国。欲治其国者，先齐其家，欲齐其家者，先修其身。欲修其身者，先正其心。欲正其心者，先诚其意。欲诚其意者，先致其知。致知在格物。物格而后知至，知至而后意诚，意诚而后心正，心正而后身修，身修而后家齐，家齐而后国治，国治而后天下平。自天子以至于庶人，一是皆以修身为本。其本乱而末治者否矣。其所厚者薄，而其所薄者厚，未之有也。此谓知本，此谓知之至也。所谓诚其意者，毋自欺也。如恶恶臭，如好好色，此之谓自谦。故君子必慎其独也。小人闲居为不善，无所不至，见君子而后厌然，掩其不善，而著其善。人之视己，如见其肺肝然，则何益矣。此谓诚于中，形于外，故君子必慎其独也。（掌声）

师：我要给她出一个难题：你能随意选几句来讲讲你的理解吗？

生：我选取的是"小人闲居为不善，无所不至，见君子而后厌然，掩其不善，而著其善。人之视己，如见其肺肝然，则何益矣。此谓诚于中，形于外，故君子必慎其独也"。小人独自待在一个地方比较自由的时候就会胡乱地去做，看到有人监视他的时候就做得非常不错，掩盖自己的错误。这样做有何意义呢？因为别人看到你就像看到了你的身体内脏一样，掩藏是没有任何意义的。你的诚信是在心里的，而外表是没有什么大不了的。如果你想做一个"君子"，有人在的时候表现要好，没有人的时候更要表现好。（掌声）

师：中国文化人都向往做"君子"，西方国家则追求绅士风范。你们认为"君子"和"绅士"有什么不同吗？

生："绅士"可能是表面上很有礼貌，内心却存害人的想法。而"君子"则是表里一致的，一心想帮助别人，是所谓的"仁者"。

师：说得很好，我们可以做知己。"君子"可能更注重内心的修炼。一个乞丐其貌不扬，衣衫褴褛，但他的灵魂和思想也许很高贵，这就是君子。如果一个人穿得仪表堂堂，西装革履，但行为很恶劣，能叫君子吗？绅士更多地注意外表的风范，但也不能说绅士都是外表彬彬有礼，内心肮脏。其实，真正的绅士也一定是仪表、内心一致的。

师：还有谁来介绍？

生：我也用背诵法。我背诵的是《战国策·齐策四》中的《齐人见田骈》：齐人见田骈，曰："闻先生高义，设为不宦，而愿为役。"田骈曰："子何闻之？"对曰："臣闻之邻人之女。"田骈曰："何谓也？"对曰："臣邻人之女，设为不嫁，行年三十而有七子。不嫁则不嫁，然嫁过毕矣。今先生设为不宦，訾养千钟，徒百人，不宦则然矣，而富过毕也。"田子辞。
（掌声）

师： 还有没有同学用别的方法推销？

生： 我大家推销一本书，是我最喜欢的一本书，也是给我启发最大的一本书，它的名字叫《青铜葵花》。讲的是因一个特殊的机缘，让城市女孩葵花和乡村男孩青铜相识了，他们兄妹相称，一起生活，一起长大。在一起生活的五年中，青铜一家一直照顾着葵花，冬天给葵花做棉鞋保暖，有好吃的东西青铜都不舍得吃，让给妹妹葵花吃。12 岁那年，命运又将葵花召回了原来的城市学习。从此男孩青铜每天遥望芦荡的尽头，遥望女孩所生活的城市。这本书让我明白了什么叫"情深似海"，明白了要珍惜来之不易的友情。我要向故事的主人公学习，学习他们那不向苦难低头、永远乐观向上的精神。这就是我要大家推荐的一本书。它给了我很多的启示。大家一起看看，也许你们会有不同的启示。

师： 作者是谁？

生： 作者是著名的作家曹文轩。

师： 动心了没有？回去赶紧行动。

师： 她采用了什么方法？

生： 感想法。

师： 你们桌上都放了一个"阅读检查表"。谁能根据检查表向我们介绍一下？

生： 大家好！我向大家介绍的是《龙图腾》。这本书以盘古开天地为背景，小说围绕龙而展开故事，以寻找神龙作为主轴，以奇幻小说的形式再现了中国的古老传说。本书讲的是邪恶之祖蚩尤长眠之后即将苏醒，在龙族国国王的帮助下，由盘古族人组成的一支探险队前去寻找神龙，并希望彻底打败蚩尤，它们首先到达与蚩尤的邪恶帝国临界的古老森林，不料遭到蚩尤怪兽的追杀。几经周折后，探险队穿越了时空之孔，来到了盘古族大禹国，并穿越了时空之孔。在小矮人的帮助下来到了大陆的尽头，来到了盘古族大部落，可神龙早已不知去向。难道他们只能眼睁睁地看着世界陷入深渊吗？本书气势宏大，充满了奇幻的色彩，同时又不失神话的本色，为小说类和神话类书籍添上了浓墨重彩的一笔。我们爱读书的同学都应该来品味这本好书。

（掌声）

师： 确实是一本好书。它获得了首届"霍尔拜恩幻想文学奖"，还被翻译成德语发表了。

生： 我用感想法。

师： 请你上来。还有没有用不同方法的？

生： 我用提纲法。

师： 请你也上来。还有其他方法吗？

生： 我用评价介绍法。

师： 请你也上来。有没有用摘抄法的？图文并茂法呢？（示意两生上台）

师： 下面请这五位同学分别推销自己读过的书。我们来一场擂台赛，看谁介绍得让人心动。

生： 我介绍的是《情感美文》中的一篇文章，名字叫《无声的音符》，主要内容是妻子为了给女儿爱和安慰，让丈夫卖掉她自己最心爱的金项链，给女儿买小提琴；而丈夫为了给妻子爱和安慰，只好无奈地买了玩具小提琴，违心地搪塞；女儿为了给父母爱和安慰，急中生智故意弄断琴弦，以盲拉来安慰妈妈，表达自己的心声。读了这本书，我觉得很感动，贫穷中的互相安慰，美丽的谎言，爱的和谐共同谱写了一首温馨的乐章。爱可以消减痛苦，可以化解苦难。妻子病重需要钱，女儿想买一把小提琴也需要钱，物质的贫穷让一家人陷入了困境，但是有了互相的关爱，有了精神上的互相支撑，生活一样能奏响美好的乐章。孩子虽然知道这把小提琴是假的，但她没有大呼小叫，而是急中生智地把琴弦弄断，弹奏了一首无声的曲子《梁祝》。虽然无声，但父母的脸上露出了舒心的微笑，她不让父母担心，所以我很佩服她。我要向她学习。（掌声）

师： 我提一个建议，以后用提纲法时要更为精练些，提高我们的概括能力。

生： 我向大家推销一本书，书名交《白牙》，主要叙述了混血儿白牙从小失去父母，受到主人史密斯的折磨，最后被新主人公斯科特先生所救，因感受到生命的温情而忠心为主、护卫主人的故事。这本书是美国著名作家杰克·伦敦所写的，他的作品独树一帜，充满了男子汉的阳刚之气，他在人物置于生死攸关的环境下，展露了人性中真实的品格。这本书让我看清了人世的善恶美丑，让我明白你怎样对待别人，别人也会怎样你。

生： 今天我为大家推销一本书是《混血豺王》，作品以生动的情节、曲折的故事，表现了混血豺王白眉儿屈辱、苦难、奋斗的一生。它为种群的发展和恶劣的自然环境斗，为照顾孤老病残和种群的传统观念决裂，为挽救种群不被消灭和围追堵截的猎人浴血奋战。白眉儿是豺，是动物性的豺，然而它又是一只有思想、有灵魂的豺。它的屈辱，它的豁达，它的奋争，它为救旧时的主人，它为豺群的生存所表现的感情波澜，它那大无畏英勇献身的精神，无不震撼着读者的心弦。（掌声）

生： 我读的是《方舟新概念》中的句子，你看那优美的句子多么生动呀！"小河像一匹柔美的碧玉带，镶嵌在母亲的胸怀，它永远那么坦荡无私，

开放式活动课程（第二版）

用自己的乳汁哺育着大河两岸的人民。温暖的春天，万物复苏，河水像刚刚苏醒的小姑娘，浑身充满活力，唱着新歌向前奔去。"

师： 她刚刚用的是摘抄法。

生： 我的是图表法。我读的书是《巴黎圣母院》，我用摘录、概要、感想、评价、难点作为表格的内容分别来介绍。因为快到圣诞节了，我用了圣诞老人作为装饰。

师： 她设计的其实是一个读书卡，按照五个步骤来介绍，这样就把我们刚刚说的几种方法综合运用在一起了。很好！还有没有用这种方法的？（不少学生举手）

师： 几位同学分别用了背诵、感想、摘抄、提纲、评价等方法为大家推销了自己读过的一本书，准备充分，表达清楚，非常好。

四、拓展总结深化"书"

师： 接下来老师也要为大家推荐一系列的书。（灯片出示"推荐导读"）我想重点推荐莎士比亚、托尔斯泰、巴尔扎克、罗曼·罗兰等人的著作。我以为，随着年龄的增长，我们有必要远离故事类书籍，而选择去读一些名著。一、二年级时我们喜欢读动物类书籍，动物是我们的朋友，这属于自然主义阅读；三、四年级时读寓言、童话、散文，诗歌，这些属于浪漫主义阅读；现在我们要多读一些名著，这属于现实主义阅读。我们要接触社会，接触人文，包括哲学思想。如果原著读不懂，可以先读一些少儿版的。我们还要读一些中国的书，重点是古文经典，如《论语》《大学》《中庸》《唐诗三百首》《庄子·老子·孟子》《增广贤文》《千家诗》《二十四孝》《声律启蒙》《三字经·百家姓》等都可以去读。读这些经典的时候我们要带着批判主义的眼光，取其精华，去其糟粕，增强我们的辨别能力。我们在口语交际中曾经进行过一次辩论："开卷到底有没有益？"怎么理解"开卷未必有益"呢？

生： 指有些书不一定很好。

师： 对我们无益的书应该拒绝，因为读了这种书，反而会害了自己。我们要学会分辨书的好坏。在我国台湾地区的课堂里有80%的课文选自古文经典，在美国会选择很多的名家作品让学生在课堂上阅读分享；德国的课堂则融进了很多的哲学思想，让学生分辨。这样从小学、中学到大学，学生自然而然地就会远离那些低级趣味的东西。而我们中国的高年级孩子却还在热衷于读动物故事，值得反思。

师： 11月是深圳的读书月，每年都会向读者推荐十大读本。哪些读本呢？请大家自己去查。上周我在学校看到一个三年级的孩子在读书，我问她为什么读书，你们猜猜她是怎么回答的？

生： ……

师： 如果我问你为什么读书，你会怎么回答？

生： 因为我要长大。

师： "我读书，因为我要长大。"这是我 11 月份送给大家的"校长寄语"，看来你们都已经记下来了。请大家能站起来说一遍好吗？

生（站起来声情并茂）：我读书，因为我要长大。

师： 今天的课就上到这里。等会每个同学都到百宝箱里领取一份礼物——书签，希望大家和书成为朋友。

点 评

　　书是丰厚的营养品，润泽人生；书是初升的太阳，照亮前程；书是终身的伴侣，永不背叛……一首唯美的《雪绒花》，唱响了张老师上课"悟书"的序曲，拉开了好书推销活动的崭新一页。

　　巧妙的是，不用程式化的讲解，不用营销般的吹嘘，只是轻点"中国教育新闻网"，就欣赏了教育家走红的人生画卷；只是示范推荐《论语》《周易》《红楼梦》，就领悟了名著名篇的博大精深；只是简单的看似不经意的比较与替换，就如投湖以石，方法得以丰盈，思维得以激活。

　　"我为黛玉的悲惨结局而伤心，也为宝玉的疯癫而感动"；"《青铜葵花》让我明白了什么叫'情深似海'，明白了什么叫友情来之不易"；"我读书，是因为我要长大"……孩子们一句句朴实的语言，一份份真切的感受，竟然是伴随着读书"推销"的活动而灵动绽放！

　　开放式语文活动课——《推销我读过的一本书》，与生活相依，与经典相随，为孩子们的幸福成长而生！

（点评人：灵武）

后　记

用活动拓宽语文教学新天地

"教育即生活"，语文正是生活在课程上的直接反映，但这种共识，很大程度上只是停留在口头上，停留在很肤浅的认识水平上。长期以来，由于种种原因，我们的语文教学仍处在一种相对狭隘、封闭的状态中。课本是学生唯一的信息源，教师是学生唯一的信息传递者，教室是学生唯一的信息交流场所。

编写本书的宗旨就是试图推进语文教学的生活化，让学生主动参与教学，学会探究学习，把课堂学习与实际生活、与社会自然紧密地联系起来，正如《基础教育课程改革纲要（试行）》指出的，"倡导学生主动参与、乐于探究、勤于动手，培养学生搜集和处理信息的能力、获取新知识的能力、分析和解决问题的能力以及交流与合作的能力"，体现《全日制义务教育语文课程标准》（实验稿）（以下简称"《语文课程标准》"）提倡的"口语交际"和"综合性学习"的新理论、新方法、新思路。由此可见，活动课程是小学语文课程改革的重要内容，是开放式语文教学的必然选择，也是小学语文教师的根本需要。

世界正处于开放的信息化社会，要求新一代的人具有综合素养，承担社会义务，富有社会责任感。因此，教育要同社会与生活融为一体，教学更要与生活、自然贯通，使学生在生活中学习，从而提升生活与学习质量。为此，综合性学习、在实践中培养学生的语文能力，必然要进入我们的视野，运用到语文的教学中来。《语文课程标准》倡导的"自主、合作、探究"的新型学习方式，对于培养学生的创新精神和实践能力，使之具备终身学习的愿望和需求，意义深远。我们设计的开放式小学语文活动课程就是形成这种新型学习方式的重要途径。它重在引导学生开展丰富多彩的语文实践活动，拓宽语文学习的内容、形式、渠道，使学生在广阔的空间里学语文、用语文，拓宽视野，丰富知识，砥砺能力。

本书根据《语文课程标准》对小学语文"口语交际"和"综合性学习"提出的教学建议，针对活动课的本质特征，突出活动中的"语文因子"，以培养和形成学生的语文综合素养为最终目的，依据各个学段学生的年龄和心理特征，进行教学设计。全书按年级划分为 6 个部分，由浅入深，由易到难，循序渐进。每个年级设计了 14 个活动内容，共 84 课。每个年级附有两个教学实录。全书注重表现活动课程的自主性、实践性、创造性、合作性、趣味性，贴近学生的生活，贴近学生的思想，贴近社会的实际。强调学生在语文活动中自主参与、自主体验、自主探究，形成语文的综合素养。因此，这本书具有很强的操作性、实用性，应该说是小学语文教师难得的活动课教学参考书，并对从事小学其他学科的教育工作者具有启发作用和参考价值。同时，在课程改革逐步推进的今天出版此书，也是对国家课程改革走向校本课程和学科课程开发的一次有意义的探索。

本书的出版得到了许多领导与专家的指导、支持和帮助。尤其是著名小学语文教学专家原中国教育学会小学语文教学专业委员会理事长崔峦老师在百忙中为本书撰写序言，并提供宝贵意见，在此谨表最诚挚的感谢！特别感谢著名课程专家、深圳大学李臣之教授拨冗赐序！特别感谢教育科学出版社所广一社长、李东总编辑以及本书编校工作者对出版此书给予的大力支持！本书设计过程中，还选用了陈树明、梁敏瑜、董文琪、刘俊祥等教师的现场教学实录和教学点评，并从中受到了启发，汲取了养料，仅向各位专家及老师们深表谢意！

愿这本书对小学语文老师有所帮助，也期待着老师们用之教之！

张云鹰于深圳坪洲
2015 年 7 月

出 版 人　所广一
责任编辑　谭文明
版式设计　徐丛巍　杨玲玲
责任校对　贾静芳
责任印制　叶小峰

图书在版编目（CIP）数据

开放式活动课程/张云鹰著 . —2 版 . —北京：
教育科学出版社，2015.9（2022.12 重印）
ISBN 978-7-5041-9859-4

Ⅰ . ①开… 　Ⅱ . ①张… 　Ⅲ . ①小学语文课—课程设计
Ⅳ . ①G623.202

中国版本图书馆 CIP 数据核字（2015）第 192008 号

开放式活动课程（第二版）
KAIFANGSHI HUODONG KECHENG（DI ER BAN）

出版发行	**教育科学出版社**		
社　　址	北京·朝阳区安慧北里安园甲 9 号	市场部电话	010-64989009
邮　　编	100101	编辑部电话	010-64981277
传　　真	010-64891796	网　　址	http：//www.esph.com.cn
经　　销	各地新华书店		
制　　作	北京金奥都图文制作中心		
印　　刷	保定市中画美凯印刷有限公司		
开　　本	720 毫米×1020 毫米　1/16	版　　次	2015 年 9 月第 2 版
印　　张	19	印　　次	2022 年 12 月第 6 次印刷
字　　数	344 千	定　　价	48.00 元

如有印装质量问题，请到所购图书销售部门联系调换。